근대 제주 일본인 거류민 연구

근대 제주
일본인 거류민 연구

김은희 지음

近代濟州

日本人

居留民

研究

경인문화사

한국의 근대를 이해하기 위해서는 일제강점기를 피해갈 수 없다. 제주의 지방사 서술, 제주학 연구의 각 분야 곳곳에서 일본적 요소를 마주하게 되는 것도 부정할 수 없다. 자연과학 연구는 물론 제주도의 민속학적 특징들은 일제강점기 일본인학자에 의해 규정된 사항들이 많다.

일제강점기를 이해하는 시점은 지배와 저항의 대립, 또는 근대화 식민지론과 자본수탈의 대립으로만 나뉘어져 있다. 근대 한국에 살았던 일본인 거류민 연구는 이런 두 시점 사이에서 가장 민감한 영역으로 위험을 감수해야 하는 부분이다. 일제강점기 일본인 거류민에 대한 연구는 '재조일본인'라는 용어로 '식민지 가해자'보다는 '빈손으로 귀국한 전쟁의 희생자'라는 관점에서 다뤄지는 경우가 많았다. 일본인 거류민 스스로가 피해 의식을 갖고 있는 경우가 많았기 때문이다.

일제강점기 동안 한국에 살았던 일본인은 외국인으로서의 일본인이 아니다. 당시에는 일본인은 '내지인', 조선인은 '조선인' 또는 '반도인'이라고 했다. 주객이 전도된 명명이다. 이들은 이주한 나라의 생활풍습을 따르지 않고 조선에서 일본식 집을 짓고 일본 음식을 먹고 일본어를 사용하며 위화감 없이 일본식 생활을 유지했다. 일본인 거류민과 일본 제국주의를 분리해서 생각하는 것은 어려운 일이다. 따라서 한국에서 일본인 거류민은 조선총독부와 같은 식민자로 인식되어 있다.

근대 제주 지방사에서 일제강점기는 일제침략사 또는 항일운동사의 관점에서만 서술되었다. 『제주도지』(2편: 626쪽)에는 '1,000명 남짓한 일본인들은 20만 명의 제주도민 위에 군림하면서 일제강점기 내내 지배자로서 행세하며 살다가 1945년 쫓겨났다'라고 기술되어 있다. 제주의 일본인 거류민은 제국의 힘을 빌려 자원을 수탈하고 제주의 경제를 장악했었다라는 말이다.

일본인 거류민에 대한 기술이 있는 것은 김찬흡의 『21세기 제주인명사전』(2000)과 『제주사인명사전』(2002)이다. 일본인 관리와 상공인을 취급하고 있다. 또 『제주향토사전』(2014)에는 '일본인 거류민'과 '제주공립심상고등소학교' 항목이 설정되어 있다.

제주도에 살았던 일본인 거류민의 역사는 대략 1900년부터 1945년까지 45년의 역사다. 이 역사는 우리 것은 아니지만 과거 우리 땅에 살았던 사람들의 역사다. 이 연구의 목적은 지방근대사 연구의 일환으로 제주도 근대사의 중심적인 역할을 했던 일본인 거류민과 거류지의 형성에 주목하여 현지에 밀착한 거류민의 생활을 기술하고 그것이 갖고 있는 현대적인 의미를 규명하는 데에 있다.

제국의 국민으로 보는 것이 아니라 제주도에 살았던 근대 생활인으로서, 시대와 지역의 구성원으로서의 일본인 거류민을 연구대상으로 삼았다. 또 이번 연구는 '지배'에도 '피해'에도 초점을 두지 않았다. 일본인 거류민의 생업을 통하여 제주 근대사의 한 장면이 떠오르면 그것으로 만족한다.

식민지시대의 흔적이 희석되어 가는 가운데 지금 남아있는 것을 기록하고 사람들의 기억을 채록하는 것은 매우 급한 과제이다. 이 책은 남겨있는 흔적을 기록하고 기억을 채록하여 지방근대사 기술을 보완하는 것을 목적으로 하였다. 과거 우리 땅에서 살았던 그들의 모습을 통해 근대 지방사 서술에 보탬이 되는 것이다. 근대 제주도를 바라보는 다양한 시각 중의 하나로 다뤄지길 바란다.

일본인 거류민들은 제주도에 대한 추억은 말하지만 자신들의 조선 이주 배경에는 국책이 있었다는 것, 자신들이 살았던 제주도가 태평양전쟁 말기 도양폭격(渡洋爆擊)의 전선기지가 되었다는 것에 대해서 말하는 경우는 거의 없었다. 또 일본으로 돌아가서는 식민지 귀국자 '조센 가에리(조선에서 온 사람)'라는 차별이나 제주에 남겨진 귀속재산 피해에 대해 언급하는 경우도 없었다.

태평양전쟁 말기 일본군이 제주도에 결집되었을 때 제주도에 살았던 일본인 거류민은 군인들에게 본국의 고향과 같은 존재가 되는 또 다른 제국의 국민의 역할이 있었다. 또 제주도 일본인 거류민은 식민지 이민자 중에서 유일하게 미군의 공습으로 인해 많은 목숨을 잃었다. 그럼에도 불구하고 그러면서도 자신들이 살았던 제주도가 태평양전쟁 때 미국과 일본의 결전장이 되지 않은 것이 유일한 다행이라고 말하는 것은 제주도에 살았던 일본인 거류민이 아니고서는 할 수 있는 말이 아니다.

이번 조사 과정에서 서귀포 일본인 거류민의 자료를 제공해 주신 윤세민 선생님으로부터 '총명부둔필(聰明不鈍筆)'이라는 격려의 말을 받았다. 기록의 중요성을 알리는 말로 아무리 총명해도 몽땅 연필만 못하다는 뜻이다. 이 책이 작은 몽땅 연필이라도 되었으면 하는 바람이다. 구술과 자료 수집에 협조해 주신 분들께 감사드린다. 여기에 적어 고마운 마음을 전하고 싶다.

출판 제의를 선뜻 받아주신 경인문화사 한정희 대표님께도 감사드린다.

김철민 제주해륙기계 대표

윤세민 서귀포시 강정동

고영자 제주기록문화연구소 소장

오쿠다 마고토 (奧田誠) 도쿄 거주

요쓰모토 이쿠코(四元郁子) 치바현 거주

야마베 게이코(山辺圭子) 히로시마현 거주

도쿠모토 마리코(德本真理子) 치바현 거주

이지치 노리코(伊地知紀子) 오사카시립대학 교수

양은영 오사카시 거주

목차

제1장 ─────────

식민지 이주정책 속의 제주도

1. '보고(寶庫) 제주도'의 유래 1

2. '천연의 보루' 4

3. 어업의 보고(寶庫) 8

4. 『조선의 보고: 제주도 안내』(1905년) 13

5. 「제주도 현황일반』(1906년) 20

6. '천연의 이원(利源) 제주도에 가라' 23

7. 『남선보굴 제주도』(1912년) 31

8. 일본의 식민지 이주정책 35

제2장 ─────────

제국의 '보고(寶庫) 제주도'

1. 『미개의 보고 제주도』(1924년) 41

2. 식민지 개발의 프레임 '보고(寶庫)' 48

3. 최후의 보루 제주도 51

4. 해방 후의 '보고(寶庫) 제주도' 62

제3장 ─────────

일본어민의 통어권의 확장과 제주의
근대

1. 일본어민의 제주 어장 침탈 65

2. 일본제국의 수산업 부흥과 제주 72

3. 일본 출어어민의 정주 74

4. 유망한 이주어촌 76

제4장 ─────────

일본인 거류민과 제주도민의 갈등

1. 제주 일본인 거류민의 개관 79

2. 버섯재배업자 84

3. 일본인 거류민과 제주도민의 갈등 90

제5장

제주성내의 일본인 거류민

1. 일본인 거류민 조직 103

2. 일본인학교 제주남심상소학교 109

3. 면의원 활동을 한 일본인 거류민 123

4. 제주성내의 잡화상 133

5. 광고로 보는 일본인 거류민 135

6. 송덕비가 세워졌던
　 미마 요네기치(美馬米吉) 142

7. 제주엽서를 발행한
　 스미 겐스케(角健輔) 145

제6장

서귀포의 일본인 거류민

1. 일본인 거류민, 서귀포 발전을 논하다 153

2. 사라진 이주어촌 157

3. 서귀포의 일본인 거류민 160

4. 서귀포의 여관과 요정 170

제7장

성산포의 일본인 거류민

1. 요오드의 고장 175

2. 1930년대 성산포 179

3. 마쓰모토 겐지(松本堅二)
　 기억 속의 성산포 182

4. 나가사키현 이키(壱岐)에서 온 사람들 187

5. 성산포의 일본인 거류민 191

제8장 ─────

한림의 일본인 거류민

1. 한림의 근대 모습 199

2. 옹포리 공업지구 220

3. 한림의 일본인 거류민 235

제9장 ─────

기억의 기록

1. 제주심상소학교 졸업생
   스미 야에코(角八重子) 245

2. 제주심상소학교 교장 아들
   야마베 싱고(山辺慎吾) 249

3. 해짓골 김순원의 기억 속의 근대 제주 258

4. 서귀포 일본인학교 조선인 윤세민 이야기 274

5. 제주인쇄사 사진으로 보는 일본인 거류민 297

〈참고문헌〉

식민지 이주정책 속의 제주도

1. '보고(寶庫) 제주도'의 유래

1876년 강화도조약(조일수호조약) 이후 제주도를 소개한 일본어 문서 중에는 '보고(寶庫)'라는 제목으로 시작하는 것이 많다. 일본의 신문들이 한두 번 '보고(寶庫)'라는 표제어로 제주도를 소개한 것이 그 시작이다. 이후 다른 신문들이 따라쓰기를 하면서 '보고(寶庫)'는 관형어가 아니라 점차 접두어가 되어 '제주도'는 '보고(寶庫) 제주도'로 굳어지게 되었다.

일본은 제주도의 어떤 모습을 보고(寶庫)로 인식했는지 또 제주도를 보고(寶庫)로 인식해야 하는 사정이 있었는지 그 배경에 대해 알아볼 필요가 있다.

최초로 '보고(寶庫)'라는 제목으로 제주도를 소개한 것은 진제이일보(鎭西日報, 1891년 10월 8일)이다. 이후 각 신문마다 따라 쓰기하면서 '보고(寶庫) 제주도'라는 전형을 만들어 낸 것으로 보인다. 이들 문서 중에서 의미가 있는 것을 골라 일본이 한국을 식민지화하는 과정에서 제주도에 대한 인식을 살펴보고자 한다.

일본의 보고 인식에 대한 정리는 일본이 한국을 식민지화 하는 과정에 기준을 두고 국제 정세 인식에 따른 지정학적 측면, 일본어민의 출어 어장 측면, 도한의 권유 의도에 따른 측면을 살펴보고자 한

濟州島ノ御視察ヲ歡迎ス

朝鮮ノ寶庫

'조선의 보고, 제주도 시찰을 환영함' 광고
(『제주도세요람』(1937))

다. 이런 과정에서 제주도는 정말 '보물섬'이었는지 일본인들은 제주도를 어떻게 보고로 인식했는지 보고로 인식해야 하는 사정이 있었는지 찾아보려고 한다. 보고(寶庫) 인식 근거를 찾는 과정에서 한국의 지방을 바라보는 일본 제국의 시각이 드러날 것이다.

1876년 개항 이후 근대 일본의 문서, 일제강점기의 문서 중에 제주도를 보고(寶庫)로 표제어를 사용하거나 보고의 관점에서 서술한 문서는 다음과 같다. 경성일보, 부산일보, 목포신보, 조선신문은 일본인 거류민에 의해 한국에서 발간된 일본어 신문이다. 한국에 사는 일본 이주민들에게 정보를 제공하고 일본 본토에 한국 사정을 알리기 위한 목적으로 설립되었고 일본인 경영자와 일본인 편집자에 의한 신문이다.

〈표 1〉 제주도에 대한 '보고(寶庫)' 표제어와 출처

표제어	출처
'천연의 보루'	마이니치신문(每日新聞) 1885년 4월 5일 기사, 아사히신문(朝日新聞) 1885년 4월 24일 기사
'보고(寶庫)'	진제이일보(鎭西日報) 1891년 10월 8일 기사
'천부의 보물섬'	마이니치신문(靑柳綱太郎) 1904년 1월 4일 기사
'천외의 별천지, 천외의 건곤'	佐藤政次郎(1904년 7월) 「제8장 제주도의 신일본」, 『한반도의 신일본』
'조선의 보고(寶庫)'	靑柳綱太郎(1905년) 『조선의 보고: 제주도 안내』
'천연의 이원(利源)'	고베신문(神戸新聞) 1905년 5월 4일 기사
'한국 다도해의 보고(寶庫)'	진제이일보(鎭西日報) 1909년 8월 20일 기사

표제어	출처
'남선보굴(南鮮寶窟)'	大野二夫(1912년 2월)『남선보굴 제주도』
'미개의 보고(寶庫)'	濟州島廳(1924년)『미개의 보고 제주도』
'未開된 寶庫, 제주도의 산업, 유배 가던 제주도는 무진장의 寶庫이다'	매일신보(每日新報) 1924년 12월 2일 기사
'남선의 낙원 제주도소개(2) 보고(寶庫)라는 이름은 정말 풍부한 산업'	조선신문 1925년 8월 30일 기사
'무한의 보고(寶庫) 제주도'	『조선농회보』 제20권 8호(조선농회) 전라남도 농무과(會田重吉 작성)
'각광받는 남쪽의 보물섬, 남쪽의 보고(寶庫) 제주도 개발'	경성일보 1927년 2월 14일 기사
'조선의 보고-쌀과 면화, 고사리 산, 바다에는 수산이 무진장'	경성일보 1927년 11월 23일 기사
'무한한 부원(富源) 반드시 개발하고 싶다'	부산일보 1928년 5월 11일 기사
'대보고(大寶庫), 바다에도 땅에도 대보고(大寶庫)를 갖는 제주도 시찰'	부산일보 1928년 7월 7일 기사(今井信永 작성)
'미개의 보고(寶庫)라고 하는 수수께끼 같은 섬, 꿈의 나라 제주'	목포신보 1929년 5월 22일(田中 작성)
'미개의 보고: 제주도의 바다'	목포신보 1929년 5월 30일 기사 (西原八十八 작성)
'하늘의 준 부원(富源)'	부산일보 1929년 7월 27일 기사
'보고(寶庫) 제주도를 찾아서'	조선신문 1931년 8월 27일 기사
'천혜의 보고(寶庫) 제주도의 수산대세'	동양수산신문(조선수산신문사) 1932년 9월 15일 기사
'보고(寶庫) 제주도- 바다와 땅에 무한으로 잠자는 자원 개발'	부산일보 1937년 2월 18일 기사
'전남의 보고(寶庫)- 해녀와 전설의 동경의 섬'	부산일보 1937년 6월 25일 기사
'남선보고(南鮮寶庫)'	조선신문 1938년 9월 18일 기사
'조선의 보고'	濟州島廳(1937)『제주도세요람』

일본은 섬으로 이루어진 나라인 만큼 6,000이 넘는 섬이 있다. 국토를 열도(列島)라고 하지 않을 수 없다. 이 중 유인도는 400여 개이다. 특히 제주도와 가까운 규슈(九州) 지방에만도 2,000여 개의 섬이 있다. 일본에서 섬은 단순한 지역 단위에 불과하다. 따라서 제주도는 일본에서 흔한 섬 하나와 다르지 않다. 나가사키현(長崎縣) 고토(五島) 열도와는 직선으로 200km 이내에 위치하고 있다. 또 기후와 식생이 서일본 지방, 규슈(九州)지방의 나가사키현, 후쿠오카현(福岡縣)과 크게 다르지 않다.

일본의 섬의 특징은 일본 본토로 취급하는 4개의 큰 섬과 몇몇 섬을 제외하면 대부분 작은 섬들이고 본토에서 떨어져 있다. 일본의 본토로 삼는 혼슈(本州), 규슈(九州), 홋카이도(北海道), 시코쿠(四國)는 섬 면적으로 세계 50위 안에 드는 큰 섬들이다. 이들을 제외하면 제일 큰 섬이 오키나와(沖繩)다. 오키나와 섬의 면적은 1,206.98km²로 제주도 면적 1,845.88km²보다 작다. 일본의 유인도 중에 인구가 가장 많은 섬인 효고현(兵庫縣) 아와지시마(淡路島)의 면적 592.51km²에 비하면 3배 이상 큰 섬이다. 따라서 제주도는 해안 주변에만 평지가 있는 일본의 이도(離島), 낙도(落島)들과는 같이 취급할 수 없다. 섬의 크기는 가치 평가에 관여하는 주요 요소가 된다.

그러나 섬의 면적만으로 '보고'를 규정하지는 않았을 것이다. 일본 제국주의의 관점에서 보면 제주도의 경우는 일본열도의 확장이라는 지정학적인 가치가 부가되었다.

2. '천연의 보루'

강화도 조약 이후 일본이 제주도에 주목을 하게 된 것은 1883년 거문도 사건이다. 이전에는 일본 규슈(九州) 지역 어민들이 통어[1]하는 어장에 불과했다.

개항 후 조선은 청나라와 일본, 유럽 열강의 침략의 각축장이 되었다. 영국이 대서양·지중해로 진출하려는 러시아의 팽창정책을 군사력과 외교수단을 총동원하여 저지하자 러시아는 크림전쟁 이후 태평양 진출을 모색하게 되었다. 연해주, 조선, 일본, 중국으로 진출을 계획하고 있던 시점에서 국경을 접한 데다 얼지 않는 항만이 있는 조선으로 진출하는 것은 당연한 결과였다.

1885년 3월 2일 일본 나가사키항(長崎港)에 정박해 있던 영국 동양함대 소속 군함 3척은 거문도를 불법 점령했다. 영국이 러시아의 해군기지인 블라디보스톡항을 공격하기 위해서였다. 당시 세계 도처에서 대립하던 영국과 러시아가 제국주의 상호간의 정치적 대립이 거문도에서 일어난 것이다. 러시아는 태평양 진출을 막는 영국을 거문도에서 철수시키려고 블라디보스톡에 정박 중이던 러시아 함대를 울릉도, 진도, 제주도로 보냈다.

1885년 10월 18일 러시아 함대는 제주도 월정리 인근 해안에 등장하여 민가에 피해를 입히는 사건도 발생했지만 한 달 만에 철수하였다. 러시아는 제주도를 점령하는 것이 목적이 아니라 영국을 거문도에서 철수시키는 것이 목적이었다.

1985년의 거문도 사건은 영국이 거문도를 점령하고 러시아가 울릉도 등의 섬을 점령했던 것 전체를 말한다.[2]

러시아가 제주도를 점령할 것이라는 소문을 처음 보도한 신문은 나가사키(長崎)의 지방신문인 진제이일보(鎭西日報)였다. 1885년 3월 4일 진제이일보는 러시아가 조선 남쪽의 작은 섬 제주도를 해군정박소로

---

1 통어(通漁)는 계절성 어업으로 어획 기간에만 해당 어장에 상주하는 어업 형태다.
2 영국은 러시아를 포함한 다른 나라들이 거문도를 점령하지 않는다면 영국도 거문도에서 철수하겠다고 했다. 영국군이 거문도에서 완전히 철수한 것은 1887년 2월이었다.

이용하려고 한다는 추측성 기사와 함께 제주도 각 포구의 평가와 활용 가능성을 보도했다. 이 기사와 같은 시기 유사한 내용이 아사히신문(朝日新聞, 1885년 4월 24일), 마이니치신문(每日新聞, 1885년 3월 12일, 1885년 4월 9일, 1885년 4월 21일, 1885년 4월 23일)에 연달아 보도되었다. '러시아 제주도를 노리다', '러시아의 제주도 점령의 훈령', '러시아의 제주도 차용에 관한 조회'라는 표제어로 영국이 거문도를 점령하고 러시아가 제주도를 주목하고 있다는 것에 대한 일본의 견제를 드러내는 기사였다. 아사히신문(朝日新聞, 1885년 4월 24일)은 제주도의 지리, 기후, 행정, 역사, 풍습, 생산물에 이르기까지 자세하게 보도했다. 제주도의 지정학적 가치에 대해서 '일본, 중국, 조선 삼국 사이에 있어 장래 군사상, 상업상 아주 긴요한 지위를 차지하는 곳'으로 서술했다. 제주도의 지정학적 위치에 대한 최초의 기술이다.

제주도의 접안(接岸) 사정에 대한 기록을 보면 '배들이 접근할 수 없는 천연의 보루지만 정남쪽에는 좋은 항만(서귀포항)이 있다. 그러나 나주에서 올 때는 반드시 서쪽 항만(산지항)으로 들어가야 한다'고 서귀포항과 산지항에 주목했다.

제주도의 지리에 대해서는 '북위 33도와 40분 사이에 있는 타원형의 섬으로 전라도 나주의 남쪽 1,000리(浬)에 있으며 일본의 나가사키현(長崎縣) 고토(五島)와 마주보고 있다'고 설명했다. 고토(五島)[3]는 제주도의 위치나 일본의 섬과 비유될 때 자주 등장하는 섬이다. 제주도에서 거리상 가장 가까운 일본의 섬으로 기후 등 자연환경이 유사한 데서 비롯된 것이지만 섬의 면적으로는 비교가 되지 않는다. 고토와 제주도를 민속학적으로 비교하여 유사한 문화가 있다고 구체적으로 제시된 것은 없다.

3　행정적으로는 나가사키현 고토시(五島市), 인구 7만 명 정도의 섬이다. 주변에 150여 개의 작은 섬으로 구성되어 있다. 해식절벽과 화산경관으로 전 지역이 국립공원으로 지정되어 있다. 제주도와의 거리는 180km이다.

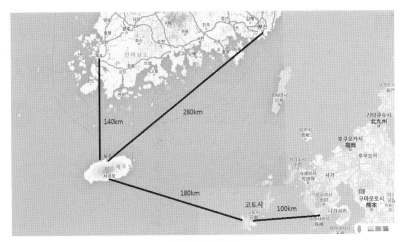

제주도 주변 거리

　지정학적 가치 이외의 제주도 소개에 대한 내용은 다음과 같다. 그러나 이 기사문은 직접 취재에 의한 것이 아니라 통신원의 보고에 따른 것이다.

　　지세는 서북 방면은 평탄하고 초목이 무성하여 목축을 하는 데 적합하다.
　　생산물로는 제주 갓, 마필, 조, 해산물이다.
　　대마도(對馬) 어부들이 다수 출어한다.
　　기후는 늘 온난하며 겨울철이라도 눈을 보지 못한다.
　　토인(土人)들은 백의를 입고 동복을 만들지 않는다.
　　한인(韓人)[4]과는 닮지 않고 몸집이 크고 장대하다.
　　여자도 육지 여자보다 비대하다
　　언어도 육지 사람들과 통하지 않는다.
　　육지와 다른 점으로 귀족, 양반 등의 계급이 없고 각지를 떠돌며 행상하여 재물을 모은 사람을 존경하는 경향이 있다.

4　한국 본토의 사람들을 가리키는 말이다.

3. 어업의 보고(寶庫)

1883년 7월 조일통상장정이 체결된 이후 합법적인 어로권을 획득한 나가사키 어업자들은 제주도 어장을 자신들의 어장으로 삼았다. 1884년 4월 후루야 토시미츠(古屋利涉)라는 대마도 번사(藩士)[5]는 잠수기선 3척을 이끌고 서귀포에서 조업을 시도하였다. 그러나 제주목사의 불허로 뜻을 이루지 못하자 일본 어민 100명을 모아 회사를 차리고 부산 일본 총영사의 허가를 받은 후 배 8척을 이끌고 서귀포로 향했다. 그러나 다시 제주목사의 조업 불허로 돌아간 후 그동안 입은 손해 2만 8,000엔을 보상하라고 조선 정부에 요구한 일이 있었다.[6]

일본 신문에 제주도가 기사화되는 것은 대부분 일본 출어자들과 제주도민이 충돌한 경우였다. 일본 출어자의 어장 침탈에 제주도민의 반발이 거세지자 1884년 9월 조선 정부는 일본 어민의 어로 행위에 대한 통어 금지 조치를 내렸다. 그럼에도 불구하고 서귀포, 가파도, 우도, 비양도, 방두포(하도), 건입포 등에 일본 어선들이 계속 출몰했다. 일본인들은 불법 어로뿐 아니라 주민 살상, 부녀자 겁탈, 재물 약탈 등의 만행을 저지르는 경우도 있었다.

1887년 가파도에 정박하여 전복 어업을 하던 6척의 일본어선이 모슬포에 상륙하여 주민의 닭과 돼지를 약탈하고 집주인 이만송을 칼로 죽이는 사건이 있었다.[7]

제주도는 일본 어업자의 통어 및 연안 조업을 금지했지만 1889년 '조일통어규칙' 체결에 따라 일본 어민이 소정의 어세(漁稅)를 지불하면 얼마든지 제주 연안에서 조업할 수 있게 되었다. 일본은 자국 어

---

5 에도(江戶)시대 봉건 영주의 무사, 또는 구성원이다.

6 오사카마이니치신문(大阪每日新聞, 1885년 5월 26일).

7 고종실록 24년(1887) 8월 17일.

민의 영사 재판권을 갖게 됨으로써 일본인이 조선인을 죽여도 조선은 처벌조차 할 수 없었다.

조일통어규칙이 체결된 이듬해인 1890년 5월 배령리(한림읍 월령리)에 정박한 일본 어선이 마을에 난입하는 일이 발생했다. 마을 사람들이 저항하자 마을 관리를 맡아보는 포유사(浦有司) 양종신(梁宗信)을 죽이고 달아났다. 일본 어선에 의한 1891년 건입포 임순백 외 살상사건, 조천포 상륙 약탈사건 등과 일본어민의 퇴거를 요구하는 집단 봉기 등 일련의 어업 관련 투쟁이 이어졌다. 이로써 일본정부는 1890년 6월부터 1891년 11월까지 일본어민들에게 제주도 연안어업을 자숙하도록 요청하였다. 그러나 자숙기간에도 일본 어민들의 불법 어로는 자행되었다.

규슈(九州)지방에서 제주도로 통어하는 어업자들이 많았기 때문에 제주도 상황을 전달하는 신문은 역시 나가사키(長崎) 지방신문 진제이일보(鎮西日報)[8]였다. 진제이일보는 '제주도 휘문(濟州島彙聞)'이라는 제목으로 1891년 10월 8~9일 양일간에 걸쳐 제주도 산업에 대한 대략의 내용을 보도했다. 제주도에 '보고(寶庫)'라는 표제어를 사용한 최초의 기사였다. 진제이일보가 '제주도 휘문'을 내보낸 것은 나가사키 어민들과 제주도 어민들의 충돌을 배경으로 하고 있지만 기사화가 된 결정적인 요인은 일본 군함 조카이(鳥海)의 출항으로 볼 수 있다.

　　"제주도는 어민 투쟁사건 이래 크게 세상의 이목을 끌었다. 따라서 우리는 이곳에 관한 보도를 소홀히 하지 않고 군함 조카이가 이곳에 내항해서 취조한 전말을 기록하고 제주도의 목민관의 내정, 근방 어업의 개황을 보도하였다.
　　그런데 이 섬에는 일본 어민 가운데 가끔 밀어를 하는 자가 있으나 조일통어규칙 외의 내훈(內訓)에 의해 아직 공식적으로 어업에 종사하는 사람은 없

8　진제이일보는 西海新聞(사이카이신문, 1875-1882)이 1882년 이후 진제이일보로 호명을 바꿔 1910년까지 발행되었다. 진제이는 규슈(九州)지방의 옛 이름이다.

다. 도민들은 해외인의 도래를 꺼려 자칫하면 살상의 참화에 빠지는 일도 있다. 섬 안에서 일어나는 일을 상세히 탐문한 것도 없어 일본 사람들은 아직 이 섬이 장래 유망한 보고(寶庫)가 된다는 것을 알지 못하고 있다"

제주도의 지리, 역사와 풍습, 산업에 대해 보도하고 있지만 이 기사 또한 조사한 내용을 보도한 것이 아니라 들은 것을 기사화한 것이다. 당시 일본신문의 취재 정보원은 각 지방 재류 일본인들이었다. 일본인 거류민이 각 신문의 통신원을 겸해 해당 지역에서 보고 들은 것을 전달하는 형식을 취하고 있었다. 제주도의 지리 설명은 이전 아사히신문(朝日新聞, 1885년 4월 24일)의 내용과 비슷하다. 인구 및 각 산업 분야의 언급 내용을 정리하면 다음과 같다.

인구

제주도의 인구는 20만이다.

목축업

말과 소의 목장이 많다. 말은 이 섬의 명산으로 그 몸집은 작지만 힘이 세고 다리가 굵다. 그러나 목축 방법은 산야에서 방목할 뿐 기르는 방법이 서툴다.

농업

지질이 화산질로 아주 비옥하지만 농업에서 아직 가치를 갖는 것은 없다. 쌀은 생산되기는 하지만 수요를 충당하지 못하고 있다. 피, 좁쌀, 보리, 콩은 생산되지만 품질이 낮다. 종자를 뿌리기 전에 돌담으로 경계를 만든 밭에 말을 몰아넣고 채찍질해서 밭 안을 돌아다니게 하여 흙덩이를 부수고 그 위에 종자를 뿌릴 뿐이다. 작물의 조악함은 이 때문이다. 만약 유력자가 있어서 농업에 종사하여 충분한 개량을 하면 많은 이득을 얻을 것이다.

어업

어업 분야에서 이익이 많은 것은 일찍이 일본 어민이 인정하는 바이다. 전복, 해삼, 정어리, 상어, 도미가 많이 잡힌다. 그러나 제주도 남자들은 연약하고 나태하여 이 일들을 부인에게 다 시킬 뿐 주목할 만한 어업이 없다. 이렇다보니 일본 어민들이 더욱 제주도 근해의 이익을 탐내고 있는 중이다. 제주도뿐 아니라 전라도 연안의 밀어선을 합쳐 일본 어선의 수를 2,000척으로 잡고 배 한척에 평균 5명 탔다면 총 인원은 1만 명에 달할 것이다. 이 1만 명이 얻는 소득 100만 엔이라고 하면 한 명의 소득은 200엔으로 일본 어민이 쉽게 얻을 수 있는 금액이 아니다.

농업에는 유력자의 투자개발을 재촉하였다. 어업분야에 대해서는 제주도 근해에서 어업만 하면 이익이 발생한다는 식으로 구체적인 수익까지 언급하였다.

진제이일보(鎭西日報)는 1906년 8월 4일에서 '제주도의 개척'이라는 제목으로 이미 제주도를 일본어민의 근거지로 보도하였다. 진제이일보의 제주도에 대한 보도는 처음에는 나가사키현 어업자들의 통어어장으로 소개했지만 점차 제주도에 대한 소개, 유망한 산업 분야에 대한 소개에 이르고 있다. '제주도 개척', '제주도 경영'이라는 표제어로 점차 제주도를 하나의 사업 대상으로 다루었다. 진제이일보의 기사에 제시된 제주도의 이원(利源)은 어업, 목축업, 버섯재배로 요약된다. 다음은 마이니치신문(毎日新聞, 1903년 5월 12일) '제주도 사정'의 내용이다.

육상에서의 사업은 아직 일본 사람 가운데는 한 사람도 손을 대지 않았다. 섬 전체가 하나의 목장이라고 할 만하지만 다 방치된 상태다. 마을 안이라 할지라도 여기저기 우마가 방목될 정도로 목축업에 적절하다. 또한 기후가 온난하여 과수 재배에 적절하며 땅값이 저렴하여 뽕나무를 심어서 양잠업을 일으키는 데 적절하다. 청수(淸水)가 있어 모든 사업에 적절하며 값없는 원야가 많아 산림 경영에 적절하다.

오늘날 육상에 크게 주목하여 이것을 개발한다면 후일에는 반드시 재미를 보게 될 것이다. 바야흐로 생존 경쟁의 이치에 따라 구주민(제주도민)을 눌러 신주민(일본인)의 거처로 삼아 섬의 진짜 세력이 신주민에게 옮겨지면 손바닥만 한 고도(孤島)일지라도 그 면모가 일신한 새벽에는 장쾌함을 맛볼 것이다. 특히 최근에 이르러 한인은 우리 일본 사람들에게 친근감을 가지고 있고 크게 융화되어 있다. 경관 주재소 설치를 건의해 놓았고 일본어 학교 설립 운동도 있어 더욱더 일본적인 것으로 기울어 졌다. 앞으로 '지리상의 앞 고토(先五島)'가 아니라 '실질상의 앞 고토(先五島)'[9]로 만드는 것도 어려운 일이 아니다.

섬의 규모로 보면 제주도가 고토의 일부가 되기에는 너무 큰 섬이지만 이 기사에서는 제주도를 고토(五島)의 일부로 취급하고 있다. 또 이 기사는 제주도가 일본 어민의 근거지가 될 것이며 일본 국민이 사업을 일으키는 것은 바람직한 현상이라고 했다. 제주도 개척은 장래 목축업 외에 다방면에서 발전할 것이라고도 강조하고 있다.

진제이일보(鎭西日報)는 1909년 8월 20일에는 '한국 다도해의 보고(寶庫)'라는 제목으로 제주도의 개황 및 산업을 다루고 있다.

"제주도는 대마도의 3배 정도의 면적이다. 선박이 기항하기에는 불편하지만 바다에는 난류가 흘러 많은 어류가 군집하고 해초도 무성해 수산물이 풍부함에 놀라지 않을 수 없다. 한라산은 구름을 뚫을 듯이 높고 수림이 무성하여 버섯이 산출된다. 그 양도 무진장하다. 최근 에히메현(愛媛縣) 출신 후지타(藤田)[10] 이외 일본인들이 버섯 재배에 종사하고 있다. 해산물과 더불어 장래에 반드시 큰 수익을 얻을 것이다."

---

9 지리적으로 제주도가 고토열도 앞에 있는 것이 아니라 실질적으로 고토열도에 속한다는 뜻이다.
10 후지타 간지로(藤田寬二郎), 1906년부터 제주도에서 버섯재배를 한 사람으로 『제주도여행일지』(1912)에 나오는 버섯재배업자다. 제주남심상소학교 학교조합 발기인이었다.

4. 『조선의 보고: 제주도 안내』(1905년)

1904년에 발행된 『한반도의 신일본(韓半島の新日本)』(佐藤政次郎)[11]은 한국의 각 지방을 개괄하고 유망한 사업을 소개하는 책으로 부제가 '한국기업안내'이다. 일본인들에게 한국에 유망한 산업이 있으니 도한(渡韓)을 권유하는 안내서이다. 이 책의 제8장에서 '제주도에서의 신일본(濟州島の新日本)'이라는 제목으로 제주도를 소개하고 있다. 지리, 인정풍습, 교통, 산업을 종합적으로 소개하고 제주도에서의 신일본을 전개해 나갈 분야를 다루고 있다. '여행자의 취향을 이끄는 천외의 별건곤'이라는 표현으로 관광지로서의 제주도에도 주목하고 있다.

이 책의 내용은 아오야기 쓰나타로(青柳綱太郎)의 『조선의 보고: 제주도 안내』의 내용과 동일하다. 출판일은 『한반도의 신일본(韓半島の新日本)』이 앞서지만 아오야기 쓰나타로는 『조선의 보고: 제주도 안내』의 내용을 1904년 1월 마이니치신문(每日新聞)과 목포신보(木浦新報)에 제주도를 소개한 기사문을 투고했기 때문에 이를 인용한 것으로 추정된다.

아오야기 쓰나타로가 제주도를 방문한 것은 1903년과 1905년 2회로 추정된다. 그 결과를 마이니치신문(每日新聞, 1904년 1월 6일)에는 '제주도에서의 신일본', 1905년 3월 목포신보에는 '제주도 경영에 대해서'라는 기사를 기고했다.

'제주도에서의 신일본'(每日新聞, 1904년 1월 6일)에서는 일본인에게 유리한 산업으로 목축업, 어업, 잡화상을 들고 있다.

---

11 저자 사토 마사지로(佐藤政次郎, 1866-1938)는 에히메현(愛媛縣) 출신의 오사카 마이니치신문(大阪每日新聞)의 기자였다. 러일전쟁 이후 조선의 남부지방을 돌아본 후 농업 경영에 대한 가능성을 보았다. 1905년부터 전라북도 군산에 재류하면서 조선의 농업 경영 및 교육에 힘쓴 사람이다. 『한반도의 신일본』(1904)과 일본인에게 전라도로의 도한을 권유하는 『전라남도 주요지명세도(일명 이주안내도)』(1909)를 저술했다.

- 제주도는 남해의 절도로 그 실체는 세상 사람들에게 알려지지 않았다.
- 교통도 매우 불편하고 몇몇 범선과 일본식 목선이 풍위(風位)에 의존해서 교통하는 것뿐이다.
- 토지는 비옥하지 않지만 보리, 콩, 팥의 산출이 많아 해마다 목포, 부산 그 외의 개항장에 수송하는 액수는 매우 많고 해마다 증가하고 있다.
- 한라산 산중에는 교목이 무성하며 짐승이 많이 서식한다.
- 제주도라고 하면 이른바 준마의 생산지이다.
- 소와 돼지의 번식이 왕성하여 섬은 하나의 자연적 목장이다.
- 재류 일본인은 가끔 소와 돼지를 나가사키 지방에 수출해 거액의 이익을 얻고 있다. 만약 일대 목장을 일으키면 그 사람이 부자가 되는 것은 어려운 일이 아니다.
- 해산물이 풍부해서 일본 출어자는 점점 증가해 어기 2월부터 8월 사이의 일본어선은 2,300척에 이른다. 그 어로법은 도미망 잠수 어선이며 포획어는 염장해 나가사키 지역으로 수송한다. 많은 어민들이 연안에 헛간을 지어 한 집단이 4~50명, 어떤 곳은 7~80명에 달한다. 장래 이들 어민들이 처자를 데리고 와서 정주적 시설을 갖추면 보다 큰 이권을 획득하리라는 것은 의심할 바 없다.
- 상업에서는 특히 볼만한 것은 없지만 요새는 일본 사람들의 잡화가 잘 팔린다. 특히 도기, 농기구 등은 제주사람들의 기호에 맞는 것 같다. 몇 년 전까지는 중국 상하이 지역으로부터 대부분 수입했지만 근래에는 목포, 부산 등의 개항장으로부터 수입하게 되었다. 즉 제주도는 일본 상인들에게는 단골손님이라 해도 좋다.

이 아오야기(青柳)의 기사문에는 제주도에서의 유망한 산업을 소개했을 뿐 아니라 이재수의 난과 탐관오리의 가렴주구가 만연한 제주도 사정도 기술하였다.

"제주도의 유리한 점은 산과 바다에 충만해 있다고 해도 과언은 아니다.

도민들은 탐관오리의 수렴을 원망하고 불만을 품는 반면 일본에 대해서는 동정을 얻으려 하고 일본 사람들을 환영하고 있다. 기세에 타는 것은 일본인의 특질이다. 제주도가 장래 아주 유망하다고 전해지자 목포 거주 일본인 거류민들은 새로운 발전지를 향해 잇달아 입도하고 있다. 또는 성공의 기회를 잡으려고 사전답사를 겸해서 제주도로 건너와 이 신천지에 깃발을 꽂으려고 기획하는 사람이 아주 많다."

이 책을 쓴 아오야기 쓰나타로(青柳綱太郎, 1877-1932)는 사가현 나베시마(鍋島) 출신으로 도쿄전문학교(현 와세다대학)를 졸업했다. 1901년 조선으로 건너와 여러 직업을 거쳤지만 본업은 저널리스트 또는 저술가로 볼 수 있다. 도한 초기에는 통감부 통신속(通信屬)에 임명되어 전라남도 나주 우편국장, 진도 우편국장으로 근무했지만 이것은 표면적인 직업일 뿐 본업은 신문 통신원이었다. 이후 경성에서 간몬신문(關門新聞), 오사카마이니치(大阪毎日新聞)의 통신원으로 활약했다. 1903년 오사카마이니치신문(大阪毎日新聞)의 촉탁을 받아 조선 남부지방의 실업(實業)조사를 한 바 있다. 1906년 9월 한국 재무 고문부 재무관으로 초빙된 후 궁내부로 옮겨 황실 재산관리국 정리관의 주사로 근무했다. 1909년부터는 궁내 촉탁으로 궁내부에서 도서 기록 업무에 종사했다.

1910년 한일합병과 동시에 궁내부를 사직하고 조선연구회(朝鮮研究會)를 설립하여 조선의 고서 간행 및 저술 사업에만 전념했다. 1913년에는 경성 일본인거류민단의 의원으로 당선되었다. 서울에 살았던 일본인 유력 인사였다.

'실업신문(實業新聞)'을 매수하여 '경성신문(京城新聞)'[12]으로 이름을 바꿔 신문을 발행하면서 후쿠오카 일일신문(福岡日日新聞)[13] 통신원을

---

12 일본어신문으로 주간(週刊)으로 발행되었다.
13 후쿠오카현(福岡縣)을 중심으로 규슈(九州) 지방에서 발행되었던 일간신문, 『서일본신문(西日

겸해 조선 소식을 일본어 신문에 게재했다.

『순종실록』(순종 15년(1922) 5월) 기록에는 '한국 황제 남부지방 순회 계획' 수행원 명부에는 전담사(典膳司: 경전을 쓰는 사람)로 기록되어 있다. 1922년 『이조사대전(李朝史大典)』 15부를 헌상한 공로로 200원을 하사받았다.

아오야기 쓰나타로가 조선총독부의 위탁을 받고 저술한 것으로는 『이조오백년사』, 『조선식민책』, 『조선사천년사』, 『총독정치』, 『조선독립소요사론』, 그 외 『조선통치론』, 『조선문화사』, 『중국역대진상첩(中國歷代眞像帖)』, 『신찬경성안내』 등이 있다.

『조선의 보고: 제주도 안내』의 발행 목적을 '제주도의 부원(富源)을 일본 사람들에게 소개하여 일본 사람들이 제주도에 와서 사업할 수 있도록 편리를 제공하는 데 있다'고 밝힌 것처럼 한일합방 이전 일본인들에게 한국으로의 이주를 권하는 프로파간다 문서의 하나였다.

『조선의 보고: 제주도 안내』에서 말하는 일본의 경제적 팽창을 위한 제주도의 급선무는 '한국 바다 중에 하늘이 준 대보고(大寶庫)로 이주적(移住的) 어업'에 있었다. 온갖 희망적인 표현으로 제주도로의 이주를 재촉했다.

"우리가 절규해야만 하는 것은 제국 경제 팽창책이다. 한반도의 부원(富源)을 개척하고 경제적 팽창의 국민의 새로운 기반을 건설하는 것이 눈앞에 놓인 최대의 급선무이다. 이 책의 편찬 목적은 여기에 작은 뜻이 있다."

"바다에는 전복, 해삼 그 외의 어족도 끝없이 많다. 따라서 해류의 생산은 풍부하여 많은 백성을 흡수해도 남음이 있다. 제주사람들은 용감하지만 그 풍속은 순박하고 대문 없이 산다. 실로 남해안의 자유경(自由境)이다. 이것은 '천부의 보물섬'이 아닌가. 나는 지금 경제적 관점에서 그 풍부한 유리(遺利)

本新聞)』의 전신이다.

를 독자들에게 말해 일본 민족 팽창의 새 방면으로서 식민의 적합지인 이유를 세상 사람들에게 소개하려고 한다."

제주도에 대한 총론, 지리, 교통, 도사, 도정, 인정풍습 등 인문지리를 개괄하고 각 산업을 자세하게 기술하고 있다. 『조선의 보고: 제주도 안내』(1905)에서 주목하고 있는 제주도의 부원(富源)에 대한 부분만 발췌해 보면 다음과 같다.

어업

제주도의 어장은 해산물이 풍부하고 연안 어업은 최근 일본인에 의해 상당히 개발되었다. 어법은 상어주낙, 돔주낙, 잠수기다. 생산물은 상어, 전복, 돔, 고래, 다랑어, 방어, 삼치, 감태, 해삼, 김, 우뭇가사리, 미역 등이다. 재류 일본인의 대다수는 어부다.

농업

제주도는 평지가 매우 적고 그 대부분의 밭은 경사지에 있으며 논은 매우 드물다. 도민의 주식은 조와 보리다. 연안의 주민은 반농반어를 한다. 목장은 현재 완전 자유 개간에 맡겨져 있다. 양호한 일부의 밭을 제외하고는 정해진 주인이 없어 남보다 먼저 개간한 사람이 그 첫 번째 주인이 되는 상태다.

예부터 제주도에는 바람이 많아 매년 여름, 가을의 환절기에는 폭풍이 내습하기 때문에 농산의 수확이 전무상태에 빠져 그 참상은 보기에 딱할 지경이다. 그것을 본 비양도에 거류하는 일본인이 나가사키현(長崎縣)에서 다량의 고구마 종자를 구입해와 도민에게 그 재배법을 가르치면서부터 오늘날에는 거의 전도에 전파되었다고 한다. 이제는 제주도의 주식이 되었다.

상업

제주도의 상업은 보잘 것 없다. 공예품으로 양태, 망건, 빗, 골패 등이 있다. 해산물은 중매인에 의해 도내의 각 시장에 운반되어 도민의 수요에 제공된다. 한편 목포, 부산, 인천 등 일본인 거류지에 수송되어 상품으로써 상당히 이윤을 보고 있다. 제주읍에는 큰 시장이 하나 있는데 상설 점포도 많다. 일용품 기타 각종 의식주 필수품으로부터 잡화에 이르기까지 교환되거나 판매된다. 그러나 공업이 발달되지 않은 곳이라서 상품은 외부로부터 수입 하지 않을 수가 없다. 근래 도민들은 목포, 부산 등의 개항장에서 많은 일본식 잡화를 수입하고 있다.

임업

한라산 북측은 암석으로 이뤄져 있어 나무가 적지만 남측에는 떡갈나무, 모밀잣밤나무 등의 노목대수(老木大樹)가 울창하다. 대낮에도 어두운 삼림을 이루며 그 밖의 잡목이 무성하여 사슴, 멧돼지, 토끼 등 산짐승이 무리지어 살고 있다.

일반 도민은 나무를 땔감으로 사용한다. 빗, 뗏목 재료도 한라산에서 벌채한다. 수목은 거의 무진장이라고 할 만큼 많다. 도민은 오랫동안 난벌만 하고 번식시키질 않았기 때문에 운반이 편리한 곳은 민둥산이 되었다. 현재 떡갈나무, 모밀잣밤나무, 낙엽송 등 노목대수가 천연으로 번식하는 것으로 미루어보면 이들이 이 땅에 가장 적합한 수종임을 알 수 있다.

난벌을 금지하고 지질을 조사해서 유망한 나무를 심으면 천연의 훌륭한 삼림을 이뤄 영구히 보존할 수 있을 것이다.

원래 이 산림은 관(官) 소유이기 때문에 도민이 많은 재목을 베어낼 경우에는 고목불하(枯木拂下)의 허가를 받아야 하지만 목사 또는 군수 등에게 뇌물을 써서 벌채한다. 재목을 산에서 해안으로 운반하는데 가까워도 12km, 멀리는 16~20km나 되기 때문에 다소 수출에 곤란을 겪을 수 있다. 그러나 제주도는 노임이 저렴할 뿐 아니라 강건한 우마가 방목되고 있다.

'제주도에서 보는 신일본의 발전'이라는 마지막 장에서 '남자라면 여기에 뜻을 둘만 하다. 대거 몰려와서 이 부원을 개척하고 제2의 고향을 건설할 것을 바라마지 않는다'고 했다. 다음은 그의 제주도 경영에 대한 제언이다.

어업적 식민에 대한 의견

예부터 전라도 바다는 해산물이 풍요하다. 특히 제주도는 천연의 이원(利源)이다. 일본 어업자로서 야마구치(山口), 나가사키(長崎), 구마모토(熊本)에서의 이민은 매년 장승포(長承浦) 근해에 수산조합이 갑지(甲地)에 배치되었다고 들었다. 오카야마현(岡山縣)에서도 이런 계획을 세우고 있다고 한다. 그 밖의 각 현에서도 이주 계획이 적잖다고 들었다. 대세에 편승할 좋은 기회다. 어업 관계자들은 서둘러 제주도를 향해 어업적 식민으로 신생 마을을 설촌할 것을 권해 마지않는다. 이 하늘이 준 대보고야 말로 바로 일본민족의 열쇠를 기다리고 있는 것이다

농업경영에 대한 의견

제주도는 돌이 많아 경작지로는 적합하지 않지만 한라산 북부의 반, 남부의 반 정도 경사지에는 경작할만한 토지가 적지 않지만 황무지로 방치되어 있다. 이 부원을 개발하지 않아 농업분야는 한국 본토 농업보다도 크게 뒤지는 감이 있다. 이는 아마도 도민 대부분이 주로 수입이 많은 어업에 종사하기 때문이다. 종래 농업 방식은 발달되지 않아 자연에 맡기는 경향이 있다. 밭에는 방목하는 소, 말 때문에 황폐화되어 수확이 감소되는 경우도 있지만 이곳 농민들은 한번도 개선의 뜻을 둔 일이 없는 것 같다.

이런 상황에도 불구하고 농민들은 현실적으로 상당한 이익을 얻고 있다. 그 중에 보리 및 콩은 해마다 왕성하게 경작하여 각 지역에 수송하고도 남음이 있다.

미개간지를 개간하여 쌀, 보리 이외에 목축, 양잠, 과수재배, 기타 적당한 농사를 지으면 그 이익은 지금보다 훨씬 증대될 것이다.

목축업에 대한 의견

목축은 제주도에서 장래가 유망한 사업이다. 제주도를 보물섬이라고 말하는 것은 한라산 천연 대목장이 있기 때문이다. 일본 목축 수요는 우마 생고기 이외에 직물 등 기타 공업용으로 수요가 있다. 일본의 고기 수요는 일본 목축만으로는 공급이 충분하지 않다.

목장이 충분하고 기후풍토가 소와 말이 번식하기에 알맞다. 일본 목축가가 우마를 개량하고 사료를 개선하면 우량종 산출지(産出地)가 될 것이다.

『조선의 보고: 제주도 안내』에는 '한국은 이제야말로 일본 세력과 이익의 권역 안에 들어왔다. 천재일우의 호기를 만난 일본은 마치 워털루 전투에서 승리를 거둔 뒤의 영국처럼 유리한 위치에 있다. 한반도를 잘 적응시켜서 서서히 동양의 패권을 장악하는 큰 계획을 세워야 한다'고 일본의 팽창주의가 거침없이 표출되었다.

'경제 팽창의 기회가 지금 바로 도래한 것이다. 일본인은 대거 몰려와 이 부원(富源)을 개척하여 경제 팽창에 힘쓰지 않으면 안 될 것이다. 한국바다에서 하늘이 준 대보고(大寶庫)에 이주적(移住的) 어업의 급선무를 말하려는 것'이라는 표현을 보면 제주도는 개척지나 다름없다. 일본인 이주정책에 목적을 두고 제주도의 발전가능성을 논하고 있기 때문이다. 일본의 한국이주 정책에 제주도가 이용된 것으로 볼 수 있다.

5. 「제주도 현황일반」(1906년)

『조선의 보고: 제주도 안내』와 동시대에 일본인이 조사하여 작성된 제주도 현황을 알리는 문서로 「제주도 현황일반(濟洲嶋現況一般)」이 있다. 이 문서는 탁지부 재정고문으로 있던 가미야 다쿠오(神谷卓

男)[14]에 의해 1905년 10월부터 조사하여 1906년에 통감부 재정 감사청에 보고된 문서이다. 가미야 재정고문이 제주도에 들어 온 후 지방행정 및 재정에 대한 간섭이 심했다. 제주도의 재정 사정과 세무 조사에 대한 역할이었기 때문에 임명기간 동안 행정기관에 소속된 것은 아니었다. 가미야(神谷)의 제주도 체재 기간은 수개월에 지나지 않았다.

당시 제주목사 조종환에게 공마대금을 경리원에 납부하라고 하자 지나친 재정 간섭이라고 제주목사는 경리원경

「濟州嶋現況一般」(1906) 첫 페이지

(經理院卿)에게 경리대금 납부가 부당하다는 복망서를 보냈다.[15]

이 보고서의 구성은 제주도의 역사, 정부와 도민, 행정조직, 재무 정황, 조공제의 폐해, 제주도민의 생활상 등을 적고 있다. 제주도민의 정치, 사회적 성향에 대해서 조선 500년의 통치 아래에서도 수천 년간 고도(孤島)의 상태에서 양성된 도민의 기풍은 바꾸지 못했다고 했다.

이 보고서는 재정 상황과 세금 납부에 중심을 두기 때문에 특정 산업이 유망하다는 식의 내용은 없다. 생산물로 보리, 조, 콩, 표고, 전복, 우마, 돼지, 계란, 닭, 감저, 오미자, 돔, 멸치, 천초, 미역, 망건, 모자, 빗을 소개할 뿐이다. 우뭇가사리 수확이 많은 우도를 제주도에서

---

14 가미야 다쿠오(神谷卓男, 1872-1929)는 교토(京都) 출신으로 1892년 도시샤(同志社)대학을 졸업하고 미국으로 건너가 스탠포드 대학, 컬럼비아 대학에서 각각 2년간 유학했다. 1904년 한국으로 건너와 일진회 고문 역할을 했다. 1905년 탁지부 위탁 제주지부 재무관 임명, 함경북도 서기관, 조선총독부에서 평안북도 내무부장 등을 역임하고 1913년에 일본으로 돌아가 정치활동, 기업 활동을 했다.

15 광무 9년(1905) 11월 24일, 발신자 제주목사 조종환, 수신자 경리원 경각하(經理院卿閣下), (출전 각사등록 21, 전라남북도 각군 보고 7(275~276, 1905년 11월 24일).

보고(寶庫)로 인정하고 있다.

제주도 재류 일본인은 206명(남자 168명, 여자 38명, 성내 남자 50명, 여자 29명 계 79명)이었다. '일본인이 제주도에 오는 목적은 전부 해산물이다. 최초의 일본인은 야마구치현(山口縣) 요시무라 요자부로(吉村与三郎)이다. 1882년 12개 잠수기, 기계선(器械船) 5척이 가파도에 근거지를 두고 전복을 채집하였다. 서귀포에 근거를 두는 어업자는 나가사키현(長崎縣) 출신 나카무라(中村), 사사키(佐々木)가 있다. 상어, 멸치 어기가 되면 비양도, 차귀도, 서귀포에 일본 어민들이 몰려든다'는 기술로 보아 제주도 어장이 이미 일본인 어부들에게 점령당했음을 알 수 있다.

이 보고서는 한국으로 이주정책을 장려하는 문서가 아니기 때문에 제주도의 현실을 그대로 적었다고 볼 수 있다.『조선의 보고: 제주도 안내』에서 제시된 '하늘이 준 대보고'는 어디에도 없다. 심지어 제주의 산림 현황 조사에서는 만약 일본에 있었으면 하는 것이 없다고 서술할 정도다. 즉 제주도에는 굳이 탐나는 부분이 없고 일본과는 다른 부분이 없다는 말이다. 오히려 제주도에 없는 것들을 나열하고 있다. 그 항목은 다음과 같다.

- 자동차가 없다.
- 다리가 없다. 개천에 물이 흐르지 않기 때문이다. 그러나 비가 오면 불편하다.
- 숙소가 없다. 부잣집에 가서 신세를 지는 편이 낫다.
- 음식점은 시내를 벗어나면 한인을 위한 음식점도 없다.
- 빈대가 없다.
- 쌀밥이 없다.
- 우물이 없다. 해안에서 물을 길어다 먹는다.
- 학교가 없다. 촌부가 천자문, 사서오경을 아이들에게 가르친다.
- 계급은 관리와 평민 두 계급뿐이다.

- 화폐가 없다. 엽전을 사용할 뿐이다. 일본 돈은 성내, 군아에서 유통된다.
- 금융기관이 없다. 전당포는 조선의 명물이지만 제주도에는 전당포 간판이 없다. 금융은 아는사람끼리 빌린다.
- 수표가 없다. 차용증은 갑과 을 사이에 적는다.
- 잡화점은 성내에 있어 생활용품을 사용할 수 있다. 성내를 벗어나면 가게가 없다.

인천에서 발행되던 '조선신보(朝鮮新報)'는 이 보고서 내용을 1907년 9월부터 10월까지 '제주도민의 생활'이란 제목으로 게재했다. 이 기사에는 제주성내에 사는 일본인 잡화상에게 들으니 겨우 생활비를 벌 정도의 수입이라고 적혀 있다.[16] 『조선의 보고: 제주도 안내』에 나오는 '보고(寶庫)'의 모습은커녕 불편한 것 일색이다. 제주도가 얼마나 미개한 상태인가를 알리는 문서이다. 따라서 『조선의 보고: 제주도 안내』(1905)는 일본 팽창주의의 프로파간다 문서에 지나지 않았음을 능히 알 수 있다.

6. '천연의 이원(利源) 제주도에 가라'

1905년은 역사적으로 기술 항목이 많았던 해이다. 러일전쟁은 일본의 승리로 끝났고 대한제국은 외교권이 박탈되었다. 한일우편이 통합되었다. 제주도에는 목포우체국의 제주 우편취급소가 설치되었다. 우편선으로 기선 깃쇼마루(吉祥丸)가 목포와 제주도를 월 2회 취항하였다.

---

16 조선신보(1907년 10월 10일) '제주도민의 생활(2)', 제주성내에서의 5인 가족 생활비는 300문으로 나와 있다.

1905년 5월 일본 고베시(神戸市)에 본사를 둔 고베신문(神戸新聞)[17]은 '제주도에 가라'[18]라는 제목의 기사에서 제주도 연안에서의 어업을 '풍부한 천연의 이원(利源)'[19]이라고 칭했다. 일본 어민들은 다액의 출어 경비를 소모하면서도 오이타(大分), 나가사키(長崎), 야마구치(山口), 히로시마(廣島)의 어민들이 제주도 근해로 출어하였다. 1904년 출어 규모는 150~160척에 이르렀다. 따라서 일본 어민들이 제주도 현지에서 토지를 구입하고 가족을 이주시켜 일본의 어촌을 설립할 수 있는 근거지를 마련할 수 있도록 해 달라는 출어자들의 희망을 기사화하였다.

고베신문은 1906년 5월 26일에는 '제주도 통신'이라는 제목 아래 제주도의 금융, 화폐, 경제, 상공업 사정과 재류 일본인의 모습을 자세하게 보도하였다. 농민의 경제사정을 설명하면서 '빈부의 차가 없다, 부자도 없다, 대부분 밭을 소유하고 있다, 농촌에서는 1년을 먹고 살만한 밭을 소유하고 있다, 밭이 없다 해도 황무지를 개간하여 일가의 터전을 마련할 수 있다, 이런 이유로 제주도에는 거지가 없다'고 소개하였다.

주목할 만한 내용은 마을 공동소유의 밭을 공동으로 경작하는 공산주의적 형태도 보인다는 내용이다. 상공업으로는 탕건, 망건, 미역, 소가죽을 수출품으로 소개하고 있다.

1906년 9월 30일에는 '제주도의 어업'을 제목으로 달고 1906년의 어획사정을 자세하게 보도했다. 미역, 우뭇가사리, 멸치, 마른오징어, 전복의 채취량과 시세를 제주군, 대정군, 정의군으로 나누어 지역별 매출액을 알렸다.

---

17 고베신문(神戸新聞)은 1898년 창간한 고베시(神戸市)에 본사를 두는 지방신문이다.

18 고베신문 1905년 5월 4일.

19 이원(利源)은 이익 발생의 원천이라는 뜻이다.

1906년 11월 18일에는 '제주도 근황'이라는 제목으로 지리, 지질, 하천, 항만, 경작지, 풍속, 목포에서의 정기 기선 깃쇼마루(吉祥丸)를 소개하고 있다.

제주도 사람들의 인정에 대해 예부터 일본인과의 교류가 많았기 때문에 다소 일본화되어 있고 약간 교활한 면이 있으나 일본인에 대해서는 조금도 불온한 거동을 하지 않는다고 했다. 고베신문의 제주도를 보도하는 기조는 '도한(渡韓)의 권유' 차원을 벗어나지 않았다.

1905년『조선의 보고: 제주도 안내』이후 1910년 한일합방 이전까지 제주도의 상황을 종합적으로 기록한 문서로는 1909년 고베신문이 보도한 '제주도 연구'가 있다. 고베측후소 소장이었던 나카가와 겐자부로(中川源三郎)[20]가 1909년 8월 제주도 한라산에서 2주간 천막생활하면서 제주도의 기후에 대해 관찰하고 돌아가 고베신문에 연재한 것이 '제주도 연구'다. '제주도 연구'는 고베신문에 1909년 9월 8일부터 30일까지 16회에 걸쳐 연재된 기사로 제주도를 종합적으로 소개한 문서다.

제주도의 8월의 기후에 대해 자세히 관찰하고 있고 제주의 하루 강우량이 일본의 일주일 강우량에 맞먹을 정도로 우량이 많다, 지질이 화산암임에도 불구하고 식생이 좋은 이유는 강우량에 있다고 했다. 제주도는 장래에 유망한 곳이지만 고베(神戸)에서 제주도로 올 때 3일을 소요했고 돌아가는 데에는 무려 5일을 소요했다고 교통의 불편함을 지적했다. 항로에 대한 기록은 없다.

나카가와 소장의 '제주도 연구'는 기존의 제주도를 소개하는 문서와 마찬가지로 위치, 지형, 지질, 한라산, 산야, 하천, 항만, 도서, 도로,

20 고베측후소는 1896년에 개소된 고베기상대의 전신이다. 일본 최초의 해양기상대로 1920년부터 해양기상 관측을 시작했다. 나카가와 겐자부로(中川源三郎)는 1872년 출생, 고베측후소의 3대 소장으로 방패연 모양의 관측 장비를 발명한 사람이다. 37세에 제주도를 방문하여 한라산에서 태풍과 강우량 등의 기상을 관측하였다.

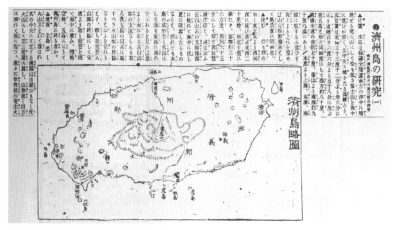

고베신문 연재 '제주도 연구'(1909년 9월 8일~30일 연재)

도읍, 제주성, 정의읍, 대정읍 등의 지역 소개, 인구와 풍습, 교통운수, 해로, 우편을 다루고 있다. 다른 문서와 다른 점은 기후 및 기상 관찰을 다루고 있는 것이 특징이다. 또 농업, 어업, 목축업, 임업, 공업, 상업, 물산의 순으로 각각의 산업을 고찰하고 있다.

제주도는 남해 바다에 외로이 서 있는 화산도에 지나지 않지만 그 면적은 한국 섬 가운데 가장 크고 해안선이 길고 광활한 토지를 갖는다고 섬의 크기와 해안선에 주목하였다. 또 도민의 근면 성실한 풍속을 제주도의 특색으로 꼽았다.

나카가와 소장은 연재를 마치면서 이번 제주도 시찰 중에 느낀 개인 의견을 제시하고 있는데 19세기에 그가 주목하고 제시하는 분야는 대부분 21세기에도 유효한 지적들이다. 산림보호, 난개발 우려 등 미래를 예측한 개발에 대한 인식은 높이 평가할 만하다. 제주도의 종합개발 계획서와 같은 현대적 의미가 있다. 나카가와 소장이 제시한 각 산업을 요약하면 다음과 같다.

기후 관측

기후가 제반 사업에 중대한 관계를 갖는 것은 이미 명백하다. 토지의 개간, 생산의 증식을 꾀하려면 최우선적으로 기후를 조사해야 한다. 이 섬은 위치, 지형 관계상 기후 관측이 중요함에도 불구하고 아직 아무런 설비가 없다. 굳이 비싼 장비는 필요없다. 간편한 우량계만 있으면 그 개요를 알 수 있다. 이것만으로도 많은 재원(財源)에 도움이 되기 때문에 정부는 시급히 관측을 실행하기 바란다.

개간

제주도와 같이 광대한 미개간지가 있는 곳에서는 개발이 긴급 과제다. 개간의 필요성을 논할 바가 아니다. 그 목적을 단지 일본인 이주를 장려하는 데만 그치지 말고 생산을 증식시키고 토지 개량을 도모하여야 한다. 동시에 교통의 편리에 도움을 주지 않으면 안된다.

즉 토지가 척박하고 관개시설이 없는 상황에서는 일정한 방침을 정해 우선 기후를 알고 지형과 지질에 따라 수리를 고려해서 작물의 종류를 정해야 한다. 무조건 개간하면 난개발의 폐해가 발생하고 들판이 불모지가 되니 당국의 주의를 촉구하는 바이다.

산림 보호

산림은 개간, 난벌, 화전 등으로 황폐해지고 있다. 농민이 화전을 만들고 1년, 2년 경작한 후 방치하는 것이 문제다. 만약 이대로 방임한다면 울창한 한라산도 10년내에 민둥산이 될 것이다. 한심스럽다. 정부가 가까운 장래에 벌채 금지령을 내려 보호하고 한라산을 모범림으로 꾸미기로 계획했다고 하니 하루라도 빨리 실행하기 바란다.

관개의 필요

제주도는 경작지가 충분함에도 불구하고 관개용수가 결여되어 헛되게 황폐화되어 있다. 쌀은 지역주민의 주식이 아니지만 이주해 오는 일본인이 증가할 경우를 생각해서 논 경작의 필요성이 있다. 관개용 수리대책을 세우는 것은 급선무이다.

주산물의 선정

아직 제주도의 주요한 물산이 없다. 어업에서는 어획의 방법이 매우 불완전하고 농업도 다만 식량을 얻기만 하면 만족하는 것 같다. 따라서 주산물의 선정은 토지의 적합 여부에 따라 정해야 한다.

어업 보호

제주도 주산업이 어업에 있음은 잘 아는 바이다. 제주도 해안 지역 사람들은 바다에 들지 않는 사람이 없을 정도다. 어획물의 생산이 풍부한 것은 자연의 은혜라고 할 수 있다. 일본인이 여기에 오는 이유도 어업에 있다.

제주도 식산문제에서 장래 우선적으로 주의할 것은 오로지 보호뿐이다. 일본인이 눈독을 들여 잠수기를 사용하여 전복, 해삼을 남획한 결과 지금은 거의 그 종이 절멸 지경에 놓여 있다. 특히 아직 세상에 알려지지 않은 어종에 대해서는 보호 방안을 강구해야 한다.

항만 설비

본도는 항만이 적고 교통이 불편하다. 제주도는 무한한 부원(富源)으로 포장되어 있으면서도 세상의 이목을 끌지 못하는 것은 교통이 불편하기 때문이다. 항만 건설이 절실하다. 정박지로서 자연 항만이 있지만 수심이 얕아 기선이 정박할 정도는 아니다. 산지포와 서귀포에 항만을 건설해야 하지만 항로나 출입 관계상 산지포를 택해야 한다.

축산 개량

제주도는 평원이 풍부하여 목초가 잘 자란다. 우마 목축이 성대함은 이웃 나라에서 예를 찾아볼 수 없을 정도다. 목초를 주지 않고 마구간을 차리지 않아도 잘 성장하고 번식의 왕성함은 인공 수정 이상이다.

제주도의 주요 산업으로 손색이 없으나 자연의 방목에 맡기다보니 불필요하게 체구가 비대하고 발굽이 견고해졌다. 우량종 우마를 개량하면 이 섬의 특산물이 될 것은 분명하다.

과수 재배

제주도의 기후와 토질은 과수 재배에 적합함은 논할 바 없다. 특히 감귤이 특산물이지만 자연재배에 의존하고 있다. 인공을 가한 재배법이 요구된다.

양잠업

야생 뽕나무가 자라기 때문에 번데기 사육이 용이하다. 토지와 임금이 저렴하기 때문에 농가부업으로 유리하다. 1907년 양잠업자는 20호 정도다.

잡화 상업

현재 제주 성내에 개점한 3~4상점만으로는 전 도민의 수요에 응할 수 없다. 도민의 기호에 맞는 석유, 옥양목, 성냥, 담배 등은 영세한 잡화에 지나지 않으나 고가에 팔린다. 최근 일본인들이 비교적 좋은 결과를 얻고 있는 분야가 잡화업이다.

제주도 상품으로 이윤 볼 수 있는 것은 해산물 수송이다. 도민으로부터 해산물을 받아 중매인에게 매도하고 중매인은 이를 다시 모아 시장에 수송하거나 혹은 부산, 목포에 수출하여 다른 물품과 교환하는 등 상업을 해볼 만하다.

의술의 개업

도민은 위생개념이 낮다. 초근목피를 먹고 영약(靈藥)으로 여긴다. 지금 일본인이 약방을 운영하고 있는데 명의사로 크게 환영받고 있다. 최근에 제주 성내에 의원을 개원한 사람이 있는데 진찰을 하러 오는 사람이 하루 종일 그치지 않는다. 상업 이외 명의(名醫) 입도를 절실히 바란다.

나카가와 소장은 자연과학자의 입장에서 제주도의 각 산업을 고찰하고 있지만 이 기사문 역시 일본의 팽창 정책에 부응하는 문서에 불과하다. 일본인들에게 제주도를 지리적으로 가장 가깝고 생계를 이어갈 만한 유력 사업 아이템이 있음을 일본에 알리고 있다. 마치 제주 사람들이 일본인에 의한 개발을 기다리고 있다는 식으로 적고 있다.

제주도는 행정, 사법의 잔학함이 극에 달하고 관리의 횡포가 심했다. 오래된 학정의 고통에 시달리고 근래에는 프랑스 천주교도를 원망했다. 이렇다 보니 은연히 일본인들에게는 호의적이다. 고대 탐라가 일본에 조공하던 것과 섬의 이런 사정을 알면 일본인은 더욱 제주도를 개발, 경영해야 할 의무를 느끼게 된다. 동시에 가련한 도민을 학정에서 구제하는 것이 시급하다는 것을 느끼지 않을 수 없다.

해상교통이 활발해져서 입도하는 사람이 증가하면 지금의 비참함에서 도민을 구출하는 것은 아주 쉬운 일이다. 또 본도의 개발을 촉진시키게 됨은 의심할 바 없다.

제주도의 산업은 자연이 준 그대로일 뿐 조금도 인공을 가하지 않은 채로 있다. 토민의 사업은 아직 미개 단계를 벗어나지 못하고 있다. 만약 일본인들이 경영을 잘해 개발한다면 가까운 장래에 넘치는 이익을 얻을 것이라는 것은 명백하다.

그러나 세상 사람들 대부분은 제주도를 단지 어업지로 알 뿐이다. 도내의 경영 사업에 이르러서는 아직 이를 아는 자가 없어 유감스럽다. 현재 혹은 장래에 개량 장려할 항목과 기후상 가장 유리 유망한 분야에 소감을 약술하여 참고 자료로 삼고자 한다.

1880년경부터 일본인의 어업을 목적으로 이 섬에 주목하게 되었다. 이제 한국 경영의 책임이 오로지 일본인의 손에 들어왔다. 제주도 개발이 현실화하는 단계에 이르렀다. 매우 경사스러운 일이다.

제주도민을 토민(土民)이라고 하거나 제주도를 미개의 단계에 있다고 하거나 도민이 학정에 시달리고 있다는 등 일본인이 우월감을 가지고 이주하여 사업을 전개할 수 있음을 말하고 있다.

심지어 기존의 어장 침탈과 관련해서 일본 어민이 제주도민과 충돌이 계속되어 왔음에도 불구하고 '어획 구역이 다르기에 과거에 어획을 둘러싸고 충돌과 항쟁이 있었다는 것은 듣지 못했다. 가끔 음료수를 획득하는 과정에서 반목이 있었지만 일시적인 충돌에 지나지 않으며 서로 관계는 매우 융화하여 추호도 험악한 상태는 아니다'라는 서술로 일본인이 이주하여 살기에 아무런 문제가 없음을 역설하고 있다.

제주도 탐방을 통한 기행문이나 연구 문서로 보기에는 어려울 정도로 일본의 민족팽창 정책에 부응하는 내용이다.

7. 『남선보굴 제주도』(1912년)

이 책은 제목부터 이미 개발되지 않은 불모지라는 제주도의 이미지를 전달하고 있다. 저자 오노 마사오(大野仁夫)는 부산에서 제주도 성산포로 발령을 받고 온 세무직원이었다. 1908년 한국으로 건너와 탁지부의 부산세관 감리(監吏)[21]로 임명받은 이후 조선총독부의 세무관리로 근무했던 사람이다. 1910년 부산세관 관할의 성산포 세관 감시서에 파견되어 2년간 제주도에 체류했다.

성산포 포구를 통하여 부산으로 오가는 물량 통계를 중심으로 제주도 소개서로서 『남선보굴 제주도』를 저술했다. 제주도 물산의 수출입에 대한 자료 및 통계가 아주 자세하게 나와 있다. 바둑잡지에 수필을 기고한 이외에는 저술활동이 전무한 사람이다.

이 책의 특징은 세 가지로 요약할 수 있다.

---

21 승정원 순종 2년(1908년 4월 17일, 양력 5월 16일)의 기록, '오노(大野仁夫)를 세관 감리로 임명'.

첫째는 전반부에 제주도 사정을 고문헌을 인용하여 서술하고 있다. 명소 소개를 한시를 인용하고 있다. 예를 들면 한라산을 소개하면서 제주판관을 지낸 김치(金緻)[22]와 제주목사를 지낸 이원진(李元鎭)[23]의 한시를 인용하고 있다. 행정, 풍속일반, 고적(古跡)에 대해서는 『탐라지(耽羅誌)』(1653)를 인용하고 있다. 저자 본인이 제주도에 발령을 받아 제주도에 대해 학습한 자료와 내용을 그대로 적은 것으로 보인다.

두 번째는 저자 개인이 제주도 산업, 물산의 수확량, 반입화물, 반출화물 등 교역량에 대한 자료를 수치화하여 기록한 문서이다. 시장 상황, 일용품 물가, 노동자 임금, 금융사정에 대해서는 광주농공은행의 예금 잔고를 제주도민과 일본인으로 나누어 기록하고 있다. 세관 책임자로서의 전문적인 지식이 충분했다.

세 번째는 재제주일본인의 사업에 대해 그 성공사례를 소개하고 있다.

오노(大野仁夫)가 정리한 이런 자료들은 한일합방(1910) 전후의 제주도 산업과 경제상황을 알 수 있다. 농산물인 경우 1909년부터 1911년까지 3개년의 평균 수확량은 보리가 압도적으로 많고 조, 콩 순이다. 단위는 근(斤)으로 표기하고 있다. 공산품인 경우는 판매액 순위로 탕건, 양태, 밀짚모자 순이다. 수산업 수확량으로는 소금, 멸치, 우뭇가사리, 미역 순이다.

재류 일본인의 사업에 대해서는 1909년부터 정기기선 창용환(昌龍丸), 현익환(顯益丸)이 왕래하여 화물 거래가 늘고 일본인 거주자가 급증했다. 항로의 불편이 해소되고 순사주재소가 경찰서로 승격되고 우편 수취소가 우편전신국으로 승격되는 등, 병원과 학교의 설립, 광주농공은행 제주지점의 개설 등으로 일본인이 거주하는 데에 불편함

---

22 김치(金緻, 1577-1625) 제주판관, 경상도관찰사를 지냄. 1609년(광해군 원년) 제주판관으로 와서 면(面), 이제(里制)를 실시함.

23 이원진(李元鎭, 1594-1665) 제주목사, 『탐라지(耽羅誌)』(1653) 편찬, 공신정 창건.

이 없어 거주자가 늘어난 이유를 들고 있다.

이 책에서 제주도의 생산물 증가를 위해 노력해야 할 분야로는 어구개량, 어획방법의 발전, 황무지 개간, 산림경영, 표고재배, 식수(植樹) 조림(造林) 장려를 제시하고 있다. 또 제주도의 개발의 시급한 사항에 대해 다음과 같은 것을 들고 있다.

첫째 교통을 편리하게 할 것. (즉 제주도에 관세 징수 기관을 둘 것)
둘째 도내 요소에 전화를 가설하고 항만을 보수 건설할 것.
셋째 도내 도로를 보수할 것. 이러한 일을 해나가면 모든 일이 날로 새로워질 것이다.

이 책에서 제주도에서 주목한 것 중의 하나는 한라산이다. 한라산을 천혜의 표고산으로 명명하고 '하늘이 준 버섯산'으로 표현하고 있다. 한라산이 표고재배에 유리한 점으로 든 조건은 기후, 산림, 경사, 저렴한 임금이다.

기후는 온화하여 규슈(九州) 북부와 비슷하다. 표고의 균사 발육에 양호하다. 또 봄과 가을에 비가 많이 오기 때문에 저수지를 만들 필요가 없다. 겨울은 삼한사온의 기온으로 적설이 적고 바로 녹는다. 한라산의 삼림은 5만 정보가 되고 표고에 적합한 서어나무가 70%가 된다. 한라산의 경사는 완만하여 일하기 쉽고 삼림 벌채가 아주 저렴하다. 표고재배에 고용된 제주도민은 일본인화 돼서 사업 내용을 잘 알고 있다. 또 임금이 아주 싸다. 한사람의 하루 일당은 24~25전이다. 경력자라고 해도 일당 30전 이하다.[24]

교통 운임이 저렴하여 오사카(大阪) 방면으로의 출하가 유리하다는 내용도 추가하고 있다. 이런 내용을 소개한 근거는 에히메현(愛媛

24 『남선보굴 제주도』(1912)에 나온 당시 물가의 예, 성냥 1개 35전, 닭 한 마리 200전.

縣) 이요(伊予) 지방 출신의 후지타 간지로(藤田寬二郞)가 한라산에서 버섯 재배 산림을 운영하고 있었기 때문이다. 이것이 제주도에서의 버섯재배의 효시라고 볼 수 있다. 후지타(藤田)는 1906년 제주도로 건너와 일본의 버섯재배 기술을 한라산 산림에 적용하였다. 버섯을 재배하여 판로는 오사카 지역으로 삼고 있었다. 한일합방 이전의 도한 정책에 따른 어업 분야 이외의 분야에서 성공한 사례로 볼 수 있다.

후지타(藤田)의 버섯재배 내용은 『제주도여행일지』(1912)[25]에 자세히 소개되어 있다. 『제주도여행일지』는 1909년 5월10일에서 9월 27일까지 제주도의 버섯재배 시찰 내용을 그림으로 기록한 여행기이다. 버섯 종자 제조, 종자파종, 건조장 건축, 버섯 생장 관찰, 버섯 수확, 버섯 건조, 포장 과정까지 자세하게 그림과 함께 기록되어 있다. 버섯 재배장이 있던 곳은 서귀포시 서홍동 위 한라산 자락으로 추정된다.

후지타(藤田)의 한라산에서의 버섯재배는 일본인에 의한 일본 기술과 자본이 동원되어 제주도 산림이 수탈되고 제주도민이 동원된 최초의 사례라고 볼 수 있다. 후지타(藤田) 이후 버섯재배를 목적으로 건너오는 일본인이 늘어났다.

『남선보굴 제주도』(1912)는 제주도의 당시의 산업 및 생산력 규모에 대해 자세한 정보를 제공하고 있지만 기본적으로 기존의 도한(渡韓)을 권하는 문서와 맥락이 같다. 이 책은 다음의 문구로 마무리하고 있는데 그것을 대변하고 있다.

'앞으로 보고(寶庫)는 세월을 거듭할수록 개방될 운명에 놓여 있다. 일본의 표고업자들도 하루 빨리 제주도로 와서 이 유망한 보고(寶庫)의 열쇠를 손에 쥐고 자원 개척 사업에 나서줄 것을 바라마지 않는다.'

---

25 『濟州嶋旅行日誌』(2016), 하버드 옌칭도서관 학술총서, 김선주 번역, 민속원 발행.

8. 일본의 식민지 이주정책

조선에 건너온 일본인은 1900년 말부터 1905년 말까지 1만 5,829명에서 4만 2,460명으로 3만 명 가까이 급증가했다. 조선으로 건너온 일본인이 늘어난 배경에는 일본 정부의 이민 장려정책이 있었다. 일본 정부는 조선의 군사적, 경제적, 문화적 지배권을 확립하기 위한 수단으로 조선 이민을 장려했다. 1900년 전후 일본에서는 조선 이민론이 본격적으로 대두되어 황무지 개척과 이주 어촌 건설이 주창되었다. 이것은 일본의 과잉 인구 해결책을 조선에서 찾는 정책이자 러일전쟁에 대비해서 일본 세력을 한국에 이식하려는 것이었다. 일본어민 이주 어촌이 곳곳에 건설된 것은 러일전쟁 무렵부터였다.

일본은 러일전쟁을 계기로 한국에 대한 우위권을 장악하고 '제국'으로 첫걸음을 내딛기 시작하였다. 한일의정서(1904년 2월), 제1차 한일협약(1904년 8월), 제2차 한일협약(1905년 11월)을 한국에 강요하면서 일본은 동아시아 지배력 강화의 초석을 다졌다. 1899년부터 여권 없이 조선으로 도항할 수 있었다.

일본은 한국의 식민지화를 달성하기 위해 군사적 정치적인 측면에서의 지배뿐 아니라 일본인의 광범위한 한국 이주를 통해 인적 물적 토대를 마련하고자 했다. 일본 농촌의 과잉 인구를 조선 이주를 통하여 해결하고 식량과 원료공급지로서의 한국의 식민지 기능을 강화시키려 했던 것이다.

언론과 여론 지도층은 제국의 정책에 부응하여 한 목소리로 이주를 장려했다. 식민지는 개간되지 않은 황무지, 자원의 보고, 기회의 땅으로 그려졌고 식민지 이주는 개인에게 새로운 삶의 기회일 뿐 아니라 일본 국가와 민족의 대의와 생존, 이익, 나아가 새로운 아시아의 평화에 봉사하는 것으로 선전되었다. 그 과정에서 많은 이주 안내서

들이 간행되었다. 『한국이민론』(1901), 『최신 조선이주안내』(1904), 『조선도항안내』(1904), 『도한의 권유』(1909), 『조선농업이민론』(1910), 『도한 성공법: 백 엔의 소자본』(1910) 등이다.

일본은 통감부 설치 이후 각 행정기관에 일본인 고문을 앉혀 내정을 간섭하였다. 대규모 농업 이민을 중심으로 하는 이민을 국책으로 삼았다. 그것은 일본의 농촌 과잉인구를 해소하는 방법일 뿐 아니라 약탈적 상업보다 더 먼 장래를 내다보고 더 확실히 조선을 손에 넣는 책략이기도 했다.

일본은 조선이나 대만뿐 아니라 하와이와 남미 대륙까지 많은 이민자를 송출했다. 하와이나 남미 대륙으로의 이민은 사탕수수 농장 등 '노동 이주'를 전제로 한 것이지만 조선이나 대만으로의 이주는 일본의 지배와 패권 아래 놓인 식민지 예정 지역으로의 이주였다. 일본의 문화와 생활 관습을 그대로 유지할 수 있는 장소 이전에 불과했다. 일본보다 근대화가 늦은 조선이나 대만으로의 이주는 지리적으로 가까울 뿐만 아니라 이윤을 선점하고 착취할 수 있는 기회의 땅으로 인식하게 되었다.

한국으로의 이민은 인생역전의 기회나 일확천금의 장대한 꿈을 실현할 수 있는 것처럼 선전하면서도 정작 가난한 농민, 몰락한 상인 송출을 전제로 하였다. 『한국이민론』(1901)에 소개된 한국에서 유망한 직업으로 편물교사, 이용사, 미용사, 산파, 꽃꽂이 교사, 군고구마 장사를 들고 있다. 한국 이민의 유리한 점을 다음과 같이 들고 있다.

'천리 파도를 넘어서 인정 풍토가 다른 먼 해외에 이주하여 단지 노동을 파는 것보다 한국에 이주하여 한국 산업의 지도자가 되고 나아가 인문의 계발을 유도하는 것만큼 쾌거는 없다.'

(『한국이민론』(1901) 加藤增雄, 183쪽)

'한국으로의 이민은 노동자가 아니라 주인이 될 수 있는 기회다. 일본 국민이 일본 옷을 입고 일본집에 살며 일본 음식을 먹고 자유롭게 원주민에게 사역을 시켜 상공업에 종사하면서 멋진 독립된 생업을 영위할 수 있는 것은 한반도뿐이다. 따라서 한반도 이주를 가볍게 여기지 못하는 이유이다.'

『한국이민론』(1901) 加藤增雄, 11쪽)

조선 13도에 유리(有利)가 없는 땅이 없다. 사회적 제재도 없고 허가 형식도 없다. 조선에서는 일본인이라면 신이나 부처처럼 공경한다. 3~4년 고생하면 한 재산을 모을 수 있다. 조선은 단순히 돈을 벌 수 있는 곳일 뿐 아니라 금의환향, 신분상승의 기회의 땅이다.

『최신 조선 이주 안내』(1904) 山本庫太郎)

일본 이주민들의 도항 목적은 대부분 상업이었다. 자본을 투자해서 개발하기 보다는 상업으로 쉽게 이익을 볼 수 있었기 때문이다.

『최신 조선 이주 안내』(1904)는 구체적인 조선 이주 방법과 조선어 회화를 포함하고 있다. 도항 방법에 대해서 '시모노세키(下關)에서 부산까지는 뱃길로 12~13시간 걸린다. 이는 고베(神戶)에서 시모노세키(下關)까지 가는 길보다 가깝고 도쿄에서 대만까지 여비는 20엔인데 반해 부산까지는 15엔이다. 외국이라고 하지만 조선에 가는 것은 오사카(大阪)에서 홋카이도(北海道)에 가는 것보다 번거롭지 않다'고 소개하였다.

이주민들을 안심시키기 위해 선전하였다. 일본인에 대한 적대감이 없고 조선인은 유순하고 무기력해서 위험하지 않다. 조선에서의 생활에 대해서는 개항장 거류지를 벗어난 조선의 내륙지방은 상업과 산업이 발달되지 않았고 사회질서와 기반시설이 아주 미비하다. 현재 조선의 상업 수준에서 장사를 한다면 큰 밑천도 필요 없다. 생활비가 일본의 3분의 1에 불과하니 3~4년만 고생하면 충분히 재산을 모을 수 있다고 안내하였다.

『도한 성공법: 백 엔의 소자본(渡韓成功法: 百円の小資本)』(1910)에서는 한국에서 개진해 볼만한 사업 아이템 및 창업 분야 36가지를 조사해서 소개하고 있다. 조선일일신문(朝鮮日日新聞社)[26] 조사부에서 조선에서 소자본으로 성공을 거둔 일본인들을 조사하여 기획한 안내서이다. 이미 서울에 정착한 일본인들의 사례를 소개하여 이주 정보를 제공하는 것이 목적이었다. 조사표 내용은 처자식을 거느리는 것을 전제로 해서 '100엔으로 한국에서 사업을 벌일 경우, 어떤 방법이 있는지, 주변에서 100엔 이내의 소자본으로 한국에서 창업을 시도했다가 실패한 경험담 등을 사례별로 다루고 있다.

이 책에 소개된 사업 내용은, 일용품 판매, 고물상, 행상, 간장 소매업, 과자가게, 잡화상, 우동집, 양돈, 양계, 고구마 경작, 계란 판매, 이발업, 인력거, 수레 운영 등이다. 업종별로 3식구가 생활하는데 필요한 금액을 식비, 주거비, 교육비 등으로 나누어 각각의 경우를 자세하게 소개하고 있다. 예를 들면 경성에서 이발업을 개업할 경우에 필요한 자본은 가게 임대료 15원, 거울 2대 15원, 이발 기구 10원, 개업 잡비(페인트, 간판 등) 20원, 합계 70원이다.[27] 경성(京城)의 생활 물가는 목수 일당 1원 40전, 일본가옥 한 달 방값은 5원, 오사카에서 부산까지 3등석 요금은 5원 50전, 인천까지는 9원 등 도항 요금 정보를 제공하고 있다. 또 한국인들을 상대로 하는 사업 아이템과 한국인의 호기심을 자극하고 한국인들로부터 존경받을 수 있는 방법까지 상세한 내용을 서울 거주 이민자의 목소리로 전달하고 있다.

당초 통감부의 목적은 청일전쟁, 러일전쟁을 치르면서 소모된 국력을 회복하기 위한 농업이민을 목적으로 시행한 이민정책이었지만

---

26 조선일일신문은 1903년부터 '인천상보(仁川商報)'라는 호명으로 인천에서 발행된 일본어 신문이다. 1905년 '조선일일신문'으로 개칭하고 본사를 서울로 옮겼다.

27 『渡韓成功法: 百円の小資本』(1910: 149쪽).

당시 이민의 실체는 상업과 서비스업, 단순 노동에 치우쳐 있었다.

이런 흐름에서 전술한 한일합방 이전 이주 정책과 관련된『조선의 보고: 제주도 안내』(1905), 고베신문의 '제주도 연구'(1909)와 같은 문서에서 부르짖은 '제주도의 개척', '제주도 경영'은 이상적인 표어에 지나지 않았음을 알 수 있다. 서울로 이주하는 일본인이 100엔의 소자본을 가지고 이주하는 마당에 제주도에 이주하는 일본인에게 제주도에 대한 자본 투자와 개발은 기대하기 어려웠다. 제주도의 수산자원과 산림 자원에만 눈독을 들였다. 제주도 자원 수탈이 제주도로 이주를 권하는 미끼가 되었다고 볼 수 있다. '제주도 연구(1909)', 『남선보굴 제주도』(1912)에서 제시된 교통과 항만에 대한 시설 투자는 저술가의 희망사항에 불과했다.

제2장

제국의 '보고(寶庫) 제주도'

1. 『미개의 보고 제주도』(1924년)

『미개의 보고 제주도』는 3대 제주도사(島司)[1] 마에다 젠지(前田善次)에 의해 발행된 제주도 소개서이다. 투자 유치를 위한 기획 도서였다. 마에다 도사는 이 책을 들고 '제주도를 살 사람이 없는지' 조선 전국과 일본을 돌아다니며 제주도를 선전했다. 마에다 도사는 1919년 한국에 와서 1923년부터 1928년까지 제3대 제주경찰서장 겸 도사를 역임했다. 일제강점기 36년간 제주도에서 가장 역동적인 시기에 가장 활동적이었던 도사로 평가할 수 있다.[2] 그는 제주도 소개서『미개의 보고 제주도』를 발행했을 뿐 아니라 '제주도 노래', '제주도 선전가' 및 제주도 선전 레코드를 만들어서 제주도 판촉을 벌인 도사였다.

재임기간(1923년 5월 24일~1928년 7월 21일) 동안 제주전기주식회사 설립, 제주축항 기공 등 기반 시설을 갖춘 공적도 있지만 그의 재임기간 동안 가파도 어장 쟁의(1923), 추자도 어민항쟁(1924), 신인회 임원 체포사건(1925), 조천소비조합 항일운동(1926), 제주농업학교 동맹휴학

---

1 도사(島司)는 8세기 율령제 시대부터 존재했던 일본의 행정단위로 일제강점기의 제주도와 울릉도는 군(郡)과 동격의 행정기관 '島'가 놓여 있었다. 수장을 도사(島司), 관청을 도청(島廳)이라고 했다.

2 朝鮮新聞(1931년 8월 31일)에 따르면 마에다(前田) 도사는 수완가, 사업가 체질이다. 술을 마시지 않고 일에만 몰두한다. 자전거를 타고 읍내를 돌아다녔다.(당시 학교조합 관리인 무라이 아키라(村井彬)의 평가)

야나기다 교사 배척사건(1926), 정의면 성산포 씨름대회 사건(1927), 제주농업학교 부태환 사건(1928)이 발생했다. 또 일본에서도 오사카 제주공제회 사건(1928) 등 제주도민과의 갈등을 빚기도 한 인물이었다.

1928년 제주축항 시찰을 위해 제주도에 출장을 왔던 조선총독부 토목기사 가지야마 아사지로(梶山淺次郎)가 쓴 「제주도 기행」에 드러난 제주도 선전 레코드 내용은 다음과 같다. 제주도와 목포를 왕래하는 여객선 가이슈마루(海州丸) 선장이 축음기로 튼 내용이다. '제주도 노래', '제주도 선전가'는 일본 군가에 가사를 붙여 마에다 도사의 독창으로 녹음된 것이다.[3]

'제주도 노래'

여기는 조선 남단 그 이름도 높은 제주도
세상에 둘도 없는 보물섬

인구는 23만, 면적 130만 리
기후는 온화하고 눈은 내리지 않네.

해륙산물이 많고 온화한 날이 많아
장수의 마을, 이 섬에 와서 살아보세

'제주도 선전가'

제주도!
바위 치는 파도는 험하지만, 산에는 버섯, 바다에는 전복
끝없이 펼쳐지는 밭에는 보리와 조. 그 중에 감귤 맛이 최고

---

3 「제주도 기행」, 가지야마 아사지로(梶山淺次郎), 『朝鮮』 160호(1928년 9월호) 조선총독부 발행.

제주도!
면화가 피어나면 2백만, 기후풍토에 잘 맞네
한라산 기슭의 눈이 녹아 4만 농가를 적셔주네.

제주도!
축산조합 찾아가서 물어보니 소가 7만, 말이 2만
돼지와 닭은 수를 알 수 없네.

제주도 소개 레코드도 마에다 도사의 육성으로 녹음된 것이었다. 제주도의 역사, 기후, 면적, 산림, 각 산업 등을 소개하는 내용이다. 각 산업의 소개마다 '대자원을 보유하고 있다', '장래가 유망하다', '원산지 일본을 능가하는 좋은 조건이다', '세상에 이렇게 좋은 곳은 본 적이 없다', '바다와 땅이 무한 자원으로 개척할 여지가 많다'고 갖은 미사여구를 동원하고 있다. 목축, 감귤, 양잠, 양계, 양봉 등 모든 분야가 유망하고 제주항, 교통 등의 기반 시설을 갖추고 있음을 역설하였다.

옛날 이 섬에 사는 세 명의 남자 신이 일본국에서 보낸 세 명의 왕녀를 배필로 맞아 이 섬의 선조가 되었다. 지금도 성안 남쪽에 삼성혈이라고 하는 천고의 녹음을 간직한 노송 숲 아래에 그 세 명의 신을 모신 영지(靈地)가 있다. 이런 연유로 제주도 특유의 인정과 풍습이 있다. 도민은 유순 소박할 뿐만 아니라 용감 민첩하며 친화력이 있다. 남녀 공통으로 근면하며 미풍양속이 넘치는 곳이다.

조선에서 유일한 감귤 산지로 예부터 활발하게 재배되어 왔다. 20종 이상의 감귤이 재배된다. 옛날 수이닌(垂仁) 천황 때 그의 충신에게 상세국(常世國: 바다 건너에 있는 이상향)에 가서 귤을 구해 오라고 시켰는데 그 충신이 귤을 구하고 조정에 돌아와 보니 천황은 이미 붕어하고 말았다. 그 귤을 천황 왕릉에 받치고 자살했다는 이야기가 있다. 상세국은 귤의 유일한 산지인 제주도가 아닐까 추정해 본다.

수산물은 미역, 전복, 소라 등의 양식이 무한하다고 할 정도이다. 섬 일대에 흐르는 난류는 갖가지 어족을 불러들인다. 난류와 한류를 동시에 오가는 어족도 많아 일대어국(一大魚國)을 이룬다. 옛날 우라시마 다로(浦島太郎: 옛날 이야기의 주인공)가 거북이 등에 타고 갔다는 용궁이 이 섬이 아닐까 생각된다. 실제로 서귀포, 성산포 두 항과 부속 도서인 비양도, 추자도는 연안 어업의 근거지이다. 최근 서귀포에 포경(捕鯨) 어업의 근거지 설치를 계획하고 있다. 수산업은 더욱 더 유망할 것이다.

제주도 해안마을 부녀자 중에는 바다에 잠수해서 전복, 소라, 미역, 다시마 등을 채취하는 해녀라는 사람이 많다. 이 해녀는 정말 용감 민첩한 여성으로 그 활동 모습은 보는 사람으로 하여금 감탄을 자아낸다.

일본과의 관계를 강조하면서 마치 자연을 이용한 산업의 파라다이스로 표현하고 있다. 제주도 선전 레코드의 마지막 구절은 제주도를 꼭 시찰해 보고 모쪼록 나라를 위해 이 미개(未開)의 보고(寶庫)를 개척해야 하니 넘치는 애정을 보여 달라는 호소로 마무리하고 있다.

1910년 이전의 한국으로 이민을 권하는 정부의 정책 자세와는 다르다. 지방의 행정 책임자로서 투자 유치를 위한 판촉 홍보를 펼쳤다. 조선총독부 지방 관리의 활동으로는 보기 드문 예이다.

『미개의 보고 제주도』의 서두에는 세상 사람들에게 알려지지 않은 '하늘의 준 낙원 제주도'를 소개하였다. 자본가를 대대적으로 영입하여 세상를 개혁하고 싶으니 제주도를 알려달라는 당부의 문구로 시작하고 있다.

이 책의 목차는 총설, 지리, 기상, 연혁, 풍속, 행정구역, 도읍, 교통, 통신, 관청, 교육, 종교, 산업(일반 농사, 수산업, 임업, 축산업, 양봉, 면작, 공업, 상업, 재정, 금융·경제), 결론으로 구성되어 있다.

기후와 풍토가 좋고 도민이 용감 민첩하고 근면 소박한 미풍이 있다. 또 대자연의 부원(富源)을 개척하기에 적합한 요소가 너무 많다는 것을 알리고 싶다고 하였다.

다른 지역 사람들이 관심을 끌만한 보고(寶庫)의 근거로 제시한 내용은 다음과 같다.

- 소·말·돼지는 10여 만 마리, 섬이 바로 그 목장이며 괄목할만한 대자원이 풍부한 것은 일본 식민지 영역에서는 비길 곳이 없다.
- 웅대한 대산림지를 소유하고 있어 임업 경영에 있어 절호의 토지이다.
- 헤아릴 수 없는 모든 어족이 섬 주위로 몰려와 패류, 해조류가 무진장 번식하는 천연의 대어장이다.
- 한라산의 중턱에는 광대한 삼림이 있어 표고재배업이 가장 유망하다.
- 어류·패류의 통조림제조업, 요오드 제조업, 멸치공장, 조개 단추공장 등이 일본인이 착안하고 있는 분야다.
- 감귤 재배지로서 조선 전국에서 유일무이한 호적지다.
- 면화, 양잠·약용작물 재배의 적지가 바로 이 땅이다.
- 양계·양봉은 천혜적이다. 생산이 풍부하고 생산물 판매에 지리적 편리함을 갖추고 있기 때문에 산업적 가치는 조선에서 견줄 바가 없는 호적지다.

『보고의 전남(寶庫の全南)』(1913)의 '제주도 편(篇)'에는 감귤 재배만 유망하다고 적혀 있을 뿐 유망한 산업에 대해 제시된 내용은 없다. '섬 전체가 용암으로 덮여 있고 돌과 자갈이 도처에 싸여 있어 경작을 방해하고 교통은 몹시 불편하다, 연안에 안전한 정박지가 없고 만조를 기다려야만 배가 들어갈 수 있다, 농업, 수산업, 목축업이 부진하다. 공업은 망건, 탕건, 모자, 빗뿐이다'고 객관적으로 서술하고 있다. 『미개의 보고 제주도』와는 전혀 다른 자세로 설명하고 있다.

그러나 『미개의 보고 제주도』에서 주목할 것은 자본을 유치함에 있어 도로의 개보수, 항만 구축, 무선전신의 가설, 교통 통신 시설의 완비 등 각종 기반 시설을 갖추겠다고 제시했다는 점이다. 자본 유치를 통한 제주도 산업 발전의 플랜이 제시되어 있다. 이점은 『미개의 보고 제주도』가 '보고'(寶庫)라는 제목을 가지고 단순히 풍부한 자원이 있다고 소개한 기존의 문서와 다른 점은 투자 유치와 더불어 관(官)에서 시행할 방침도 함께 제시하고 있다는 것이다. 관청에서 발행한 문서답게 보고의 근거와 활용 가능성, 산업 근대화 계획을 제시하고 있다. 기반시설 확충에 대하여 축항 수축, 전기사업 계획, 수도계획, 도로 개수, 지방비 보조에 따른 개닦기(해안정비) 등에 관한 계획을 발표했다. 산업분야에 대한 계획은 다음과 같다.

- 농산물 생산을 증대하여 도외로 반출할 것.
- 중산간 휴한지를 이용하여 목축·임업·면작 등 대대적으로 경영할 것.
- 쌀농사를 대대적으로 보급할 것.
- 면직공장 설치 계획.
- 산림 조성을 위해 목재의 일본 반출을 방지할 것.
- 기존 묘목의 식수를 완료할 것이니 식림경영자를 환영하며 적극적으로 편의를 제공할 것.
- 표고버섯 재배업을 장려할 것.
- 목축업을 장려하고 재래품종 개량을 위해 거세를 단행할 것.
- 소고기 통조림업을 계획하고 있고 소의 반출을 꾀함.
- 개량 양계를 장려하며 재래계의 반출을 대대적으로 실행할 것.
- 계란 반출조합을 설립하여 계란을 공동판매하고 부산 출장소를 설립할 것.
- 이주어민을 장려하여 근해어업의 장려를 꾀함.
- 통조림업자의 기업합병을 실행하도록 할 것.
- 감귤원 조성을 적극 장려함.

- 수산물의 가공무역품 제조를 장려하고 대중국 무역을 지도할 것.
- 도외로부터의 도내 이민을 장려하고 중산간 부락의 조성과 이주어촌을 조성할 것.

각 분야의 자본가들이 제주도에 주목하는 것은 제주도의 발전과 국가정책 실현을 위해서 바람직한 일이며 제주도의 산업을 일으키는 것은 일본제국의 국력을 키우는 것이라고 호소했다. 견실하고 재력이 있는 실업가가 내도하여 농업, 임업, 목축업, 수산업, 또는 각자 경험 있는 분야에서 계획을 세워 각종 산업의 발전을 기획해 주기를 희망했다.

그럼에도 불구하고 일본인에 의한 민간 투자는 이뤄지지 않았다. 결과적으로 조선총독부의 식민지 개발 차원의 기초적인 기반 시설 확보에 그쳤다. 일제강점기 동안 제주도 개발에 대한 연구는 진관훈(2004)을 참고하길 바란다. 진관훈(2004)은 조선총독부와 전라남도청의 역할을 개괄하고 도로 개설 사업, 상수도 부설 사업, 항만 수축공사, 방풍림, 방사림 조성의 성과를 논하고 식민지 시대의 수탈이라는 선입관에서 벗어나 경제변동이라는 관점에서 재해석하고 있다.[4]

그러나 근대적인 경제변동은 인정되지만 산업의 발달 단계에는 이르지 못하고 노동 착취로 생산력 증대에만 주력하였다. 유일한 민간에 의한 시설 투자였던 제주도궤도순환회사는 개통 1년 만에 폐지되었다.[5] 『미개의 보고 제주도』에서 호소한 어업적 이민도 성과를 이루지 못했고 보조 이주 어촌도 전무했다.

이주자들은 『미개의 보고 제주도』에서 제시한 경제적 부원과는 거리가 먼 잡화상들이 대부분이었다. 일본 또는 부산이나 목포의 일본

---

4 진관훈(2004: 343~380쪽).
5 제주도순환궤도회사(대표 야마모토 마사토시(山本政敏))는 오사카에 본사를 두고 있었다. 도로꼬라는 궤도화차를 1929년 개통하여 영업을 개시했으나 1931년에 폐지되었다.

인 거류지로부터 유입한 성냥, 설탕, 간장, 옥양목 등을 제주도민들에게 팔거나 버섯재배에 종사하였다. 어업자를 제외한 거류민들은 관아(제주도청) 앞에 모여 살았다.

2. 식민지 개발의 프레임 '보고(寶庫)'

미개의 보고 제주도를 개발할 일본인의 자본과 일본인의 이주는 성과를 얻지 못한 반면 제주도민의 일본으로의 객지벌이 도항은 해마다 늘어났다. 1923년 오사카(大阪) 출가 제주도민은 1만 명이 넘었다. 제주출신 오사카 도항자 조합인 제주공제회의 회원은 1924년에 1만 4,000여 명에 이르렀다. 1939년 『제주도세요람』에 따르면 재오사카 제주도민은 5만 명이었다. 제주도민 20만 명 중에 5만 명이 일본으로 객지벌이를 나간 셈이었다. 자본을 유치하여 개발을 유도하는 방향이 제주도민의 경제 규모를 확대하는 분야에 있는 것이 아니라 자원을 수탈하는 부분에 치우쳐 있었기 때문이었다.

『미개의 보고 제주도』에서 유망한 부원(富源)이 가는 곳마다 널려있어 개발을 기다리고 있다는 미지의 이상향(理想鄕), 보물섬에 사는 도민들은 정작 제주도를 떠났다. '자원이 무진장'한 '하늘이 준 낙원'에서 살지 못하고 궁핍을 벗어날 방법으로 일본의 한신(阪神) 공업지구에서 노동을 파는 것을 선택했다. 도민들의 삶은 보고(寶庫)라는 수식어와는 거리가 멀었다. 심지어 『미개의 보고 제주도』에서는 도민을 일본 각지에 출가시켜서 노임유입을 꾀하여 경제를 완화시키는 계획을 세우고 있었다.

『조선의 보고: 제주도 안내』(1905)에서 '제주도 출어자가 날마다 증가 추세에 있는데 이는 국력발전의 결과라고는 하나 또 국가경제력 발전의 하나의 현상이라고 볼 수 있다. 제주도 연안에는 일본인 어업인이 많다. 어업인의 창고가 안 보이는 곳이 없다. 제주도는 생산물이 엄청난 어업지, 농업지로서 그 앞날이 매우 유망하다. 더구나 막대한 천연의 이원(利源)은 아직도 개발되지 않았다. 활용이 안 되고 오늘에 이르고 있으니 어찌 일본인들이 팔짱을 끼고 이를 간과할 것인가'라고 일본인들을 제주도로 유혹했지만 자원이 무진장하고 하늘이 준 낙원을 찾아 이주해 온 일본인은 일제강점기 기간 내내 최대 1,500명을 넘지 못했다. 조선에 이주해 온 일본인 최대 75만 명중에 0.005%밖에 안되는 수치에 불과했다. 결국 '보고(寶庫)'는 일본인이 작성한 문서 속에만 있는 가상의 섬이었다. 제주도민을 염두에 둔 것이 아니라 오로지 제국의 관점에서만 서술한 것이었다.

이 시기에 『미개의 보고 제주도』와 같은 한국의 지방 판촉을 위한 서적이 다수 출판되었다. 조선총독부는 도서 출판으로 지방 산업 개발과 민간자본 유치를 도모했다. 따라서 보고(寶庫)는 제주도에만 붙인 관형사가 아니었다. 식민지 각 지역을 보고(寶庫)로 칭했다. 식민지 구석구석이 다 부원(富源)이고 유망한 곳이 되었다. 결국 보고(寶庫)는 미개한 곳을 개발하기 위한, 개발 가능성을 알리기 위한 프레임에 불과했다.

『보고의 전남』(寶庫の全南) (1913), 片岡議 編, 片岡商店
『동조선의 보고: 함경남도 안내』(東朝鮮の寶庫: 咸鏡南道案內) (1924), 畑本昇
『옹진은 도내의 보고: 해산물은 무진장』(甕津は道內の寶庫: 海産物は無盡藏) (1925), 朝鮮新聞社
『영남의 보고: 경상북도의 산업대관』(嶺南の寶庫: 慶尙北道の産業大觀)(1925), 大邱支局, 靜山生, 京城日報社
『영남의 보고: 농업을 주체로 발달하기 시작한 공업』(嶺南の寶庫: 農業を主體として發達しつつある工業) (1925), 京城日報社

『자본유입을 기다리는 서선의 보고 황해도』(資本の流入を待つ: 西鮮の寶庫黃海道) (1925), 京城日報社

『호남의 보고: 이리 안내, 익산 발달사』(湖南寶庫: 裡里案內, 一名, 益山發展史) (1927), 山下英爾 著, 文化商會

『조선의 보고: 전라북도 발달사』(朝鮮の寶庫: 全羅北道發展史, 一名全北案內) (1928), 宇津木初三郞 著, 文化商會

『호남의 보고: 김제 발달사』(湖南の寶庫: 金提發展史) (1934), 宇津木初三郞 編, 群山日報裡里支社

『보고 만주·몽고는 부른다』(寶庫滿蒙は招く) (1932), 川島富丸 著, 帝國文化協會

『중국의 보고: 사천성 관찰보고』(支那の寶庫: 四川省觀察報告) (1926), 花田牛助 著, 大民俱樂部

『대만의 보고와 오키나와현』(臺灣の寶庫と沖繩縣) (1932), 與儀淸, 與儀淸 發行

『남중국의 보고: 해남도』(南支那の寶庫: 海南島) (1939), 結成源心, 宮越太陽堂書房

『만주 조선 제일의 보고: 북선과 간도의 제 공업』(滿鮮第一の寶庫: 北鮮 間島の諸工業) (1936), 朝鮮新聞社

『보고 미얀마의 실정』(寶庫ビルマの實情) (1944), ビルマ協會, 牧書房

이들 문서는 식민지의 지방을 소개하고 미개한 지역의 개발을 재촉하는 문서다. 일본인에게 식민지 사정을 알려 투자와 이민을 권하기 위한 것이었다. 일본 제국의 팽창주의는 낙후된 지역에 대한 투자 유치와 개발을 민간에게 의탁하고자 『미개의 보고 제주도』와 같은 지역 소개서를 언론기관과 저술가를 동원하여 발행하였다. 이들 문서는 『미개의 보고 제주도』와 같이 총설, 지리, 기상, 연혁, 풍속, 행정 구역, 도읍, 교통, 통신, 관청, 교육, 종교, 산업 소개와 같은 목차로 구성되어 있다. 발행 의도는 알려지지 않은 식민지의 한 지방을 개발의 가치가 있는 보물창고로 전달하고자 했던 것이었다. 이들 문서에서 쓰인 보고(寶庫)는 미지(未知), 미개(未開)의 의미로 사용되고 있었다.

1910년 한일합방 이전의 '보고(寶庫)'는 이민정책의 일환으로 소개되는 이주지에 관용적인 표현으로 사용되었다. 청일전쟁, 러일전쟁으로 국력을 소모한 일본은 경제적 피폐를 벗어나고 영토를 확장하기 위해 제국의 팽창주의로서 이민정책을 펼쳤고 어업적 이민을 꾀했다.

반면 1910년 이후는 식민지 지방 소개, 투자 유치 차원에서 관형적으로 지역 앞에 '보고'를 붙이게 되었다. 식민지의 지방, 변방을 소개하는 데에 전형적으로 사용되었던 단어에 불과했다. 그 결과 식민지의 변방 지역 전체가 보고(寶庫)로 둔갑하게 되었다.

3. 최후의 보루 제주도

3.1. 최후의 보루

제주도 일본군 시설은 1904년 러일전쟁 때 일본 해군이 모슬포 부근에 등대와 망루를 설치한 것에서 비롯된다. 1907년에는 육군소위 데지마 한지(手島半次)를 파견하여 조선군대 해산 조치에 따라 군기고와 초소를 불태웠다.

1914년 제1차 세계대전 때도 특설망루를 설치한 적이 있었다.[6] 만주사변 이후 중국전을 염두에 두고 1933년 제주도 대정읍 모슬포에 비행장(알뜨르비행장)을 건설하기 시작했다. 모슬포 알뜨르 지역은 제주도에서 바다로 트인 가장 넓은 땅이었다. 이 비행장은 항공기지가 아니라 일본 해군의 항공시설이었다. 1935년 60만m² 면적의 비행장이 완공되었다. 1937년 중일전쟁이 시작되자 중국 본토 공습을 위한 기

---

6 塚崎昌之(2018)「濟州島に殘る旧日本軍遺跡」,『濟州島を知るための55章』190쪽.

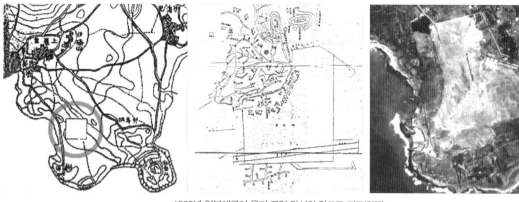

1933년 일본해군이 용지 구입 당시의 알뜨르 지도(왼쪽)
1945년 일본 해군이 작성한 알뜨르비행장 시설도(중앙)
1944년 미군 해군 자료의 알뜨르비행장 항공사진(오른쪽)[7]

지로 활용하기 위해 132만m²로 확장되었다.

제주도는 상하이까지의 거리 500km로 중국 화중지방을 공격하기 위한 가장 가까운 곳이었다. 중국 폭격을 위해 오무라(大村) 해군 항공대에서 출격한 폭격기는 모슬포 제주도불시착 비행장으로 귀착하도록 했다. 모슬포 제주도항공기지를 중국 폭격의 중간 기착지로 활용했다. 이 도양(渡洋)폭격[8]을 일본 해군은 세계항공 전사(戰史)에서 여태껏 보지 못한 대공습이라고 대대적으로 발표했다. 이후 남경, 상하이 폭격의 근거지를 제주도로 옮겨왔다. 남경에 36회 누적 600기 공습, 총 300톤의 폭탄을 투하하여 많은 중국 시민을 살상했다. 중일전쟁에서 일본이 승리하자 오무라(大村) 해군항공대 연습비행장은 제주도 불시착 비행장으로 이전해 왔다.

제주도 불시착 비행장은 1944년 200만m²로 확장하기 위한 공사를

---

7 사진출처는 http://navgunschl2.sakura.ne.jp/bangai/IJN_Nav_Base/059A-Saishuto.html

8 도양폭격(渡洋爆擊)은 대만, 규슈(九州), 제주도의 각 기지에서 동중국해를 건너 상하이를 중심으로 하는 중국대륙에 대한 장거리 폭격.

일본 치바현 모바라시(茂原市)와 대정읍 상모리에 남아 있는 위장 격납고

시작했다. 1944년 4월 오무라해군항공대 제주도분대를 설치했다. 초보들의 연습비행장이었다. 제주도분대는 1945년 2월 부산항공분대로 편입되었다. 오무라해군항공대 본대는 1945년 5월 미군의 폭격으로 기능을 상실하고 해산되었다. 알뜨르비행장은 태평양 전쟁 후에는 미군에 접수되었고 한국전쟁 시에는 미군 공군의 제주 제2공군기지로 사용되었다.

제주도연습비행장(알뜨르비행장)의 시설은 격납고 이외 활주로, 연료고, 정비고, 탄약고, 지하벙커, 관제탑, 갱도진지, 어뢰정 접안시설이 있었다. 지하탄약고, 격납고라고 불리는 유개엄체(有蓋掩體)[9]는 현재 대정읍 상모리에 19기가 남아있다. 이렇게 많은 유개업체(위장 격납고)가 남아 있는 곳은 일본 본토에서도 찾아볼 수 없다. 2002년 국가등록문화재로 등록되었다.

1945년 2월 성산포 일출봉을 시작으로 제주도 각 해안에 동굴을

9 격납고의 일본식 이름은 엄체호(掩体壕, 제2차세계대전 중에 만들어진 공습으로부터 비행기를 지키기 위한 시설, 비행기용 방공호). 콘크리트 시설, 위에 흙과 풀로 위장했다. (사진출처는 치바현(千葉縣) 홈페이지)

오키나와현 도카시키무라 비익호[10]　　　　　　대정읍 송악산 진지동굴[11]

뚫기 시작했다. 자살특공대 보트 진양(震洋)[12]을 숨기기 위한 비익호(秘匿壕)이다. 서우봉, 수월봉, 송악산, 삼매봉, 일출봉 해안에 구멍을 뚫어 진양을 숨겼다. 일출봉에는 비익호 18개가 남아 있다. 제주도에는 성산포에 제45진양부대 외 제119진양부대(제주시), 제120진양부대(고산리)가 배치되었다.

　일본 해군은 비행장 방어를 위해 1944년 3월까지 고사포(高射砲) 4대과 고사기총 6대를 제주도 대정읍 섯알오름에 설치했다. 고사포는 일본해군이 개발한 항공기 사격용 고각포였다. 어떤 방향에서도 탄을 바로 설치할 수 있도록 각 방향에 구멍을 내었다. 이 고사포진지는 미군이 알뜨르비행장을 폭격할 것에 대비한 방어용 군사시설이었다. 섯알오름 고사포 진지는 알뜨르비행장 배후에 있는데 주변의 송악산, 가파도, 마라도 일대가 한눈에 들어오는 곳이다. 견고한 콘크리트 구조물로 현재까지 원형 그대로 남아 있다. 이런 군사시설 유적

10　오키나와현 시마지리군 도카시키무라(沖縄縣島尻郡渡嘉敷村)의 비익호. 이 비익호는 조선인 징용군에 의해 굴삭되었다. 사진출처는 沖縄總合觀光ポ タルサイト オキナワン パルズ
11　사진출처 https://www.visitjeju.net/j
12　진양(震洋, 일본명 신요)는 태평양 전쟁시 일본이 개발한 소형특공 목제 보트.

나가사키현 사세보시 고사포대[13]　　　　　대정읍 섯알오름 고사포대

은 일본의 경우는 대부분 지방자치단체의 지역 사적(史跡)으로 취급되고 있는 반면 제주도의 진지동굴은 국가등록문화재로 지정되어 있다.

3.2. 결호작전

태평양전쟁 말기 일본군은 미국과의 본토결선을 염두에 두고 미군의 상륙에 맞서 싸울 결호작전을 세웠다. 미군이 B29 폭격기를 개발하여 중국 사천지방에서 규슈지방 공습이 가능하게 되자 그 항로를 차단하기 위해 육군은 1944년 5월, 활주로 2개를 갖는 제주도비행장(정뜨르 비행장, 현재 제주국제공항)을 준공시켰다. 또 1944년 10월부터 제주 항공기지의 제3차 확장공사를 시작, 연일 수천명 이상의 도민을 동원하였다.

1945년 미군의 일본 본토 침공이 임박하자 일본군 대본영(태평양 전쟁까지 설치되었던 일본군 최고 통수 기관)은 미군이 일본본토에 침공해 올 때 이용 가능한 7개 방면의 공격로를 상정하여 대비 작전을 세웠는데

13　사세보해군경비대(田島岳) 고사포대 유적(사세보시청 관광과).

일본군 육군 경리부 소위의 명함과 군인(1945년 이전 촬영)과
제주도 배치 일본군부대(1945년 1월 촬영)[14]

이를 결호작전(決號作戰)이라고 한다. 미군의 공격을 현지에서 격파하여 적군의 전력을 소모시켜 놓고 그 다음 일본본토에서 대결전을 노리는 작전이었다. 일본 본토가 아닌 지역으로는 유일하게 제주도가 포함되었다. 제주도에서의 작전은 결호작전 제17방면군 조선 결7호였다. 이를 줄여 결7호작전이라고 한다. 결1호에서 결6호는 일본 본토에서의 결전을 상정한 것이다. 일본 본토의 방패로서 제주도가 선정된 것이다. 미군이 제주도 지역에 일본 본토 공격을 위한 공군 또는 해군기지를 설정하려는 시도를 사전에 막기 위함이었다.

1885년 거문도사건 때 제주도를 러시아와 영국을 견제하기 위한

---

14 제주인쇄사를 경영했던 요쓰모토 가쓰미(四元勝美) 소장 사진을 손자 오쿠다(娛田誠)씨가 제공한 자료.

'천연의 보루'로 인식했던 것이 태평양전쟁 말기에 이르러서는 미국과 중국, 일본 3국의 군사 전략적 요충지로 인식하여 요새화했다. 일본제국의 지정학적 가치에 따른 마지막 활용이었다.

관동군 소속 111사단 병력을 이동시키는 등 1945년 2월에는 대일본제국육군 제58군 사령부가 편제되어 제주도에 배치되었다. 제58군 사령부가 제주농업학교에 설치된 것은 1945년 5월이었다. 당시 인구 23만 명이었던 제주도에 육군만으로도 오키나와전보다 많은 7만 5,000명이 집결되었다. 여기에 수천 명이 해군도 있었다. 작전 초기부터 미군을 격멸하려 했던 것이었다. 제주도민은 결7호 작전을 수행하기 위한 일본군 군사시설, 진지 동굴 굴삭, 비행장 건설 및 위장 작업, 해안 특공기지 구축사업, 군수품 수송 등 전쟁준비에 동원되었다.

그러나 실제 제주도에 주둔한 일본군은 이미 미군에 대응할 무기도 없을뿐더러 전략과 전술체계가 무너져 있었다. 서귀포에 주둔했던 일본군에 대한 제주도민의 기억이 이를 대신 말해 주고 있다.

전차 크기의 굴을 파서 그 위를 풀잎으로 논두렁같이 위장해 놓고 통과 시 여지없이 함몰시키려는 전법이었다. 서귀포에는 망원경 하나 없는 감시초소가 있었다. 적기가 상공에 떠야 공습사이렌이 울렸다. 대낮에도 전력을 과시하듯 B29 폭격기가 상공에 마치 바다의 상어마냥 유유히 날아다녀도 고사포 한 방 쏘지 못했다. 패망의 전운을 감지하고 있었다. 그래도 일본군은 동굴 파기 작업에 여념이 없었다. (서귀포시 강정동 윤세민 구술)

3.3. '보고(寶庫) 제주도'의 최후

미군은 일본이 본토사수에 대한 준비기간을 주지 않았다. 해방함 호위대 3척 노미(能美), 미야케(三宅), 제31 해방함(海防艦)은 특설운송선 주삼마루(壽山丸, 3,943톤, 승선자 약 400명)를 호위하는 군함이었다. 주삼마

1944년 2월 오사카만에서 촬영된 해방함 노미(海防艦 能美)[15]

루(壽山丸)는 화물선으로 진수되었지만 특별운송선(잡용선)으로 징용되어 일본군의 탄약을 수송하고 있었다. 1945년 4월 11일 병기(兵器), 육군 병사, 간호사를 승선하여 시모노세키 모지항(門司港)을 출발하여 상하이로 가는 도중 13일 오후 제주도 비양도 임시 정박지에 도착했다. 호위대 3척은 교대로 경계하고 있었다.

4월 14일 새벽 정박지에 침입한 미국 잠수함 틸란트(Tirante SS-420)의 어뢰 공격으로 주삼마루가 폭발, 약 360명의 사망자를 내고 침몰했다. 이에 호위함 노미(能美)가 틸란트를 추격했지만 오히려 틸란트가 발사한 어뢰 2대 중 1대가 노미(能美)의 함교 바로 밑을 명중했다. 그 충격으로 탄약고가 유발 폭발하여 선체는 두 동강이 났다. 군인 134명이 사망했다. 미군이 제31호 해방함에 대한 어뢰 공격은 불발이었지만 충격으로 전복되어 폭발했다. 39명이 사망했다. 이 공격을 성공적으로 수행한 잠수함 틸란트의 함장 조지 스트리트(George L. Street)는 명예 훈장을 수여받았다.[16]

15 사진출처『寫眞日本の軍艦第7卷』(1990: 206쪽).

16 이 침몰 사건은 "The Official Chronology of the U.S. Navy in World War II-1945" 미군 해군 일지

일제강점기를 경험한 한림읍 협재리와 비양도 사람들은 대부분 이 사건을 기억하고 있다. 한꺼번에 군함 3척이 침몰해서 비양도와 협재 사이의 바다에는 죽은 일본군 시신들이 죽은 생선처럼 물 위에 떠다녔다. 군함에 갇혀 죽은 군인도 많았다. 마을 사람들은 죽은 시신을 수습하고 산 사람을 건져 올렸다. 비양도에 사는 김순선(1930년 출생, 2013년 9월 구술)은 다음과 같이 기억했다.

'해방되기 직전에 비양도에는 일본 군함과 보급선이 정박하고 있었는데 미군 잠수함이 어뢰를 발사하여 이 배들을 침몰시킨 일이다. 비양도 사람들은 이 사건 때문에 일본이 전쟁에 지고 해방이 되었다고 믿었다. 일본군 시신 몇백 구가 비양도 바다에 생선처럼 떠다녔는데 해안가로 모자반이 밀려오듯이 밀려들었다. 해방이 되기 전이라 그 시신을 수습하는 일도 비양도 주민들의 몫이 되었다. 주민들은 일본군이 시키는 대로 배를 타고 다니면서 그 시체를 건져 올리고 매장하거나 화장하는 데 강제 동원되었다. 4월이라 바다는 아직 찼다. 비양도 주민이 생존한 일본 군인을 구하고 불을 지펴 불을 쪼이라고 하니 일본 군인은 자기를 화장시키는 줄 알고 가까이 오지 않았다.'(2013년 9월 구술)

이 때 전사한 병사들은 현재의 한림읍 충혼묘지 북쪽에 매장되어 있었다. 1970년대 일본군 유족들이 개인적으로 유골을 반환해 갔다. 생존자와 사망자의 유족들은 각각 주삼마루회(壽山丸會), 해십일회(海十一會), 해능미회(海能美會) 유족회는 인류애를 발휘한 협재리 사람들에게 고마움을 표시하고 표지석 '일본 해군 병사의 진혼처'를 세웠다.

에는' Submarine Tirante (SS-420) attacks Japanese convoy MOSI-02 in the approaches to the Yellow Sea, sinking transport Jusan Maru, escort vessel Nomi, and Coast Defense Vessel No.31 west of Quelpart Island 33 25'N, 126 15'E. For his skill and daring in carrying out this surface attack through mined and shoal-obstructed waters, Lieutenant Commander George L. Street III, Tirante's captain, will receive the Medal of Honor.'로 기록되어 있다.

일본 해군 병사의 진혼처 표지석(협재해수욕장 주차장, 2021년 촬영)

　일본 해군 역사, 또는 태평양전쟁사에 있어서 이 비양도 앞바다에서의 군함 침몰사건은 수많은 침몰사건 중의 하나에 불과하다. 태평양 전쟁 동안 일본 해군이 미국에 의해 격침된 사례는 항공모함, 전함, 구축함, 잠수함을 등 328건에 이른다.[17]

　미군 해군은 잠수함으로 동중국해와 한반도 주변 해역에서 선박을 공격하고 제주도에 폭격을 가했다. 인명피해가 발생하는 등 제주도민은 절체절명의 위기에 빠졌다. 5월 7일에는 서일본기선 소속 연락선 코와마루(晃和丸)가 피난민을 목포로 수송하는 도중 추자도 인근에서 미군의 공습으로 침몰, 민간인 등 257명이 사망했다.[18] 7월 3일에도 제주도 피난민을 싣고 육지부로 향하던 호에이마루(豊榮丸)가 목포 근해에서 기뢰와 접촉하여 침몰, 280명의 승객과 8명의 승무원이 사망했다.[19] 이들 두 선박의 침몰은 민간인 희생이 컸지만 정확한 희생자 숫자는 알 수 없다.

17　http://www.navsource.org/Naval/1945.htm (2차 세계대전 미군해군 일지)
18　피난민이 몰려들어 배에 실었기 때문에 결과적으로는 500~600명이 사망했을 것이라는 설도 있다.
19　호에이마루침몰에 대해서는 제9장 기억의 기록(2. 제주심상소학교 교장 아들 야마베 싱고) 참조.

7월 6일에는 제주시 사라봉 상공에서 미 일 공군기가 공중전을 벌인 끝에 일본기 4대가 한꺼번에 격추되었다. 또 7월에 미군기가 한림항에 설치된 군기고를 폭파하자 군기고가 폭발하여 민가가 파손, 사망자 부상자 200여 명에 이르렀다. 미군은 또 산지항에 정박중이던 일본 구축함과 주정공장 군수창고를 공습했다. 미군은 제주도에 상륙하지 않았을 뿐, 바다에서 하늘에서 일본군 시설 곳곳을 공격했다.

일본은 제주도를 마지막 희생양으로 삼고자 했으나 태평양 전쟁은 1945년 8월 6일 일본 본토의 히로시마, 8월 9일 나가사키, 이 두 곳에서의 원자폭탄 투하로 끝났다. 일본은 1945년 8월 15일 옥음방송으로 포츠담 선언[20] 수용을 선언했다. 8월 15일 새벽 육군 청년장교 그룹은 패전과 항복 선언을 받아들이지 못하고 옥음방송 레코드를 탈취하려고 기획했지만 육군에 의해 진압되어 실패했다.

9월 2일 도쿄만에 정박중이던 전함 미주리호(Missouri) 갑판 위에서 일본정부 대표는 포츠담선언을 성실하게 실행할 것을 적은 항복문서(휴전협정)에 조인했다. 연달아 각 일본군 점령지에서 무장해제에 따른 항복문서에 미군이 서명을 받았다. 한국에서의 항복은 9월 9일 경성에서 조인되었다. 9월 28일 육군대령 그린(Green)과 해군 중령 월든(Walden)은 요원 38명과 함께 제주도에 남은 일본군의 항복을 받기 위해서 제주도에 도착했다.

1945년 9월 29일 일본군 제58군 사령부(제주농업학교)에서 육군사령관 도야마 노보루(遠山登)과 제주 해군사령관 하마다 쇼이치(濱田昇一)과 제주도사 센다 센페이(千田專平)로부터 항복문서를 받았다. 일본군의 무장해제, 작성 용어에 토를 달지 않을 것, 계급장을 달거나 무기를 소지하지 않을 것을 명시한 무조건 항복 문서였다. 바로 일본인

---

20 포츠담선언: 1945년 7월 26일 독일 베를린 포츠담에서 미국, 영국, 중국이 일본에게 항복을 요구한 선언.

경찰서장과 제주도사가 파면되었다.[21] 대부분의 일본인 거류민들은 철수 명령에 따라 출신지별로 어선을 임대하여 돌아가고 제주도에는 일본군만 남게 되었다. 일본군은 나가사키현 사세보항(佐世保港)으로 10차례 수송하여 제주도에서 일본군과 일본인이 완전히 철수한 것은 1946년 2월이었다.

결호작전(결7호)은 준비 단계에서 일본의 패전으로 태평양전쟁은 끝났지만 하마터면 제주도는 오키나와와 같은 희생을 치를 수 있던 상황이었다. 전쟁 앞에서는 제국이 칭송해마지 않던 '천연의 이원(利源)', '무한의 부원(富源)', '천혜의 보고(寶庫)'라는 제주도는 어디에도 없었다.

4. 해방 후의 '보고(寶庫) 제주도'

제주도에 대한 '보고(寶庫)' 관형사는 일제의 유산으로 남았다. 해방 직후 보고(寶庫)라는 프레임으로 제주도의 모습을 현실적으로 기술한 기사가 있다. '보고(寶庫) 제주도 시찰기(濟州島 視察記) 무진장의 자원은 아직 수면(睡眠)'이라는 표제어의 동아일보(1946년 12월 19일, 20일, 21일) 기사가 있다. 언론사 합동 제주도 시찰단으로 왔던 노일환(盧鎰煥)[22]의 기사다.

'소위 일제의 도양폭격(渡洋爆擊)이 여기서 감행되어 세계를 경악하게 했다. 제주도는 왜정 전선 기지화로 가장 많은 상흔을 입었다. 전재(戰災) 동포

---

21 제주도에서 일본군의 퇴거하는 상황은 제주신보 발행 호외판에서 알 수 있다. 제9장 기억의 기록 (5.제주인쇄사 사진으로 보는 일본인 거류민) 참조.

22 노일환(盧鎰煥)은 동아일보 기자 출신의 1948년 제헌국회의원이다. 반민족행위 특별조사위원회 활동을 했다. 국회프락치사건에 연루되어 수감되었다가 6.25 때 월북했다.

5만 명이 일본에서 귀환하여 30만 명이 되어 인구증가로 식량부족에 있다. 미군정의 아량으로 도(道)로 승격되었지만 제주도는 귀먹고 발 잃고 애타서 갈증에 헤매는 조선 내 오직 하나밖에 없는 기형도시(奇形都市)다.

세상은 제주를 바람, 여자, 돌이 많아 삼다(三多)라고 하지만 실은 무이(無耳), 무족(無足), 무수(無水)의 삼무(三無)의 제주다.

조선의 보고(寶庫) 제주 발전의 원동력이 되는 전기가 부족하여 라디오를 듣지 못하여 귀가 먹고 밤 12시가 되면 등화를 강제 소등하여 전 도민의 눈이 멀었다. 한라산 경사가 급하여 수원이 부족하여 음료 기근이 심하다.

일제 무수주정공장은 7월에 복구되어 운영 중에 있으나 불완전한 상태다. 단추공장이 작업 중에 있는데 이것은 조선에서 유일한 존재라고 한다. 그 외 전분공장, 요오드공장도 작업 재흥에 노력 중이다.

제주도민은 기백이 있고 근검 질소한 생활면은 육지인이 갖지 못한 미풍이 있으나 고정적이며 발전성이 없는 현상유지 생활에 만족하고 있는 것 같다. 협재, 귀덕, 금릉, 한림의 4대 어장을 끼고 비양도로 문을 삼은 한림 연안의 굴곡선은 천혜의 양항(良港)이며 원양어업에 가장 적합한 지점에 놓인 어항이었으나 제빙공장이 폐쇄되어 운송기관까지 원활치 못한 형편이다. 어획량을 처분할 길이 없어 어민들은 잠자고 있는 어선의 돛대만 바라보고 있을 뿐이다. 모슬포, 서귀포, 성산포 굴지의 어항 어장이 동일한 운명에 있다. 해초를 원료로 하는 요오드와 수산가공, 통조림공장을 위시한 연안지대의 여러 공장도 움직이지 못하고 있으니 수산 제주의 전도는 실로 낙관할 수 없다.

일제가 시설한 3대 비행장 중 막대하다는 모슬포 비행장은 해방 이후 사용치 아니하여 황폐하게 초원화되어 이 땅 백성이 개간을 기다리고 있을 뿐이다. 도내의 아무런 군사시설은 보이지 않는다. 오직 포구와 항만의 석벽에 왜병이 벌집 붕소처럼 뚫어놓은 굴혈이 남아 있을 뿐이다. 수산업을 위시한 제주의 산업경제는 도민의 자력으로 발전시킬 수 없는 현실에 놓여 있다. 정부 주도하에 처녀지(處女地) 제주를 물심양면으로 지원하면 앙양(昂揚) 발전시킬 수 있을 것이다. 한라산의 초원을 이용하여 우마의 목축을 국가가 경영하는 것도 장래성이 있다. 지리적으로 보아 장차 남양(南洋) 일대의 교역이

원활할 것으로 보아 이곳의 수산물과 남면(南綿)을 교환하여 방직을 위시한 단추공장, 통조림공장, 전분공장 등 경공업이 비약할 수 있어 실로 중요한 부흥 조선의 한 축을 담당할 보물섬이다.'

이 기사는 해방 후의 제주도의 모습이 그대로 드러나 있다. 제주도가 입은 일제강점기의 폐해와 일본군의 흔적을 지적하면서도 '자원의 무진장'이라는 일본제국의 프레임을 그대로 답습하고 있다. 게다가 일제의 유산으로 남은 산업을 발전의 가능성으로 제시하는 한계도 보이고 있다. 이런 '보고(寶庫)' 프레임은 해방 후 오랫동안 지속되었다.

제3장

일본어민의 통어권 확장과 제주의 근대

1. 일본어민의 제주 어장 침탈

근대제주 지방사에서 일제강점기는 일제침략사 또는 항일운동사의 관점에서만 서술되었다. 역사의 시대구분에서 근대를 설정하지 않고 일제강점기로 대체하는 경우도 많다.

한국 근대사에서 근대는 일반적으로 1876년 개항부터 1945년 해방까지를 이른다. 그러나 진관훈(2018)은 제주도 지방사의 근대를 이와 다르게 설정하고 있다. 근대의 기점으로 삼고 있는 개항의 의미가 제주사회에서는 다르게 받아들여지고 있기 때문이다. 제주사회의 실질적 개항은 1870년대 일본 잠수기업자들의 제주어장을 침탈하는 시기로 보는 것이 타당하다는 입장이다. 중앙에서의 정치적 의미의 개항보다 일본 잠수기업자들의 '제주어장 침탈'에 의한 개항을 제주도민들이 피부로 느낀 실질적인 사건이기 때문이다. 따라서 1870년대 일본 잠수기업자들의 제주어장 침탈사건을 제

제주 지방사 시대구분의 예[1]

---

1 http://www.grandculture.net/#jeju(한국향토문화전자대전).

주사회 근대의 기점으로 삼아야 한다는 것이다. 또 1945년 해방을 현대의 기점으로 삼는 것 역시 제주도 지방사 서술에 적합하지 않다고 본다. 제주4.3사건이 존재하기 때문이다. 해방 이후 일본과 완벽히 단절되었던 육지부와 달리 제주도는 해방 이후에도 일정기간 동안 일본과의 인적, 물적 교류가 이어지고 있었다. 해방 이후 계속되었던 일본과의 밀수와 밀항이 그 대표적인 사례다. 따라서 제주 지방사 시대 구분에서는 현대의 기점을 제주4.3사건이 실제적으로 종결된 1950년대 초반으로 삼아야 할 것이라고 보는 것이다.[2]

위와 같은 진관훈(2018)의 제주 근대의 정의에 따르면 일본어민이 통어권 확장에 따른 제주어장 침탈은 제주 지방사에서 중요한 위치를 차지한다. 그러면 우선 일본어민이 제주도 연안에 출몰해서 어장을 침탈하고 제주어민과의 충돌 과정을 고찰해 볼 필요가 있다.

한말(韓末) 제주어장 수호와 관련된 일련의 사건을 한국 근대사에서는 '제주도통어전연운동(濟州島通漁展延運動)'[3]으로 기술되어 있다. 1883년 조일통상장정 체결부터 1894년 청일전쟁이 벌어지는 시기에 전개된 어업권 수호투쟁이다. 일제의 어업권 침해에 맞서 제주도 해역의 어업권을 수호하기 위해 전개되었던 경제자주권 수호운동이다.[4] 제주도에서 발생한 어업투쟁은 일본어민들의 제주어장 침탈에 따른 저항뿐만 아니라 봉건정부와 특권적 포주(浦主)에 대한 저항이 내포된 근대운동으로 볼 수 있다.

제주도 지방사에는 '한말 일본어민의 제주침탈' 또는 '일본어민 통어 반대운동(日本漁民通漁反對運動)' 항목으로 기술되어 있다.[5]

---

2 제이누리(2018년 7월 5일), 진관훈의 제주근대경제사 신문읽기(65화).

3 전연(展延)은 실시 시기를 뒤로 미룬다는 의미다.

4 한국민족문화대백과사전 https://encykorea.aks.ac.kr/Contents/Item/E0051428

5 디지털제주문화대전, 한말 일본 어민의 제주 침탈 http://jeju.grandculture.net/jeju/toc/GC00702570(2020) '일본어민 통어 반대운동' 濟州道(1996) 『濟州抗日獨立運動史』.

일본어민 통어 반대운동

개항 이후인 1883년 7월 25일 '한일 통상 장정'이 체결된 뒤 일본 어민의 제주 어장 침탈은 급격히 증가하였다. 이들은 대거 잠수기선을 몰고 와서 제주 바다의 밑바닥까지 훑어 전복, 해삼, 해초 등을 모조리 긁어갔다. 잠녀들의 채취량은 현저하게 줄어들어 생존권을 위협 받았고, 결국 이들은 다른 지역으로 출가(出稼)하지 않으면 안 되었다.

제주도민들은 계속되는 일본 어민의 어장 침투에 대해 즉각 반발하고, 제주 목사와 중앙 정부에 시정을 강력히 촉구하였다. 조선 정부는 일본 정부와 협상하여 1884년 9월부터 일본 어민의 제주 통어(通漁)에 대한 잠정 금지 조치가 취해졌다.

그러나 금지 조치에도 불구하고 일본 어민들은 제주도 주요 포구를 무대로 불법 어로 활동을 전개하였다. 이들은 불법 어로에 그치지 않고 연안 마을에 상륙하여 주민 살상, 부녀자 겁탈, 재물 약탈, 상품의 밀매 행위 등을 자행하였다.

1887년 8월 가파도에서 전복을 캐던 일본어선 6척이 모슬포에 내려서 닭과 돼지를 약탈하고, 주민 이만송 등을 살상하는 일을 자행하였다. 또 1890년 5월에는 일본 어민들이 배령리(월령리)에 상륙하여 도민을 살해하기도 하였다.

제주도민들은 조선 정부에 일본 어민의 침투를 영원히 금지시켜주도록 여러 차례 요청하였다. 그러나 정부는 소극적인 대응으로 일관하였다. 오히려 일부 관료들은 일본 어민에게 뇌물을 받고 그들의 침투를 방조하였다. 제주도민들은 이러한 일본 어민의 침탈과 만행, 또 중앙 정부의 방관에 대해, 생존권 수호를 위한 적극적 투쟁을 전개하였다.

1891년 3월 분쟁을 해결하기 위해 정부로부터 순심관(巡審官) 이전(李琠)이 내려오자 도민들은 이전을 배에 태워 내쫓아버림으로써 강력히 저항하였다.

한국근대사에서 '제주도통어전연운동', 제주도 지방근대사에서 '한말 일본어민의 제주침탈'로 정의된 사항은 일본의 근대사, 또는 해양사, 수산사 등에 쓰이는 용어로 '조선출어(朝鮮出魚)'라는 항목으로 정리되어 있다. 일본어민이 일본 영해를 벗어나 조선 근해까지 배를 타고 고기 잡으러 오는 일은 흔히 있는 일이었지만 조선출어는 메이지(明治) 이후에 행해진 일본 어선이 조선 근해에 출어하는 것만을 말한다. '조선출어'와 '한말 일본어민의 제주침탈'을 비교해 봄으로써 양국의 인식을 비교해 볼 수 있다.

조선출어

조선출어는 메이지(明治, 1868-1912) 이후 일본 어선에 의한 조선 근해 출어를 말한다. 메이지 시대의 일본의 연안어업은 기술이 근대화 된 반면, 남획 등에 의해 어획량은 제자리걸음을 하여 일본을 벗어난 해역을 어장으로 삼는 해외어업이 이루어졌다. 서일본 지방 어민들의 조선 근해 출어 역시 그 연장선상에 있는 것으로 보인다.

메이지유신 이후 초기 단계에서는 일본 조선 두 나라 사이에서 정한론 정변과 강화도 사건 등으로 외교관계가 단절되었다. 1876년에 체결된 '조일수호조규', 1883년에 체결된 '조일 무역조약'에는 어업에 관한 규정이 없어 트러블도 빈발하였다. 제주도에서는 일본 측의 새로운 어법에 의해 남획이 자행됨에 따라 현지 어민들의 생활이 위협받게 되었다. 이에 제주도 주민들의 항의 활동이 일어나고 조선 측도 거론하자 일본정부는 1884년부터 제주도 주변으로의 출어를 금지하는 조치를 취했지만 실제로는 철저히 지켜지지 않았다. 1887년에 일본 어선이 전복을 채취했을 뿐만 아니라 일본어민들이 제주도에 상륙하여 닭, 돼지를 강탈하고 주민 1명을 살해하여 문제가 되었다.

이런 문제를 해결하기 위해 조·일 간 어업협정 체결이 시급해 졌다. 1890년에 조일양국통어규칙이 체결됐고 이듬해 제주도 주변 어장으로 일본어선의 출어가 재개됐다. 이 규칙의 체재는 평등조약이었지만 당시 조선의 어민들은 일본 근해에 출어할 만한 능력을 갖지 못했다는 점에서 일본 측에 의한 일방적인 조선 근해로의 출어밖에 이루어지지 않는다는 것은 명백하기 때문에 실질적으로는 불평등조약이었다. 또한 규칙상 일본어민의 조선국토 상륙은 금지되어 있었지만 일본 어민의 입장에서는 어획물의 보관 창고나 1차 가공 공장을 해안에 설치하는 것은 필수적이었기 때문에 무리하게 상륙함으로써 지역주민과의 마찰이 끊이지 않았다.

이런 문제에도 불구하고 주고쿠(中國), 시코쿠(四國), 규슈(九州) 지방의 어촌마을에서 조선 근해로의 출어는 증가 일로로 치닫고 조일양국 통어규칙이 체결된 1890년에는 718척이었던 조선 근해 통어선수가 1900년에는 1,893척, 1906년에는 3,129척으로, 1910년에는 3,960척으로 증가하였다.

1910년 한일합방으로 일본 조선양국통어규칙 등의 국제법적인 제약이 실질적으로 철폐되자 일본 근해와 마찬가지로 일본어선에 의한 출어가 이루어지게 되었다.[6]

가와하라(河原: 2018)는 메이지 초기 오이타현(大分縣) 사가노세키(佐賀關)의 어업자 나카이에 다로키치(仲家太郎吉)와 하시모토 곤타로(橋本權太郎)의 출어를 일본어민의 제주도 통어(通漁)의 효시로 보고 있지만 이들은 제주 어장만을 노린 것이 아니라 조선 근해와 중국까지 가는 원양어업자였다. 나카이에(仲家太郎吉, 1839-1901)는 선박을 개량하고 상어 그물 등을 고안한 사람이다. 원양어업의 발전에 기여한 것으로 오이타현 위인전에 게재되어 있는 인물로[7] 조선해협을 거쳐 양쯔강 하구까지 출어했다. 이들에게 제주도 어장은 지나가는 어장에 불과했다.

1883년 7월 25일 조일통상장정이 체결된 뒤 일본어민의 제주통어가 급격히 증가했다. 일본어민은 제주도 어장 침탈뿐 아니라 살인, 상해, 약탈을 일삼았기 때문에 제주도민의 반발도 거세어 자주 충돌하였다. 1910년 한일합방 이전에 일본어민의 제주어장 침탈과 제주도민의 생존권 위협에 대한 충돌 사건을 요약하면 다음과 같다. 이에 대한 자세한 내용은 박찬식(2008), 이원순(1967)을 참고하면 된다.

6 『日本史大事典 4』(平凡社, 1993)'朝鮮出漁'.
7 大分縣敎育委員會編(1907), 『大分縣偉人傳』.

1884년 대마도 사람 후루야(古屋利涉) 제주도에서 2척 잠수기선 조업 저지
　　　　(애소항거운동)
1887년 야마구치현(山口縣) 요시무라(吉村与三郎), 잠수기선 가파도 근거 조업
1887년 가파도 채복선 가축탈취, 모슬포 주민 이만송 살상 사건
1890년 배령리(월령리) 양종신 살상사건
1891년 건입포 주민 16명 상해, 임순백 사망사건
1891년 조천포에 상륙, 북촌, 함덕리의 부녀자 겁간, 곡식과 가축 약탈, 김
　　　녕리 이달겸 중상
1892년 대마도 어선 18척 어민 144명 성산포 상륙, 어막을 짓고 어로활동,
　　　마을에 행패, 오동표 사망사건
1892년 화북포에서 일본인의 총에 맞아 주민 2명 중상. 두모리 일본어민
　　　이 난입하여 겁간과 약탈 자행. 고달환, 고영생 사망사건

　　일본어민의 잠수기어업으로 지역주민간의 갈등이 보고된 것으로
1891년 『대일본수산회보고』에 실린 「제주도사건」(대일본수산회(1891), 114호)
이 있다. 1891년 발생한 건입포와 조천진 관하 3군데에서 음력 5월부
터 6월에 일어난 사건으로 주민 측의 사망자 23명을 냈다고 당시 재
인천 주재 영사에 의한 보고였다.

　　원래 제주도민은 전복 채취를 많이 하고 이로써 생활을 유지하는 사람이
　많다. 근래 일본 어업자가 건너가 잠수기를 사용하는 경우가 많아 제주도민
　은 갑자기 그 생계의 길을 잃게 되어 일본어민을 크게 원망하고 있다고 한다.
　우리(일본) 어민은 출어하더라도 그것을 마구잡이로 섭렵하는 것은 당연히
　경계해야 한다.(대일본수산보고(1891), 114호: 48~49쪽)

　　즉 제주도 연안에서 해녀들이 홑겹 옷차림으로 전복을 채취하는
전통어로법을 쓰는데 일본어민이 잠수기를 반입하여 어획 제한 없이
남획했다. 결과 제주도민의 생계는 곤란에 빠졌다. 일본 수산부는 남

획을 인정할 뿐 어장 침탈 자체에 대해서는 주저함이 없었다.

당시 조선해로 출어한 어민들의 대부분이 난폭하고 무례하였다. 그 중에서도 잠수기 어부들이 극단적으로 문제를 일으키고 있었다. 이와 관련하여 이소모토(磯本宏紀, 2008)는 '신문에 보도되는 일본 어부와 조선인과의 싸움과 살상을 일으키는 무리들은 주로 잠수기 어부들이다. 잠수기 어부는 일반 어부들에 비해 생명의 위험률이 높아 고액 급료를 받았다. 교육을 받지 못한 교양 없는 사람들이 비교적 많은 보수를 받게 되면서 기세가 오르고 극단적인 행동으로 이어졌다. 조선인과 일본어부의 갈등은 십중팔구 일본 어부가 나쁘다. 조선해로의 출어 초기에는 일본 어부가 나체로 상륙한다거나 현지 가옥 침입, 식량이나 가축 약탈이 빈번히 발생하였다'와 같이 적고 있다.

그러나 이러한 어민의 활동은 일본정부 및 각현 수산당국이 관여한 장려금을 수반하는 원양어업 장려책 아래 일어났다. 당시 어획 대상이 같은 경우에는 일본에서 허가되지 않았던 잠수기를 조선 근해에서 사용함으로써 제주도 어장 자원이 고갈되어 제주도민들이 쟁의를 일으키지 않을 수 없었다.

1898년 제주어장에 통어하는 일본 잠수기선은 100여 척이었다. 이들은 계절성 출어로 어기에 따라 상어 주낙 6~12월, 돔 주낙 2~4월, 정치망 어선 10~12월, 채낚기 어선 6~10월, 나잠어업 5~10월, 잠수기선은 연중 드나들었다. 1901년 제주연안에 거주하는 일본 출어민은 20여 개의 어막에 445명이었다. 1903년 일본어민 어막 수는 22곳, 승조원은 1,100명이었다.

한일합방 이전에 이미 지방의 어업조합 별로 조선해 통어에 대한 조합을 조직하고 출어규정을 정하고 있었다. 조선근해 출어 어장의 허가를 받는 것이 아니라 일본 출어자 소속 조합의 허가를 받는 반대의 상황이 연출되고 있었다.

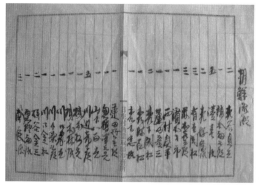

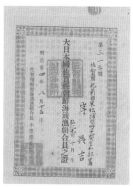

1894년 히나세마을(日生村) 어업사무소 조선출어자 명단[8]

'대일본국 사가현(佐賀県) 조선통어 조합원 증명서'(1901)[9]

위의 일련의 역사 과정을 통해 전통사회를 유지하던 제주도가 어항 침탈이라는 강제적 개항으로 일본의 근대 수산업을 접촉하고 생존권 확보를 위한 근대적 의식이 발아하게 되었다는 것을 알 수 있다.

2. 일본제국의 수산업 부흥과 제주도

조선총독부의 통치 이전부터 수산업은 이미 철저하게 침략을 받았던 영역이었다. 1908년 한국통감부는 한반도 연근해 어업에 적용할 어업법을 제정했다. 새로운 수산제도의 수립을 위하여 수산제도의 기본법인 어업법을 먼저 제정하여 '어업령(漁業令)'이라는 명칭으로 1911년 6월 3일에 공포하였다. 이는 1910년에 공포된 일본의 어업법 (메이지 어업법)[10]을 모방하여 제정한 것이다. 어업의 면허 및 허가, 어업

---

8 오카야마현 현재 히나세초(日生町) 히나세마을어업사무소 '조선해 유뢰망(流瀨網) 출어' 기록. http://blog.livedoor.jp/yasu_65/archives/585320.html(2021).

9 연합뉴스 2019년 8월 6일 기사 속 사진.

10 조합준칙과 면허어업에 따른 어업법.

의 제한, 어업조합 및 수산조합, 벌칙 등에 관한 것이었다. 어업령과 그 부속법규는 1912년 4월 1일부터 시행되어 수산자원 수탈을 위한 제도적 정비를 일단 완료해 두었다. 1929년 조선어업령으로 바뀌었다.

어업권은 조선총독부의 면허를 받아 어업을 하는 권리(어업령 제1조)로 특수한 사정이 있는 경우를 제외하고는 그 처분을 도지사에게 위임하였다. 어업권의 실질적 내용은 일정한 수역을 독점하고 배타적으로 어업할 수 있었다. 재산권으로서의 어업권은 상속, 양도, 공유, 저당 또는 대부할 수 있는 것이었다. 일본어민이 조선연안의 어장에 대한 어업권을 획득하는 것은 어려운 일이 아니었다. 어업권 획득 사항은 조선총독부 관보에 게재되어 부동산 등기와 같은 것이었다.

일본의 수산업 정보와 통계를 주도한 것은 대일본수산회(大日本水産會) 사무국에서 월간으로 발행하는 『대일본수산회보고(大日本水産會報告)』였다. 1882년에 수산부흥을 목적으로 대일본수산회의 월간 회보였다. 여기에 실린 조선출어에 대한 정보는 조선 각지에서 근무하는 해군 관계자, 각 지역의 영사, 또는 수산관련 공무원에 의해 소개되었다. 1910년 한일합방 이전, 조선총독부가 정보를 제공하기 이전에 수산정보를 얻을 수 있는 매체였다.

「조선연안 지도와 해도」(1888), 「일본조선양국통어규칙」(1890), 「수산국 사록 조선산 미역」(1890), 「조선의 어업」(1890), 「조선국 출가어업」(1891), 「조선부산수산회사」(1891), 「히로시마현 어민 조선해 출어 개황」(1891), 「조선해 어업 개황」(1891), 「조선통어 상황 통신」(1891), 「조선해 어업 개황」(1892), 「한해(韓海) 출어조합 가입」(1895), 「한해(韓海) 출어자 통신」(1895), 「조선해 출어 이익」(1895), 「목포 마른 멸치 첫 출하 상황」(1898), 「한해 출어 지방조합 설치 상황」(1900), 「한해출어의 장려」(1900), 「한해(韓海) 어업시찰원 파견」(1904), 「한일 어업권 교환」(1904), 「조선 이주어업에 대하여」(1904), 「한국수산 근황」(1908), 「한국

어업 법규」(1909), 「한국의 이주 어업지」(1910), 「한국 각 어업출원 총수」, 「조선의 문어」(1911), 「조선어업령 시행규칙」(1912), 「조선어포협의회」(1912) 등의 내용을 실었다. 『대일본수산회보고』에 실린 조선 관련 내용들은 일본이 조선 연안으로의 어장 침탈과정을 연도별로 사실적으로 나타나고 있다.[11]

일본 각 지방자치단체의 원양어업 지원과 조선출어 장려정책은 한국 어민들을 피폐하게 만들었다.

『대일본수산회보고』에 실린 제주도에 대한 소개는 전술한 1891년 「제주도사건」(114호), 1894년 「제주도 전복, 해삼의 감소」(140호), 1904년 「제주도의 어황」(260호), 「제주도 어업근황」(261호)이 소개되었다. 이와 비슷한 시기에 「제주도 정황」이라는 제목으로 2회에 걸쳐 『통상휘찬(通商彙纂)』15호, 22호에 실렸다.[12] 교역국의 개항장에 주재하는 재외영사가 그 지역의 상업 상황과 통상경제 관계 정보를 정기적으로 본국 정부에 송부하는 보고서 중의 하나였다. 제주도 사정은 필자 불명으로 되어 있지만 목포영사관에서 작성된 것으로 추정된다. 재외영사들은 외교관의 특권을 배경으로 해외시장 상황과 정보를 조사, 수집해서 보고했던 것이다.

3. 일본 출어어민의 정주

일본인 출어자가 어장 근거지에 막사를 설치하는 것이 일본인 출어자 정주의 시작이다. 1870년대 일본 출어자들 중에 제주도에 막사를 지어 정착하기 시작한 것은 1879년부터로 제주도 연안에서 어

---

11 原田環·藤井賢二(2012)를 참고해서 적었다.
12 『통상휘찬(通商彙纂)』은 일본 외무성 통상국에서 1894년부터 1913년까지 발행했던 회보.

업을 하던 야마구치현(山口縣) 출신 요시무라 요사부로(吉村与三郎)였다. 1885년에 가파도, 추자도에서 잠수기 어업을 시작했지만 현지 어민들의 반대로 제주도 본도에서의 전복 채취는 하지 못했다. 가파도에 막사를 마련했지만 정착한 것은 아니었다. 요시무라는 일본인 출어자 중 널리 알려진 사람이었다. 일본 출어자들 사이에서도 제주도에 왔을 때 현지의 정보를 얻을 수 있고 도움을 받을 수 있는 사람으로 알려져 있었다. 『남선보굴 제주도』(1912)에는 제주도 목사 판관의 신뢰를 받고 어업상 이익에 관한 것은 이 사람과 관계하지 않는 것이 없다고 기술되어 있다. 제주도 사람으로부터도 신뢰를 받는 것으로 나와 있다.

『남선보굴 제주도』(1912)에 따르면 일본인 이주의 효시는 1894년 히로시마현(廣島縣) 다지마(田島)에서 온 아라카와 도메주로(荒川留重郎)[13]가 비양도에 막사를 지은 것이다. 아라카와는 처음에는 비양도, 협재에 근거를 두었지만 점차 사업을 확장하여 1901년에는 곽지리에 생선을 재료로 하는 비료공장을 설립했다. 1922년부터 1924년까지 곽지, 한림 인근 어장의 어업권을 획득했고 1924년 함덕리 어장 휘라망(揮羅網, 후릿그물) 어업권까지 획득했다. 곽지, 협재, 함덕 등에 소위 '아라카와 막사(荒川幕)'가 있었다. 곽지리 막사에는 일본인 20여 명이 종사하고 있었다.

1901년 진제이일보에 따르면 제주도에 정주하는 일본 어민은 오동개(구좌읍 행원리) 창고 1채 기계선 2척 어민 23명, 성산포 창고 8채 기계선 8척 어민 80명, 우도 상인 1명, 백사(이호) 창고 3채 기계선 6척 어민 80명, 송포(대평리) 창고 3채 기계선 4척 어민 40명, 가파도 창고 1채, 기계선 6척 어민 70명이 있었다.[14] 여기에 나온 어민은 정주

13 아라카와 도메주로(荒川留重郎)에 대해서는 제8장 3.한림의 일본인 거류민 항목을 참고하길 바란다.
14 진제이일보(鎭西日報, 1901년 6월 26일).

자라기보다는 겨울에서 여름까지 머무는 계절성 출어자로 볼 수 있다. 1903년 아사히신문(朝日新聞, 12월 2일)에는 한국 정주 일본인 중 제주도 어업자는 200명 정도로 나와 있지만 이주어촌을 형성한 것은 아니었다.

『조선의 보고: 제주도 안내』(1905)에는 러일전쟁 이후 제주도로 출어자가 날마다 늘어나 제주도 연안에 어업인의 창고가 안 보이는 곳이 없다고 나와 있다.

『남선보굴 제주도』(1912)에는 연안의 창고 수와 어민 인원은 비양도 4채 80명, 가파도 2채 40명, 당포(표선) 1채 20명, 서귀포 3채 60명, 산지포 1채 20명, 백빈항(이호) 3채 60명, 방두포(성산포 섭지코지) 1채 20명, 성산포 5채 100명, 행원포 2채 40명, 별도포 2채 40명, 곽지포 1채 20명, 함덕포 1채 20명으로 나와 있다. 이미 제주 해안 둘레 한바퀴가 다 점유된 꼴이다.

제주어장은 일본어민들에게는 중요한 어장이었지만 정주하는 비율은 높지 않았다. 1938년 일본 통어자 통계를 보면, 오이타현(大分縣) 16척 106명, 나가사키현(長崎縣) 12척 84명, 구마모토현(熊本縣) 3척 17명, 야마구치현(山口縣) 3척 19명, 가고시마현(鹿兒島縣) 2척 12명 등 선박 수 45척, 어업자 42명, 어민 323명이었다.[15]

4. 유망한 이주어촌

일제의 한국 어장으로의 어업 장려 정책은 통어에서 이주어업으로 점차 옮겨갔다. 어장 왕래, 어획물 운반이나 처리 등 여러 가지 면에서 불편한 점이 많았던 통어보다는 현지에 어업기지인 이주어촌

---

15 제주도청(1937)『제주도세요람』.

을 건설하여 정주하는 이주어업이 유리하였기 때문이었다. 조선 이민론이 본격적으로 대두되면서 이주어촌 건설이 주창되었다. 러일전쟁 전후로 어촌의 인구 증가, 어장 고갈 등으로 인구를 분산하기 위한 식민지 어업 정책으로서 한국 연안으로 일본 어민을 이주시키게 되었다. 어민 이주를 통하여 일본 수산업의 어장 고갈 문제를 해결하는 동시에 이주어민에게 식민지 지배의 첨병으로서의 역할도 수행시킬 의도였다. 본격적 이주어업이 이뤄진 것은 러일전쟁 이후부터였다. 보조금 교부, 어장조사 등 다각적인 지원을 통하여 이주어업을 장려하였다.

1904년 이후 이주어촌 건설에 관한 실태조사를 위해 농상무성의 실무자를 조선에 파견하는 등 이주어촌의 필요성을 강조하고 구체적인 시설운영 방안을 모색하면서 이주어촌 건설이 본격적으로 시작되었다.

일본의 지방자치단체 각 현(縣)은 독자적으로 조선 연안으로 조사단을 보내 후보지를 물색했다. 어업 장려금 지원제도를 개정하여 이주어민에 대한 급부제도를 마련했다. 이주 어촌 조성 조건으로 가장 중시한 것은 어장 근처의 적당한 항만 시설과 어획물 판매 시장이었다. 일본과 가깝고 어족 자원이 풍부한 여수 지역에 식민어촌이 조성되었다. 특히 조선인이 살지 않는 섬 지역이 유리한 조건이었다. 일제 강점기에 일본어민의 이주어촌이 형성된 곳은 포항 구룡포, 울산 방어진, 거제 장승포, 거제 구조라리, 통영 도남동, 통영 욕지도, 고흥 나로도, 여수 거문도 등이 대표적이다. 이들은 일본의 이주정책과 각 현(縣)의 지원에 의한 식민 이주였다.

『조선총독부통계연보』의 1910년대 초 이주어촌 현황을 보면, 1910년 45어촌 1,656호 6,277명, 1911년 62어촌 2,486호 9,236명, 1912년 71어촌 2,618호 7,110명(정착 이주자에 한함)으로 되어 있다. 이 무렵 이주어촌 건설이 활발히 진행되고 있었다. 상기 통계에 의하면 이주어촌 수가 가장 많았던 도는 경상남도로 1912년에 34개 어촌이었다. 그 다음이 전라남도로 8개 어촌이었다. 남해안 지방에 집중적으로 이주하였다.

『제주도의 개세』(1928)[16]에는 제주도를 유망한 이주어촌의 제1후보지로 성산포, 서귀포, 산지포, 제2후보지로 한림과 하모리가 소개되었다. 어업 외에 부업으로 할 수 있는 농업 정보와 토지 가격까지 적고 있다. 성산포에 30여 호가 있는 것으로 나와 있지만 어업자 이외의 거류민 호수가 포함되어 있다. 추자도 대서리에는 10여 호가 있고 어업조합을 설립하여 돔 연승어업, 삼치, 방어, 상어, 채낚기 어업을 하고 있었다. 소학교, 의원, 경관주재소, 우편소가 갖추어 있어 이주어촌의 면모를 이루고 있었다.

그러나 일본의 어촌 이주 정책에 따라 보조 이주로 형성된 이주어촌은 없었다. 일본의 지방자치단체 부현(府縣)의 보조 급부에 의한 어업 이주 사례는 찾을 수 없다. 일본의 지방자치단체 부현 또는 수산단체에서 기획한 이주어촌은 기본적으로 무주지(empty) 개척형 이주였다. 제주도에 정주한 어업인은 자유 이주자들이다. 제주도의 경우 음수원(飲水源)과 포구가 있는 해안은 대부분 원주민이 이미 차지하고 있기 때문에 무주지 개척형 보조 이주의 사례가 없었다. 서귀포 이주어촌에 대해서는 제6장 서귀포 일본인 거류민 2. 사라진 이주어촌을 참고하길 바란다.

---

16 『濟州島ノ槪勢』(1928), 번역본은 『제주도 개세』(2020), 제주학연구센터 발행.

제4장

일본인 거류민과 제주도민의 갈등

1. 제주 일본인 거류민의 개관

근대 제주도에 사는 일본인에 대한 통계는 1910년대 중반까지는 일본 출어자까지 포함해서 말하는 경우가 있다. 또 조사기관, 발표기관에 의도에 따라 수치가 달라지는 경우도 많다.

한국통감부 설치 이후 일본은 정책적으로 조선도항에 대한 편의를 제공하고 항로를 개설하자 거류민지가 형성되어 특히 상업을 목적으로 하는 도항이 늘어났다. 이들은 공동으로 상점을 설립하거나 거류민 회나 상업 단체를 조직하여 자신들의 상업 활동의 편의를 도모했다.

1903년 2월 2일 오사카 아사히신문(大阪朝日新聞)에 따르면 제주도 정주자 수는 어업자 200명 정도였다. 1903년 '제주 성안'의 일본인 거류민은 7호(남 23명, 여 9명), 이를 직업별로 보면 관리 2명, 잡화상 2명, 해산물 중매상 2명, 과자상 1명, 우편물 취급소 1명, 여인숙 1명, 매약 2명, 어민 4명, 목수 1명 등이다.

1909년 9월 22일 고베신문(神戸新聞)에는 일본인 거류민은 328명, 관리 40명, 회사원 8명, 어업자 211명, 성안 거류민 150~160명이 있는데 잡화상, 여관 등을 운영하는 것으로 보도되었다. 그 내역을 보면 관리 16호 40명, 회사원 4호 8명, 잡화상 5호 16명, 중계상인 5호 12명, 과자상 4호 7명, 약 상인 3호 10명, 여관 2호 4명, 요리점 1호 1명,

예기(藝妓) 29명, 우편배달부 2명, 통신부 1호 3명, 목수 1호 4명, 의사 1호 1명, 노동자 3호 7명, 계 46호 117명 등이었고, 성산포에는 어업자 11호 211명이었다.

권업신문(勸業新聞)[1] 1912년 12월 8일 기사에 난데없이 제주도 소식이 실렸는데 '제주군에 이주하는 일인이 날로 많아서 백원하던 집이 200원, 300원이나 한다더라'는 기사다. 집값 상승을 초래할 정도로 일본인이 증가한 것을 드러낸 기사다. 일본인들은 집값이 비싼 제주의 요지에 상점을 내었다.

『남선보굴 제주도』(1912)에 따르면 일본인 거류민은 1910년 453명에서 1911년 549명으로 늘어났다. 직업별 구성은 관리 24명, 교원 5명, 상업 33명, 공업 7명, 어업 39명, 노동 31명, 요리 3명, 의사 4명, 농업 3명, 서비스업 여성 10명, 여관 3명, 이발 등 기타 33명, 무직 380명, 합계 549명이었다. 1911년 노동자 임금은 목수의 경우 일본인은 1원 500전, 조선인은 750전으로 일본인이 배 이상 받았다. 인부인 경우도 일본인은 1원, 조선인은 500전이었다.

『최근조선사정요람』(1911)[2]의 통계로는 어업 종사자는 223명, 제주읍의 일본인 호수는 1909년 18호 182명, 1910년 20호 187명으로 나와 있다. 1911년 일본인 학교 제주심상소학교는 교사 2명과 학생 35명이 재학하는 것으로 나와 있다.

『생활상태조사: 濟州島』(1929)에 조사된 1920년대의 일본인 거류민의 인구 추이를 보면 1911년 503명, 1915년 774명, 1917년 999명, 1922년 692명, 1923년 869명, 1924년 792명, 1925년 1,105명, 1926년 1,083명, 1927년 403호 1,105명이었다.

1927년 기준 일본인 거류민의 업종별 종사자를 보면, 농림 목축업

---

1 1912년 러시아 블라디보스토크에서 창간되었던 한인신문. 독립운동 단체 권업회의 기관지.
2 『最近朝鮮事情要覽』(1912: 273쪽) 조선총독부 발행.

8명, 어업 제염업 204명, 공업 68명, 상업 교통업 323명, 공무 및 자유업 348명, 기타 154명이었다.

상공인 현황을 보면 상설 점포는 도매 잡화상 3호, 미곡상 3호, 잡화상 158호, 비단집 1호, 포목상 19호, 철물상 3호, 도자기상 2호, 약종상 12호, 선구상(船具商) 1호, 신발가게 2호, 조각품상 2호, 인쇄업 2호, 서적상 2호, 과자가게 6호, 시계점 2호, 어구점 1호, 자전거 수리점 1호, 목재상 4호, 재봉가게 3호, 합계 232호이었다.

『제주편람』(1930)의 조사에 따르면 1928년 일본인 거주자는 1,116명이었다. 이중 제주읍에는 509명이 살았다. 제주공립심상고등소학교 학생은 111명이었다. 업종별 종사자수는 농림축산업 50명(4.5%), 어업 96명(8.5%), 공업 140명(12.6%), 상업 및 교통업 309명(27.5%), 공무 432명(38.5%), 기타 96명(8.5%)이었다. 겸업을 따로 분류했다.

『제주도의 경제』(1930)에서는 제주도 거주의 일본인 총수는 겨우 1천여 명에 지나지 않고 더욱이 약 60%가 관공리(官公吏)라고 나와 있다. 거류민 중 관리 비율이 높다는 것을 말하고 있다.

1930년에 발행된 『소화5년 조선 국세조사 보고』를 보면 조선 내 일본인의 직업별 분류를 보면 농업 8.7%, 수산업 3.1%, 광업 0.4%, 공업 17.6%, 상업 및 교통업 34.7%, 공무 및 자유업 31.8%, 가사 및 고용인 1.6%, 기타 2%였다.[3] 제주도의 일본인 거류민도 전국적인 직업별 분포와 크게 다르지 않다는 것을 알 수 있다.

『생활상태조사: 濟州島』(1929)에 나온 일본인의 본국 출신 현(縣)을 보면 298호 1,083명 중에 오이타현(大分縣) 149명, 야마구치현(山口縣) 128명, 구마모토현(熊本縣)103명, 나가사키현(長崎縣) 99명, 오사카부(大阪府) 90명, 가고시마현(鹿兒島縣) 48명, 히로시마현(廣島縣) 40명 순이었다.

『소화5년 조선국세조사보고』(1930)의 조선 내 일본인의 출신 순위

---

3 『昭和五年朝鮮國勢調査報告』(1939), 조선총독부, 247쪽.

는 야마구치현, 나가사키현, 후쿠오카현, 히로시마현, 구마모토현, 사가현, 오사카부, 오이타현, 에히메현 순이었다.[4]

제주도내의 거류민의 거주 분포는, 1932년 제주읍 667명, 애월면 3명, 한림면 54명, 대정면 43명, 안덕면 6명, 중문면 7명, 서귀면 249명, 남원면 13명, 표선면 15명, 성산면 96명, 구좌면 30명, 조천면 14명, 추자도 117명, 합계 1,303명이었다.

1934년은 제주읍 673명, 애월면 9명, 한림면 97명, 대정면 32명. 안덕면 13명, 중문면 8명, 서귀면 263명, 남원면 12명, 표선면 15명, 성산면 117명, 구좌면 24명, 조천면 18명, 추자도 159명, 합계 1,434명이었다.

1937년에는 제주읍 717명, 애월면 7명, 한림면 180명, 대정면 60명, 안덕면 7명, 중문 8명, 서귀면 219명, 남원면 13명, 표선면 28명, 성산면 65명, 구좌면 27명, 조천면 14명, 추자도 141명, 합계 1,486명이었다.[5] 제주도 일본인 거류민 숫자가 가장 많은 시기였다.

『제주도세요람』(1939)에는 제주읍 679명, 조천면 13명, 구좌면 28명, 성산면 57명, 표선면 26명, 남원면 16명, 서귀면 216명, 대정면 46명, 한림면 144명, 애월면 11명, 합계 1,236명이었다.

제주남심상소학교는 재학생 118명, 교사 4명, 서귀남심상소학교는 53명, 교사 2명, 성산포심상소학교는 19명, 교사 1명, 한림동심상소학교는 19명, 교사 1명, 추자도심상소학교는 21명, 교사 1명이었다. 일본인 학교의 전체 재학생은 230명이었다.

제주도가 태평양전쟁의 전선 기지가 되기 직전 1942년의 제주도의 인구는 21만 명, 일본인은 1,400명이었다. 일본 어민들이 정주하기 시작한 이래 1945년까지의 일본인 거류민 수는 1,500명을 넘지

---

4 앞의 책 65쪽.
5 1932년부터 1937년까지의 일본인 거류민 인구는 『제주도세요람』(1937)참조, 『제주사연표(Ⅰ)』(2006)에서 재발췌.

않았다. 제주도민 중에 일본인 비율은 0.7%로 1%도 되지 않는 수치였다. 큰 집단에 영향력을 발휘할 수 없는 정도의 규모였지만 이들의 경제력 규모는 전체 제주도민에 맞먹었다. 1927년의 제주도민 1인당 직접세 부담액 중 일본인은 국세 86원, 지방세 588원, 면비 부담금 591원을 납부했고 조선인은 국세 110원, 지방세 341원, 면비 부담금 311원이었다.[6] 제주면 전체 저축액은 일본인 총액 9,500원으로 1인당 160원이었다. 조선인 총액은 18만 906원 1인당 7원이었다.[7]

『전라남도 사정지(하)』(1930)의 산업 조사, 공업 분야 공장 일람은 다음과 같다.

<표 1> 1930년 제주도 공장일람 정리(『전라남도 사정지(하)』 1930, 508쪽)

공장	일본인	조선인	합계
양말공장	0	3	3
통조림공장	8	6	14
조개단추공장	3	5	8
조개단추 연마공장	0	1	1
양조장	2	0	2
요오드공장	2	0	2
버섯제조	7	0	7
면업	0	2	2

일제강점기 동안 제주도에 설립된 주식회사는 대부분 일본인 거류민에 의해 설립되었다. 조선인이 대표로 있는 회사에도 대부분 참여했다. 고광명(2008)의 조사에 따르면 50개의 주식회사 중 일본인 단독 또는 조선인과의 합자 주식회사에 참여한 비율은 50%였다.

『朝鮮實業信用大覽』(岡田寅喜 편, 1930)에 나온 제주도 기업가 29명의 매출액, 부동산, 순자산, 기타 자산을 합쳐보면 일본인 기업가 11명

6 『생활상태조사: 濟州島』(1929).
7 『제주도편람』(1930).

합계는 전체 자산의 43%였다.[8]

거류민 대부분은 제주읍에 거주했고 상인과 관리들이었다. 어업자와 수산업 가공업자들은 면지역에 거주했다. 제주도의 일본인 거류민의 특징은 경찰 및 관리 출신들이 퇴직 후 제주도에 남아 사업을 벌인 경우가 많았다.

2. 버섯재배업자

어업자를 제외하고 이른 시기에 제주도에 정주한 사람은 표고버섯 재배업자들이었다. 한라산 삼림의 수종은 표고버섯 재배의 재료인 자작나무, 졸참나무가 많아 자연산 재배에 유리하였다. 『조선의 보고: 제주도안내』(1905)에 제주도의 일본인 거류민에 대한 소개는 표고버섯 재배업자뿐이었다. 그 중에 제주도에서 버섯재배 개척자는 에히메현(愛媛縣) 마쓰야마시(松山市) 출신 후지타 간지로(藤田寬二郎)였다. 그는 1905년 한국통감부 유력자 모치즈키 류타로(望月龍太郎), 가미야 타쿠오(神谷卓男)에게 한라산에서 버섯재배가 유망하다는 것을 알리고 투자를 이끌어 내어 표고버섯 생산 가공판매회사 동영사(東瀛社)를 설립했다. 일진회 고문이었던 가미야 타쿠오(神谷卓男)가 제주도에서의 식산흥업의 권리를 얻어줬다. 1906년에 표고재배 전문 사업가 다나카 나가미네(田中長嶺)를 초빙하여 시험재배 후 가능성을 확인하고 본격적으로 양식 재배를 시작했다.

1909년 9월 가토 후지타로(加藤藤大郎) 외 1명, 마스다 사부로(益田三郎) 외 3명, 도쿠나가 에스케(德永榮助) 외 1명, 하야시 마사스케(林正助)

---

8 기업가 29명 전체의 매출액, 부동산, 순자산, 기타 자산을 더한 합계 1,822,400원 중 일본인 거류민 11명이 차지하는 합계는 800,500원이었다.

외 1명, 다케우치 신타로(竹内信太郎), 기쿠치 겐죠(菊地謙讓) 외 1명 등이 인가를 받아 사업에 착수했다.[9]

1911년 표고버섯 재배 현황은 한라산 남측 후지타 간지로(藤田寬二郎) 1,601정보(町步)[10], 한라산 동측 공동사업 마스다 사부로(益田三郞) 200정보, 한라산 동측 사이고 다케토(西鄕武十) 88정보, 한라산 서측 하야시 시게이치로(林茂一郞) 450정보, 도쿠나가 에스케(德永榮助) 700정보였다.[11] 일본인들의 나눠먹기식 분할이었다.

당시 표고버섯 생산과 가공 과정에 대해서는 1912년에 발행된 『제주도 여행일지』에 그림과 함께 자세히 적혀 있다. 이 책에 따르면 후지타 간지로(藤田寬二郞)는 표고 재배장 세 곳을 세워서 두 곳은 재배장, 한 곳은 건조장으로 사용하였다.

이 책의 그림을 보면 많은 조선인이 다수 고용되었음을 알 수 있다. 그러나 조선인은 다리를 건설하는 데에 동원되거나 짐을 옮기는 일만 했다. 버섯종자를 심고 재배 건조하는 과정의 그림에는 조선인이 나오지 않는다. 6월 14일 산신제를 지내고 잔치를 벌이는 장면의 그림을 보면 조선인은 물을 길러 나르고 있고 일본인은 음식을 만들고 있다. 연회 장면을 보면 일본인은 상을 마주하고 있는 반면 조선인은 멍석 위에 앉아 바

『제주도여행일지』(1912)에 나온
버섯 건조 장면

9　『미개의 보고 제주도』(1924).

10　1정보는 3,000평.

11　『남선보굴 제주도』(1912).

『보고의 전남』(1913)에 나온 '제주 표고버섯산'

『보고의 전남』(1913)에 나온
버섯제조업자 광고[12]

닥의 음식을 먹고 있다. 일본인은 일본 재래 옷인 로쿠샤쿠한덴(六尺襷
纏, 홋겹 상의)과 모모히키(股ひき, 하의)를 입고 있다.

후지타 간지로(藤田寬二郎) 외 2명과 사이고 다케토(西鄉武十)는 소작
제도를 만들어 연간 십수만 근의 생산량을 올렸다. 제주도 표고는
1919년 조선총독부에 의해 특산물로 지정되고 장려되었지만 조선인
이 양식 표고 재배사업장을 운영하는 경우는 없었다.

『제주도 개황 및 전남농황(濟州島の槪況及全南農況)』(1913)의 조사에 따
르면 표고버섯업자의 경영규모와 생산량은 다음과 같다.

〈표 2〉 1913년 버섯업자 경영규모와 생산량(『濟州島の槪況及全南農況』, 山本幸太郎(1913))

경영자	허가 면적	투자액 원(圓)	생산액 합계
후지타(藤田寬二郎)	모름	2만 5,000원	20,800근(斤)
미즈마치(水町一介)	모름	1만 3,000원	

12 광고 내용은 '제주 명산, 장래 유명한 사업, 버섯제조업, 일본의 일품을 능가한다'.

경영자	허가 면적	투자액 원(圓)	생산액 합계
도쿠나가(德永榮助)	671町 7畝 21步[13]	1만 4,000원	
하야시(林正助)	468町	8,000원	
나카노(中野作太郎)	378町 1畝 14步	8,000원	2만 800근(斤)
사이고(西鄕武十)	376町 23步	20,000원	
기쿠치(菊地謙溪)	593町 2反 1畝 7步	300원	
다나카(田中尙敏)	597町	1만 2,260원	

조선총독부 관보의 국유림 임야 처분 사항이나 임야 임대 불하, 임산물 매각 허가를 받은 사람은 다음과 같다. 버섯 종목(種木)을 목적으로 허가를 받는 경우도 있고 목재 생산을 위한 경우도 있다. 1911년 조선총독부는 산림령 및 부속법규를 공포하여 보호림 이용 제한, 영림 감독, 개간의 금지 및 제한, 국유림 보호, 국유림의 양여, 삼림의 공동 사업, 국유림야 및 산물 처분 등 단속 규정을 강화하면서 조선인의 참여를 제한하였다. 초기에는 일본인만 허가받았지만 1920년대 말부터는 조선인도 허가를 받는 경우가 늘어났다. 일제강점기 동안 버섯사업은 유통망을 완전 독점하고 있었기 때문에 일본인의 독점 사업이었다. 제주도는 버섯재배업자들에게는 그야말로 '신천지'가 되었다.

1922년까지 한라산을 임산물 처분 불하를 받은 사람은 스미 켄스케(角健輔), 가바시마 히사지(樺島久次), 사이고 다케토(西鄕武十, 서귀포)였다.[14]

1922년 이후 1930년대까지 국유림 임대 불하를 받은 사람은 나카무라(中村鶴松), 하기와라(萩原太郎), 고지마(小島作次郎), 에토(衛藤伊三郎), 고노(河野加三郎), 가바시마(樺島久次), 스미(角健輔), 구로에다 센타로(黑枝仙太郎), 요시모토 마사키치(吉本政吉), 요시다 노베사쿠(吉田延作)였다.[15]

이들은 한라산을 동서남북으로 나누고 각각 구역을 나눠 자기 막사를

---

13 町 3000평, 反 300평, 畝 100평, 步 1평.
14 조선총독부 관보 (1921년 10월 8일, 1922년 11월 2일).
15 조선총독부 관보 (1927년 12월 1일, 1930년 1월 18일).

한라산 버섯재배장에서 가바시마 히사지(樺島久次)씨[16]

설치하여 버섯재배장을 만들었다. 버섯재배장 막사는 한라산 등반 도중
들려서 쉬어가는 곳이기도 했다. 막사는 주인의 이름을 붙여 불렀다. 예
를 들면 가바시마(樺島)가 운영하는 곳은 '가바시마 오두막'이었다.

1929년『생활상태조사: 濟州島』에 나온 각 표고버섯 공장의 매출
액은 다음과 같다.

스미(角健輔) 표고 건조 제조공장(2만 2,000원(圓))

가바시마(樺島久次) 표고 공장(8,000원)

사이고(西鄕武十) 표고 공장(8,640원)

고노(河野加三郎) 표고 공장(3,200원)

나카무라(中村鶴松) 표고 공장(1만 1,840원)

에토(衛藤伊三郎) 표고 공장(1만 880원)

『전라남도 사정지(하)』(1930) '제주도 표고버섯 동업조합' 광고에는
고노(河野加三郎), 고지마(小島作次郎), 구로에다(黑枝仙太郎), 요시다(吉田延

---

16 사진출처『생활상태조사: 濟州島』(1929).

作), 요시모토(吉本政吉), 나카무라(中村鶴松), 후지와라(藤原太郎次郎), 가바시마(樺島久次), 에토(衛藤伊三郎)의 이름이 있다.

『제주도의 경제』(1930)의 1929년 '일본 무역반출 주요 품목표'를 보면 수출 금액은 전복이나 소고기 통조림을 제치고 표고 수출이 가장 큰 항목이었다. 수출 금액 합계 71만 7,863원 중 버섯 수출액은 92만 240원으로 12.8%를 차지하고 있다. 이 자료에는 당시 가장 규모가 큰 표고공장으로는 서귀포의 고지마 사쿠지로(小島作次郎) 공장으로 나와 있는데 사이고 다케토의 공장을 양도받은 것이다.

1935년에 발행된 『조선의 물산(朝鮮の物産)』의 표고버섯 항목은 다음과 같이 기술하고 있다.[17] 제주도에서의 표고버섯 재배의 역사와 재배방법, 생산, 판로에 대한 내용이다.

'조선의 표고재배는 기후, 풍토, 자본 등의 사정으로 지금까지 보급되지 않았다. 제주도는 유일한 표고산지이다. 현재 상당량을 생산하고 있다. 장래 유망한 부업이다. 제주도는 조선 최대의 섬으로 버섯 자목(資木)이 풍부하여 옛날부터 천연버섯이 생산되었다. 1905년 후지타(藤田)가 동영사(東瀛社)를 설립하고 1906년 시험 재배를 거쳐 유망한 것을 확인했다. 1907년 한국정부로부터 자재(資材)를 불하받았다. 이후 조직적으로 사업을 펼쳤다.

한라산 경사가 완만하고 온난, 적윤의 기후로 표고재배에 적합한 조건이다. 자목은 서어나무, 졸참나무다. 10월 중순부터 하순까지 나뭇잎이 3분의 1 정도 붉어졌을 때 벌채하면 수액에 단맛이 있다. 이때가 벌채의 최적기이다. 벌채 후 한달 정도 건조시킨다. 4~5년 지나 생산량이 최고에 이르고 7년 이후부터는 생산량이 급격히 떨어진다. 버섯은 실내에서 숯불로 건조시킨다. 제주에서 1만여톤 생산되고 판매액은 3만 5,000원이다. 상하이, 홍콩, 광동지방에 수출하고 있는데 상하이의 가격이 낮아지자 오사카 방면으로 수출하고 있다.'

---

17 『朝鮮の物産』(1935) 조선총독부 조사자료, 399쪽.

'한라산 버섯, 달러의 노다지'
(경향신문 1961년 10월 6일)

일본인들이 개척해 놓은 한라산 버섯재배업은 해방 후에도 제주도의 주력 생산품이 되었다. 1961년 경향신문(1961년 10월 6일)에 한라산 표고는 '달러의 노다지'로 소개되었다. 한라산 30여 개의 재배장에서 1년 연인원 20만 명이 동원되고 있고 국내 버섯 생산량의 80%를 차지하고 있었다. 제주도에서 생산된 표고버섯은 동남아 및 홍콩에 수출되어 연간 10만 달러의 소득을 올렸다는 기사다.

3. 일본인 거류민과 제주도민의 갈등

3.1. 홍종우 목사의 일본인 배척사건

김옥균의 암살범으로 알려진 홍종우는 제주도의 마지막 목사 조종환의 직전 목사였다. 제주도 목사 재임기간에 일본인을 배척하는 정책으로 외교문제를 야기했다. 이 사건은 목사와 일본인 거류민의 반목에서 발생한 사건으로 제주도민과의 갈등은 아니다.

1903년부터 1905년까지 제주목사를 지낸 홍종우는 프랑스에 유학한 최초의 조선인이었다. 일본에서 아사히신문사에서 식자공으로 일한 경험도 있다.

1893년 7월 프랑스에서 귀국하는 도중 일본 도쿄 채류 중에 이일직(李逸植)으로부터 김옥균 암살을 제의받았다. 김옥균에게 접근하여 중국 상하이로 유인하는 데 성공하였다. 1894년 3월 28일 상해 미국

조계(租界) 내의 일본호텔 동화양행(同和洋行)에 투숙한 김옥균을 권총으로 살해했다. 이 사건은 청일전쟁의 간접적인 원인이 되었다. 김옥균 암살의 공으로 고종으로부터 홍문관 교리직을 받고 세도를 누렸다.

1896년 아관파천은 홍종우에게는 출세의 기회가 되었다. 아관파천 후 국왕을 황제로, 세자를 황태자로 높이는 한편 조선을 대한제국으로, 연호를 광무(光武)로 정할 것을 건의한 것도 홍종우이다. 그는 의정부 총무국장이 되어 고종의 신임을 두텁게 받으며 자신이 생각하는 근대화 정책을 추진했다. 고종은 홍종우에게 보부상을 통한 여론 조성, 정보 수집 등을 하는 정보기관 운영을 맡겼다.

1899년 평리원 재판장까지 지냈지만 점차 세력을 잃어 제주도의 토지측정 감독을 명분으로 제주도 목사로 보내졌다.

1901년 프랑스 선교사와 지역주민의 무력충돌이 있었던 제주도에 프랑스 유학을 다녀온 홍종우가 제주목사로 임명된 것은 적절해 보이는 파견이었다. 지금 제주도에 있는 황사평 가톨릭성지는 그때 홍종우가 천주교도 매장지로 마련해준 땅이다.

1903년 2월 제주도에 부임한 홍종우는 부임 일주일도 안 되어 일본 화폐 사용을 금했다. 일본 화폐는 1902년 1월부터 일본 제일은행 부산지점에서 1원권을 발행하여 한국에서 강제로 유통시켜서 일본인 거류민끼리 사용하였다. 일본 지폐 사용으로 물건이 독점되고 우리나라 산물이 피해를 보기 때문에 경성 상공인들이 한국 상인들에게 일본화폐 사용을 금지하는 결의를 했는데 홍종우는 이에 따른 조치로 제주도에서의 일본 화폐 사용을 금했다.

일본화폐 사용이 금지되자 불편을 느낀 일본인 거류민 하라 요시마루(原吉丸)는 경성에 있는 일본공사관에 상소문을 올렸다.[18] 하라 요시마루는 제주도에서 일본어학당을 운영하면서 일본신문의 통신원

18 주한일본공사관기록 17권, 제주도에서 제일은행권 수수에 관한 건, 1903년 3월 5일.

을 맡고 있는 사람이었다. 일본화폐 사용 금지 고시는 공문이 아니었기에 바로 취소되었다. 이로 인해 홍종우 목사와 일본어학당과의 사이에 갈등이 깊어져 1905년 일본인 거류민들의 생활을 제한하는 고시문을 내걸었다.

그 내용은 (1)일본인에게 집을 빌려주지 말 것, (2)일용품과 식음수를 일본인에게 팔지 말 것, (3)일본인을 고용하지 말 것, (4)일본인으로부터 물건을 구입하지 말 것, 이를 위반하는 자는 징역에 처하고 일본인이 설립한 학교에 입학하는 자는 참수한다는 것이었다.

이에 일본인 거류민 대표 요시다 소쿠(吉田束), 아라카와 도메주로(荒川留重郎), 하라 요시마루(原吉丸) 3인은 목포 일본영사관에 상소문을 올렸다.[19] (1)일본영사관이 허가한 상업권(商業券)이 제주도에서는 무효가 되는 경우가 있다, (2)홍종우의 조치는 부당하다, (3)프랑스 선교사는 목사의 허가를 받고 공공연히 활동하고 있다, (4)1,000여 명의 일본인은 생활이 불가능하여 일본으로 돌아갈지도 모르니 제국으로서 굴욕이라는 내용이었다. 이에 목포 영사 와카마쓰 우자부로(若松兎三郎)는 본국 외무대신에게 제주도 목사 홍종우가 거동이 불온하고 거류민의 생활을 방해하니 일본인 보호를 위해 경비함 기항을 요청했다.

이 갈등은 외교문제로 확대되었다. 일본주한공사 하야시(林)가 대한제국에 건의하자 외무대신 이도재가 홍종우의 폭정을 사과하고 일본인 보호를 약속하게 되었다. 그 조치로 목포경찰서 일본인 순사 2명이 배치되고 군함 사이엥함(濟遠艦)이 출동하여 제주도에 기항하게 되었다.

제주도에 사는 일본인 거류민이 재빠르게 영사관에 상소문을 올린 것도 홍종우 목사가 김옥균 암살자라는 선입관이 작용했다. 그의 행동을 본국에 보고하면 본국이 바로 움직임이 있을 것이라는 노림수

---

19 외무성 외교사료관 소장, 한국관계사료 목록 중 제주도 목사 제주 거류민 방해 건(明治 大正篇, 3門 通商, 帝國臣民移動, 濟州島牧使本邦人ノ同島在住ニ妨害一件, 1903년 4월 9일).

가 있었다. 홍종우의 일본인 배척에 대해 군함을 출동시키는 등 과잉 대응은 예측할 수 있었던 것으로 보인다. 일본인 거류민이 지방 권력자인 목사에 대응할 수 있었던 것도 한국은 이미 일본제국의 영향권에 있다고 해석할 수 있다.

『조선의 보고: 제주도 안내』(1905)에
나온 홍종우 목사 사진

러일전쟁에서 승리한 일본은 을사늑약을 통해 대한제국의 외교권을 장악하고 조선을 병합하는 절차를 추진하고 있었다. 한일관계상 홍종우를 제주목사의 지위에 두어서는 안 된다고 하는 일본의 주장으로 파면되어 제주를 떠났다.

홍종우 목사는 『조선의 보고: 제주도 안내』(1905)의 저자 아오야기 쓰나타로가 찾아와 책의 서문을 부탁하자 흔쾌히 한문으로 서문을 써 줬다. 이미 일본의 팽창주의에 저항하거나 시대 흐름을 거스를 수 있는 의지를 상실한 것으로 보인다.

일본은 김옥균을 일본인으로 취급했었기 때문에 김옥균을 암살한 홍종우는 감시 대상이었다. 제주도를 떠난 후에도 일본 헌병 경찰이 그를 감시했다. '김옥균 암살자 홍종우 블라디보스토크 도항준비 건' '김옥균 자객 홍종우의 근황보고' '김옥균 살해 주모자 홍종우의 배일행동 내정(內偵) 보고'(1909) 등의 문서가 남아 있다.

3.2. 제국주의에 대한 저항

제주지방사 서술에 있어서 일제강점기는 '항일운동' 사건들을 나열하는 것으로 대체되는 경우가 많다. 일본 제국주의에 대한 저항으로 그 시대를 대변할 수 있기 때문이다. 1908년에 목포경찰서 제주출장소가 제주경찰서로 승격되면서 무장경찰력이 강화되어 제주도민들은 제국주의 무력의 지배 아래 놓였다. 제주도(1996) 『제주항일독립운동사』에 나온 것을 발췌하면 다음과 같은 사건들이 있었다. 이들 사건들은 제국 권력에 대한 저항으로 제국에 의해 처벌을 받은 사례를 중심으로 서술되어 있다.

1918년 법정사 항일투쟁
1919년 조천만세운동
1926년 제주농업학교 일본인교사 배척사건
1926년 추자도 어업조합 항거 어민항쟁
1927년 정의면 성산포 청년회 씨름대회 사건
1928년 제주보통학교 체벌교사 배척사건
1928년 제주농업학교 부태환 항일투서 사건
1929년 화북청년회 학생체벌 항의사건
1929년 대정소년단체 어린이날 사건
1930년 조천리, 하귀리 야학운동
1931년 호세불납운동(창천리, 감산리)
1931년 조천보통학교 일본 국가제창 거부사건
1931년 화북보통학교 소년 장의행렬 사건
1931년 제주농업학교 부당졸업사정 항의사건
1931년 제주청년동맹원 항일사건
1932년 조천리 청소년 항일의식 고취 연설 사건
1932년 추자도 사와다 그물망 사건
1932년 해녀항쟁
1932년 제주농업학교 독서회 사건
1934년 서귀리 독서회 사건
1937년 조천리 신좌소비조합운동
1940년 민족종교 미륵교 사건
1945년 군사기밀 및 전황유포 사건

제주도(1996)에서는 제주도 항일운동의 특징으로 계급투쟁과 소작쟁의가 없는 것을 꼽았다. 제주도는 내부의 계급적 갈등이 없었기 때문에 반자본적, 반지주적 계급투쟁이 없었고 농업, 수산업, 목축업에서의 소작쟁의(小作爭議)가 없었다.

일본인 어업자, 수산가공업자, 표고재배업자들이 제주도 어장과 제주도 산림 자원을 독점하다시피 해서 사업을 펼치고 있었다. 그 사업에는 많은 조선인이 고용되었지만 노동쟁의, 소작쟁의와 같은 갈등에 대한 기록은 찾을 수 없다. 해녀투쟁은 수산자본에 대항한 항쟁이 아니라 일제권력에 유착한 해녀어업조합에 대한 항쟁이다.

위의 사건들 중에 항일운동이나 제국주의에 대한 저항이 아닌 일본인 개인에 대한 갈등으로는 1926년에 발생한 제주농업학교 일본인 교사 배척사건이 있다. 일본인 거류민과 이해관계가 얽혀 충돌한 사례는 1932년 발생한 추자도 사와다 그물망 사건이다.

3.3. 제주의원 의사 조선인 차별 진료

1925년 3월 25일 동아일보 '지방단평'이라는 코너에 '제주의원(도립병원 전신) 의사 송전(松田) 모씨는 왕진을 청하면 일선인(日鮮人)의 구별을 물어 조선인이면 무슨 핑계를 대어 거절하였다고 한다. 자기 병을 모르는 의사다'라는 토막 기사가 실렸다. 신문에 기사화 될 정도이면 제주읍에서는 평소 소문이 자자했던 것으로 짐작된다. 여기에 실린 송전 모씨는 마쓰다 리하치(松田理八)라는 의사로 조선총독부 발령으로 1924년부터 1933년까지 도립 제주의원 원장을 지냈다.

'전라남도 도립 제주의원 의관 松田理八'의 광고(조선신문, 1925년 8월 29일)

3.4. 1926년 제주농업학교 일본인교사 배척사건

제주농업학교 일본인교사 배척사건은 한국인을 멸시하면서 일본인의 우월성만 강조하고 수업도 불성실했던 교사 야나기다 히코지(柳田彦二)를 배척하려고 한 사건이다. 학생들은 1926년 6월 25일 전라남도 학무국에 진정서를 제출하고 동맹휴학으로 저항했다. 이 사건으로 1,2학년 전원이 무기정학 당하고 2명은 퇴학 처분 당했다.

야나기다(柳田彦二)는 이바라키현(茨城縣) 출신으로 도쿄제국대학 농학부 부속 농업교원양성소를 졸업하고 조선으로 건너와 교사생활을 시작했다. 1925년 미마 요네기치(美馬米吉) 교장이 갑자기 사망하자 교장 대리를 맡았다. 이 교사의 배척 사유는 교육자의 근본정신을 망각하여 학생의 질문을 받아주지 않는 것, 실험기구가 있음에도 불구하고 실험을 시켜주지 않는 것, 노예적 정신을 주입시켜 학생을 무조건 굴종시키는 것, 일본인의 장점을 말할 때는 반드시 조선인의 단점을 들어 비교하는 것, 세계 제일은 일본인이라고 말마다 자랑하는 것, 조선인은 교활하고 야만하다고 극단적으로 비하하는 것, 수업 중에 '바보, 멍청이, 눈깔을 빼버리겠다' 등 비열한 언사를 사용하는 것, 교육자로서의 행동이 야비하고 경솔한 것, 학생이 질문할 때에 대답하지 못하면서 '생각해 보고와'라고 하는 것, 농대 실과를 졸업한 사람이 각 학급의 물리, 화학, 영어, 수학 등 중요 교과를 전임하여 학생의 실력양성을 본위로 하지 않는 것, 학생이 알거나 모르거나 시간만 넘기는 것 등이었다.[20]

1931년에도 제주농업학교에서 부당 졸업사정에 항의하는 사건이 발생했다. 졸업을 앞두고 있는 학생 2명을 사상이 불순하다는 이유로 학생을 퇴학시키거나 유급시켰다. 이에 학생들이 차별교육 철폐를

20 동아일보 (1926년 7월 1일).

요구하면서 교무실에 들어가 그 이유를 따지고 스기사키 가쓰조(杉崎勝藏) 교장 사택을 습격했다. 그 교장은 책임져서 1932년 3월 면직되어 제주를 떠났다.[21]

스기사키 교장은 1928년 10월 3학년 졸업 예정자에게 일본 군국주의의 위세를 보이고자 소위 '러일전쟁 전승지 순례행사'라는 명목으로 만주의 대련(大連), 여순(旅順), 봉천(奉天), 장춘(長春)을 견학하게 하였다. 임기 중에 건립된 제주신사(濟州神祠) 참배를 학생들에게 강요했다.

3.5. 1927년 성산포 청년회 씨름대회 사건

1927년 5월 27일 성산포 청년회 주최 면민씨름대회 도중 성산포 주민과 성산포항에 정박했던 고등어배 선원들과의 충돌 사건이 발생했다. 일본인 거류민과 지역주민과의 충돌은 아니다. 이 사건에 대한 일본인 거류민의 기록이 남아 있어 당시의 일본인의 시점을 알 수 있다.

일본인의 기록은 성산포에서 어린 시절을 보낸 나가사키현(長崎縣) 이키(壹岐) 출신 마쓰모토 겐지(松本堅二, 2008)의 '고등어배 사건'이다.[22] 이 기록이 어느 정도 사실에 부합하는지는 의문이지만 일본인의 시점을 알 수 있기에 그대로 적는다. '고등어배 사건'이 발생한 당시 마쓰모토는 10세의 어린 아이였던 점, 10세의 기억을 팔순 고령의 나이에 기록했다는 점을 감안해야 한다.

고등어배 사건

봄, 가을에는 고등어배가 성산포항에 입항한다. 성어기에는 100척의 배가

---

21 김찬흡(2002: 487쪽).

22 『一路平安』(2001), 『아득한 제주』(2003), 홍성목 번역에서 인용. 제7장 성산포의 일본인 거류민, 3. 마쓰모토 겐지(松本堅二)의 기억 속의 성산포 항목 참조.

입항한다. 고등어배가 입항하면 마을은 파란 선원복 일색이 되고 마을에 활기가 돈다. 기관장, 선장 이외의 선원은 거의 조선인이었다. 두 척이 배가 한 팀이 되어 고등어를 건져 올렸다.

배들은 성산포에서 물을 구하려고 입항했다. 맑은 우물이 몇군데 있었다. 소주공장을 할 때 팠던 우물이 있었는데 선원은 양동이에 고등어를 들고 와서 주고 양동이에 물을 길고 갔다.

그 때쯤 조선인학교에서 대운동회가 열렸다. 씨름도 있었다. 매년 고등어배가 초대되어 같이 시합하는 것이 관례였다.

고등어배 선원이 시합할 때 심판 판정이 문제가 되어 싸움이 일어나 양쪽이 뒤엉켜 큰 난투극을 벌였다.

어선 쪽은 불리해지자 배로 퇴각했다. 현지민 쪽에서 상당한 부상자가 생겼다. 거리에는 많은 선원들이 상륙하여 술을 마시면서 놀고 있었다. 분을 참을 수 없었던 조선인들이 그 선원들에게 덤벼들었다. 아무것도 모르는 선원들이 조선인들에게 각목으로 맞았다. 일출봉과 나무숲으로 도망갔지만 많은 사상자가 생겼다. 조선인은 참으로 무섭고 잔인한 민족이라고 생각했다. 조선인은 혼자서는 아무것도 못하는 민족이다. 군중심리에 이끌려 수가 많으면 영문도 모르면서 돌진한다. 당시 경찰관주재소에는 소장 1명과 순사 2~3명뿐이라 감당할 수 없어 제주읍에 지원을 요청했다. 제주읍 경찰서에서 다수의 경찰관과 의사, 간호사가 파견되었다. 사상자는 30명쯤이었다.

나중에 목포와 광주에서 경찰지원대가 도착했다. 현지인은 모두 가해자가 되어 주재소에서 문초를 당했다. 문초를 받는 사람이 많아 3군데로 나누어 계속되었다. 잘못했다고 하지 않으면 계속 문초를 했다. 문초는 한 달이나 계속되었다. 많은 현지인이 광주 감옥으로 이송되었다. 성산포에서 남자 모습이 거의 사라졌다. 이 사건으로 경찰주재소 고니와 마사루(木庭勝) 소장은 옷을 벗게 되었다. 소장은 부임 이래 마을에서 평판이 좋지 않았다. 부인도 거만한 사람이었다. 이후 야마모토(山本) 경찰소장이 부임해 왔다.

일본인 거류민 마쓰모토 겐지(松本堅二)가 기록한 이 '고등어배 사건'은 조선 언론에는 '정의면 성산포 청년회 씨름대회 사건'으로 보도되었다. 조선인 언론 2곳의 시점은 다음과 같다.

정의면 성산포 청년회 씨름대회 사건

지난 5월 19일 총독부 경무국에 온 전라남도 경찰부장의 정보에 의하면 5월 16일 오후 네 시쯤 제주도 정의면 고성리에서는 정신회(旌新會) 주최의 운동회가 개최된 바, 그때 마침 성산포에 정박 중이던 고등어배의 어부 200명(일본인 20명)이 상륙하여 그 지방 사람과 씨름을 하다가 조그만 일로 말다툼하던 것이 큰 격투기가 되어 지방사람 다수 부상하였기에 그 복수로 배로 돌아가려는 어부들을 함부로 때려 지방사람 9명과 어부 14명(일본인 6명)의 중상자가 생긴 중 5명은 생명이 위독하게 되었다. 이 급보를 접한 전남경찰부에서는 당시 성산포항구에는 고등어배가 40척에 어부 1,000명이나 있었음으로 만일을 염려하여 응원 경관 20명과 공의(公醫) 1명을 급파하여 엄중한 경계망을 펴고 범인 등을 수사 중인 바 그 후의 정보에 의하면 중상자 중에 일본사람 한 명과 조선사람 한 명은 필경 사망하였다고 한다.(동아일보 1927년 5월 20일)

지난 5월 16일 제주도 성산포에서 중앙청년회 주최로 각희대회(脚戱大會)를 개최하였는데 마침 성산포에 정박 중이던 어선에서 어부 200여 명이 상륙하여 씨름판에 갔다가 사소한 일로 말썽이 되어 어부 200여 명과 도민 1,000여 명 사이에 충돌이 생겨서 형세가 험악하였음으로 성산포주재소에서는 제주경찰서에 전화로 응원을 청하여 겨우 진압은 하였다. 그때의 충돌로 인하여 중경상자가 도민은 9명, 어부측은 18명을 내었을 뿐만 아니라 어부 중 일본사람과 조선사람 두 사람이 마저 죽었다. 경찰은 쌍방에서 100여 명의 혐의자를 검속하여 목포지방법원으로 넘겼다. 석 달 동안 예심 중에 있다가 지난 8월 20일에는 도민 측으로 청년회장 외에 45명과 어부 측으로 4명 합하여 50명을 광주로 넘기고 그 나머지는 면소되었다. 광주지방법원에서는 이 사건을 위해서 새로이 큰 법정을 건축 중 금번에 준공되어 공판을 열게 된다고 한다.(조선일보 1927년 11월 14일)

디지털 서귀포문화대전의 '정의면 청년회 씨름대회 사건' 항목에는 다음과 같이 서술되어 있다. 제주도 근대사의 서술 시점을 알 수 있다. 더불어 동일사건에 대한 각 시점을 비교해 볼 수 있다.

정의면 청년회 씨름대회 사건

1927년 5월 16일 정의면 중앙청년회 주최로 정의면 고성마을 씨름장(속칭 소금막)에서 씨름대회가 개최되었다. 그런데 씨름대회가 한창 열리던 도중, 당시 고등어 잡이 원양 어업을 하다 풍랑을 피해 성산포로 대피하였던 박몽주, 윤정도, 권해룡, 하정구 등의 다른 도 출신 선원과 200여 명의 일본인이 씨름구경을 하다가 선원 중 일부가 주최 측의 허가를 받아 씨름 선수로 참가하였다.

그러나 씨름경기에 참가한 선원들은 경기 도중 제주민에 대해 차별적인 언행과 강압적인 태도를 보이면서 원활한 경기 진행을 방해하기 시작했다. 그러한 와중에 다른 도 출신의 박몽주가 정의면 청년과의 씨름경기에서 패하자 심판에게 이의를 제기하며 재시합을 무리하게 요구하였다. 이에 심판인 박규언(정의면 청년)이 대회 규칙상 불가하다고 거절하자, 이에 격분한 타도 출신의 윤정도가 박규언의 뺨을 때렸고 이에 격분한 500여 명의 정의면 청년들과 200여 명의 일본 어부(다른 지방 출신 포함) 사이에 집단 싸움이 벌어졌다.

이처럼 1927년 성산포의 청년들에 의해서 일본인 어부들을 폭살(爆殺)시킨 청년운동의 지도자가 바로 당시 중앙청년회 회장이었던 고은삼이었다. 고은삼과 함께 당시 성산리 청년회장이었던 송세훈이 주축이 되어 수세에 몰린 일본인들이 도망쳐 숨기 시작하자 이를 알고 정의면 청년들을 규합하여 방두포(防頭浦, 성산포 고성리)까지 추격하였고 일본 선원과 어부들에게 더욱 폭행을 가하였다.

이 사건으로 인해 일본 선원 가운데 2명이 상해를 당하자 일제 경찰이 출동하여 이를 진압하고 52명의 정의면 청년들이 체포되어 제주경찰서로 압송되면서 사건이 일단락되었다.

일제 경찰은 이 사건을 '성산포 소요 및 상해 치사 사건'이라 칭하고 전남

경찰부의 병력을 출동시켰다. 또한 임시 검사국을 설치하는 한편 목포 경찰서의 증원군이 제주도에 들어와 1927년 5월 23일 혐의자 또는 선동자라 하여 92명을 제주경찰서 유치장과 유도장에 가두었다. 조사 후에는 이들 중 52명을 같은 해 5월 25일 목포로 옮겨 조사하였고 체포된 청년들은 대부분 광주지방법원 재판에서 1년 이상의 징역형을 받았으나 당시 싸움을 유발한 일본인 선원들에 대해서는 어떠한 처벌도 내려지지 않았다.

결국 1927년 12월 16일 광주지방법원과 1928년 12월 15일 대구복심법원 상고 결과 오조리 출신 고승운, 성산리 출신 한봉희, 온평리 출신 박군평, 종달리 출신 김영화 등이 소요상해 및 상해 치사죄로 1년 6개월의 실형을 선고받고 옥고를 치렀다. 그러나 당시 이 사건의 배후 주도자였던 고은삼과 송세훈은 상고심을 통해 증거불충분으로 무죄 판결을 받았는데 이는 일제가 이 사건을 항일의거가 아닌 단순 폭행사건으로 처리했기 때문이다.[23]

3.6. 추자도 사와다(澤田) 그물망 사건

한국통감부 설치 이전 일본 출어어민과 제주도민의 제주도어장을 둘러싼 쟁의가 이어졌지만 본격적인 식민지 지배 통치가 시작된 후부터는 일본인 어업자가 어업권을 획득하여 합법적으로 어장을 점유할 수 있게 되었다.

일본인 거류민 어업자와 지역 주민이 충돌한 유일한 사건은 1932년 추자도 사와다(澤田) 그물망 사건이다. 황금어장인 추자도는 일본인들이 오래전부터 탐내던 곳이다. 1932년 5월에 추자도 거주 중이던 일본인 사와다(澤田)가 삼치 유자망(流刺網)으로 추자도 어민 내수면 어장을 침범해 작업했다. 유자망은 대상물을 남획하여 자원을 고갈시킬 수 있는 어로법이다. 또 추자도 어민들의 멸치잡이나 삼치 채낚기 조업을 할 수 없도록 했다. 이에 영흥리, 대서리 어민들과 남녀노

---

23 디지털서귀포문화대전 http://seogwipo.grandculture.net/seogwipo/toc/GC04600474

추자도 어민 대일 항쟁 기념비(추자면 영흥리)

소 100여 명이 들고일어나 일본인 어선과 어망들을 땅으로 인양하는 등 일본인에게 맞섰다. 이 사건으로 추자도 영흥리, 대서리 어부 중 사건을 주도한 2명은 징역 7개월 형을 받아 광주형무소에서 옥고를 치렀고 11명은 집행유예를 선고받았다.

일제는 이 사건으로 인한 추자도민들의 불만을 잠재우기 위하여 내수면에서 유자망 어업행위를 금지시켰지만 바로 일본어민들의 이익을 보호하기 위해 다시 해제시켰다.

이 사건은 신문에 보도되지 않아 외부에 알려지지 않았다. 추자도 주민들 사이에서만 '사와다 그물망 사건'으로 구전되다가 1977년 세상에 드러났다. 지역 유지의 기록과 구술을 바탕으로 1996년 일제에 항거한 '어민항쟁'의 역사로 정립했다.

추자도는 1926년, 1932년 두 차례 항쟁의 추모의 뜻을 모아 2018년 11월 21일 '추자도 어민 대일항쟁 기념비'를 건립했다. 제주 최초의 어민항쟁의 역사로 기록되어 있다.

제5장

제주성내 일본인 거류민

1. 일본인 거류민 조직

1.1. 학교조합

일본은 조선으로의 도항을 권유하며 도항 및 정착과 관련된 편의를 도모하고 보조 정책을 실시했다. 치외법권, 초기의 무관세 지역, 거류지에서의 일본 화폐 유통으로 일본 상인들의 영업활동은 유리하게 전개할 수 있었다. 이런 보호정책 아래 상업을 목적으로 하는 도항이 늘어났다.

1905년 일본인 거류민단법이 제정되고 1906년에 시행 세칙이 정해져서 재조선 일본인 자치기구가 설립되었다. 거류민단은 서울, 인천, 부산, 진남포(북한), 군산, 평양, 목포, 대구 등에 설립되었다. 그러나 조선이 일본의 일부가 되었다는 명분을 중시한 조선총독부는 1914년 거류민단법과 거류지제도를 폐지하여 일본인과 조선인을 획일적으로 통치하였다. 일본인 거류민은 자신들의 지위가 상대적으로 낮아진 것으로 여겨 반대하였다.

1900년대초 제주도의 일본인은 해안의 어업자들이 중심이었다. 어업자 이외에 제주읍 성내에는 1904년에는 20여 명, 1905년에는 32명 재류하고 있었다. 1901년 이재수의 난 때에는 자체 경비대를 만들어서 거류민 보호에 철저를 기하였다. 일본인들은 대부분 수렵용 총을 소지하고 있었다.

러일전쟁 이후 어업자 이외 일본인들이 제주에 이주하기 시작했다. 이주자들의 목적은 소자본 상업으로 관공소 조달 수요에서 이익을 얻고자 했기 때문에 관아 소재지에 모이게 되었다. 산지포구에서 관아에 이르는 지역에 집중 거주하게 되었다. 박중신(2005)은 이주어촌 공간형성 연구에서 제주도 삼도리의 거류민지를 하구형(河口型)으로 분류했지만 타 지역 하구형 거류지와는 달리 어업자들이 마을을 형성한 것은 아니다.

1905년 제주 성내의 일본인 거류민이 늘어나자 거류민 대표 이즈카 데루오(飯塚照雄), 요시다 소쿠(吉田束)가 목포영사관에 거류민회 설립을 건의했다. 실질적으로 거류민회가 조직되고 목포영사관에 의해 설립 인가를 받은 것은 1907년 7월 23일이었다. 설립 목적은 거류민

조선신보(朝鮮新報) 1907년 7월 28일)[3]
'제주도 일본인회'

의 상호화목 일치를 도모하고 융합 이원(利源)[1]을 확장하기 위함이었다. 회장은 표고재배업자 후지타 간지로(藤田寬二郎), 간사는 도쓰키 사다조(都築定藏)[2] 외 임원 9명을 선출했다.

한국통감부 시기 소규모의 거류민사회에서 교육 사업을 담당하는 단체로 도입된 것이 학교조합 제도였다. 1914년 거류민단 조직의 폐지에 따라 거류

---

1 융합 이원은 거류민끼리의 공동창업, 공동 투자를 말한다.

2 나가사키현(長崎縣) 출신.

3 조선신보의 전신은 일본인 상업인들에 의해 1890년 창간된 '인천경성격주보'였다. 1892년 '조선신보'로 호명을 변경했다. 재조선 일본인을 위한 상업지(商業誌)였다. 1908년 조선타임스를 합병하여 인천 최대의 신문 '조선신문'이 되었다.

민의 자치 조직으로서 유일하게 남은 것은 조선인과 동일화되지 않은 교육사업이었다. 일본인 학교를 운영하기 위한 학교조합을 설치하여 일본인 커뮤니티의 하나로 독자적으로 운영되었다. 초등교육(소학교) 사업만은 일본인만으로 조직한 학교조합에서 경영했다. 학교조합은 거류민 조직의 구심점이 되었다.

조선 내 일본인은 의무적으로 학교조합비를 부담하였다. 대부분의 지방의 거류민들은 국세나 지방세보다 몇 배가 많은 학교조합비를 부담하였다. 한일합방 후에도 학교조합은 일본인의 교육 재정을 담당하고 관리하였다.

제주도 거류민은 1906년에 거류민단 설립을 추진함과 동시에 학교조합을 조직하였다. 1907년에 제주심상소학교가 조합립(組合立) 학교로 설립되었다. 이 학교가 공립학교가 된 후에도 학교조합에서 경영하였다. 학교조합은 거류민회와 같은 역할을 하고 학교조합 관리인은 거류민회 회장과 같은 역할을 했다.

『전라남도 사정지(하)』(1930)에 나온 제주학교조합(제주도 제주면)은 193호 인구 687명, 학교조합비 총액 1만 731원, 부담금 3,417원, 1호당 평균 부담금 17원, 1학급당 평균 경상비 1,691원으로 나와 있다. 당시 학교조합 관리인은 무라이 아키라(村井彬), 조합 의원은 고가 가메타로(古賀龜太郎), 가이토 준조(垣內準三), 구로사키 미네조(黑崎峰三), 오코시 에이조(大越英三), 에나츠 유지로(江夏友次郎), 고사카 요시노리(小坂義惠), 사와다 지요키치(澤田次良吉), 이치노미야 마사노리(一宮正則)로 제주성내의 상인들이었다.

일본인 거류민들은 일본의 소방조(消防組, 의용소방대) 조직을 본떠 거류민 사회의 한 조직으로 만들었다. 일본은 목조가옥이 많아 큰 화재에 대비하여 마을 단위로 소방조가 구성되어 있다. 자체적으로 생명과 재산을 보호하는 민간조직이었다. 일본인 거류민들이 만든 소

제국 재향군인회 제주분소(『생활상태조사: 濟州島』(1929))

방조는 생업을 하면서 비상시에만 소집되는 상비체제로 운영되었다. 조두(組頭, 소방대장), 소두(小頭), 소방수(消防手)로 구성되고 소방조의 감시감독은 경찰이 맡았다. 비용은 군읍면이 부담했기 때문에 반관반민(半官半民) 조직이라고 볼 수 있다. 조두(組頭)는 일본인 거류민 중에 유력자가 맡았다.

그 외 일본인 거류민의 조직은 제주잡화상조합, 동업(同業)조합회, 제국재향군인회가 있었다. 그 외 각 출신지 별 현민회(縣民會), 궁도협회, 엽사회(獵師會 또는 엽우회) 등 체육활동을 중심으로 하는 모임이 있었다.

1.2. 제주잡화상조합

제주잡화상조합은 일본인 잡화상 10명이 1927년 1월에 설립했다. 이 조합은 대부분 반입상조합(搬入商組合)이다. 유일무이한 상공업 단체였다.

1930년에 발행된 『제주도편람』을 근거로 하면 일본인 거류민 1,116명 중 관리, 학생, 무직자를 제외하면 상업에 종사하는 사람 비율이 높다. 공장을 경영하는 공업 인구를 포함하면 농업과 어업 인구의 배 이상이 된다. 대부분의 조선인이 농업과 어업에 종사하는 것에 비하여 반대의 비율이었다. 상공인들은 하부조직으로 동일 업종 연합인 제주미곡조합과 제주상사조합을 결성했었다.

1930년 『제주도의 경제』에 나온 제주잡화상 조합원은 다음과 같다. 전원 일본인이었다.

제주잡화상조합원

이시이기모노점(石井吳服店, 石井榮太郎) 의류, 잡화(전화 33번)[4]

호리야상점(堀屋商店, 堀貞樋) 일용품, 잡화(전화 106번)

가토상점(加藤商店, 加藤恒人) 일용품(전화 117번)

다케노상점(竹野商店, 竹野松造) 일용품(전화 116번)

다구치상점(田口商店, 田口像次郎) 문방구(전화 48번)

무라타상점(村田商店, 村田嘉藤治) 잡화(전화 5번)

고가상점(古賀商店, 古賀龜太郎) 잡화, 미곡(전화 62번)

에토상점(衛藤商店, 衛藤伊三郎) 잡화, 미곡(전화 35번)

기사와상점(木澤商店, 木澤友次郎) 일용품, 잡화(전화 45번)

반상점(伴商店, 角健輔) 잡화, 목재(전화 11번)

1930년에 발행된 『조선실업신용대감(朝鮮實業信用大鑑)』에 나온 제주도 실업가는 에토(衛藤伊三郎, 미곡, 표고), 야마구치(山口源藏, 토지경영), 히로세(廣瀬千代藏, 건축, 청부), 스미(角健輔, 목재, 잡화), 무라타(村田嘉藤治, 잡화), 기

---

4   전화번호는 『전라남도 사정지』(하)(1930)의 광고에 따름. 『제주도의 경제』(1930)와 같은 조합원이다.

사와(木澤友次郞, 식료, 잡화), 고가(古賀龜太郞, 미곡, 잡화), 다구치(田口象次郞, 문방구), 이시이(石井榮太郞, 기모노, 잡화), 나카무라(中村鶴松, 표고, 잡화, 서귀포), 사이고(西鄕武十, 잡화, 서귀포)였다.

제주잡화상조합은 1931년에 제주실업협회, 1935년에 제주상공회의로 변경되었다. 제주상공회의소의 전신이다.

제주도 전체 통조림 공장의 경우 일본인이 경영하는 곳은 8곳, 조선인이 경영하는 곳은 6곳이었다. 표고 재배업장 7곳은 전부 일본인이 경영했다. 그 외 일본인이 경영하는 단추공장은 3곳, 양조장 2곳, 요오드공장 2곳이었다.

고광명(2008)에 따르면 1910년부터 1945년까지의 제주도 회사설립 현황은 대표자를 중심으로 조선인이 설립한 회사는 29사, 일본인이 설립한 회사는 18사, 일본인과 조선인이 합자회사는 4사였다.

1941년 11월에는 제주도생활필수품소매상업조합(濟州島生活必需品小賣商業組合)이 조직되었다. 생활필수품인 설탕 가공업, 설탕 소매상, 고무신 소매상, 면포 소매상, 연분유 소매상, 섬유 잡화 소매상의 조합이다. 이 조합은 대부분 조선인 상인들로 구성되었지만 일본인 거류민 조합원은 에토 후지오(衛藤不二生, 제주읍 일도리 1328번지), 무라타 가토지(村田嘉藤治, 제주읍 일도리 1384번지)이었다.[5]

1943년 임원 개편에는 고가 가메타로(古賀龜太郞, 일도리 1210번지), 1944년에는 에나쓰 유지로(江夏友次郞), 야스무라 도시오(安村壽雄)가 임원으로 활동했다.[6]

---

5 조선총독부 관보 4548호 (1942년 3월 28일).
6 조선총독부 관보 제4931호(1943년 7월 10일), 제5247호(1944년 8월 1일).

2. 일본인학교 제주남심상소학교

2.1. 학교 연혁

1903년 제주도 목포경찰서 출장 주둔소에 일본인 경찰 2명이 배치되고 우편 수취소가 생기자 일본인 정주자가 늘어나기 시작했다. 1905년 거류민이 2~300명에 이르자 제주 성내에 사는 일본인 거류민 이이즈카(飯塚照雄)와 요시다(吉田束)는 목포영사관에 거류민단 설립건을 신청하였다. 1906년에 동영사(東瀛社)를 설립한 버섯재배업자 후지타 간지로(藤田寛二郎)가 동영학교(東瀛學校)를 설립했다. 조선인 학생에게도 서적을 지급하고 학업을 장려했다.[7]

1906년 11월에 제주도 일본인 거류민회에서 소학교를 설립했다. 취학 아동은 4명이었다. 제주도에 설립된 최초의 근대식 학교였다.[8] 1908년에 정식 명칭을 제주 일본인거류민회립 소학교로 정했다.

1911년에 학교조합 인가를 받아 조합립(組合立)학교 제주심상소학교가 되었다. 1909년부터 1912년까지 야마우치 마스지(山內益爾)가 교장을 맡았다. 일찍이 조선으로 건너와 오랫동안 전국의 보통학교에 근무했던 교사였다. 1910년 한일합방 이전부터 한국통감부에서 일본인 거류민 학교에 교사를 파견했음을 알 수 있다.

1912년에 조선공립학교령에 의해 학교조합이 폐지되고 제주공립심상소학교로 변경되었다. 이때부터 조선총독부에서 교사가 파견되었다. 초대 교장으로 부임한 구로키 가네아키(黑木兼秋)는 1919년까지 근무했다. 1912년 7월에 고등과가 설치되어 제주심상고등소학교가

---

7 『남선보굴 제주도』(1912).
8 제주공립보통학교(제주북초등학교 전신)는 1907년 개교했다.

되었다.[9] 3학급에 70여 명이 재학하고 있었다. 1914년에 교육칙어 등본을 하사받았다.

조선총독부 관보 690호(1914년 11월 19일)에 따르면 제주공립심상소학교 교사 수축비를 기부하여 조선총독부로부터 목배(木杯) 포상을 받은 명단이 실려 있다. 이 기부로 1913년에 교사(校舍)를 수리할 수 있었다. 기부자는 대부분 제주도에서 근무하는 관리와 거류민 상공인이었다.

角健輔(20원, 잡화상 반지점 경영)
正林英雄(18원, 제주도청 직원)
吉峰源十郎(15원, 제주보통학교 교장)
蟻川亨(18원, 자혜의원 의관)
葛城最太郎(15원, 제주경찰서장)
山口多吉(15원)
大野仁夫(15원, 성산포 세관 감시서 직원)
赤穂宇三郎(15원, 해운업 운영)
荒木直(15원, 법원 제주지청 서기)
前田爲男(15원, 제주군 서기)
田島市藏(20원)

梶間友作(15원, 제주우편국 서기)
衛藤伊三郎(15원, 에토상점 경영)
森川萬藏(15원, 제주군 서기)
佐田三五(15원, 제주군 서기)
西鄕武十(15원, 사이고상점 운영)
黑木兼秋(15원, 제주심상소학교 교장)
上村孝太(15원, 제주군 서기)
橋本克己(15원, 제주군 서기)
影井市藏(11원, 제주공립간이농업학교 교장)
山口源藏(40원, 토지매매업)

1915년에 조선총독부 시정 5주년 기념 포상에서 제주심상소학교 건축비 기부자로 목배 포상을 받은 사람은 다음과 같다. 조선총독부에서 파견된 관리들이 지역 거류민들의 현안에 적극적으로 동참했음을 알 수 있다.

吉村久松 10원
竹村友三郎(제주법원 판사) 20원
藤原建樹(광주농공은행 제주지점 직원) 13원
寺木十太郎(광주농공은행 제주지점 직원) 13원

---

9 당시 심상과(보통과) 4년제, 고등과 2년제.

宮澤員也(광주농공은행 제주지점 직원) 20원

石田善之助 (우도등대 항로표시 간수) 10원

荒川留重郎(비양도 재류 어업자) 70원[10]

학교조합의 학교 관리인(조합장)은 1911년 후지타 간지로(藤田寬二郎), 1912년 다나카 나오도시(田中尙敏), 1913년 야마구치 겐조(山口源藏), 1914년 가바시마 히사지(樺島久次), 1917년 고사카 요시노리(小坂義憲), 1926년 무라이 아키라(村井彬)였다.

1930년 조합의원은 이치노미야(一宮正則), 가바시마(樺島久次), 다테노(立野角之助), 구로자키(黑崎峰三), 고가(古賀龜太郎), 고사카(小坂義憲), 에나쓰(江夏友次郎), 사와다(澤田次郎吉)였다.

1930년 『제주도편람』에는 111명이 재학하는 것으로 되어 있고 1937년 『제주도세요람』에는 심상과 4년 고등과 2년 과정으로 교원 4명, 4학급 학생 118명이 재학한 것으로 나와 있다.

1932년 재학생은 100명, 학교 관리인은 후지타 간지로(藤田寬二郎), 조합의원은 다나카 나오도시(田中尙敏), 야마구치 겐조(山口源藏), 가바시마 히사지(樺島久次), 고사카 요시노리(小坂義憲), 무라이 아키라(村井彬)였다. 대부분 상공인들이다.

1923년 11월 6일 조선일보에는 10월 28일에 제주심상소학교의 가을 운동회가 열려 명신보통학교와 농업학생이 연합하여 40여 종의 경기를 치르고 1,500여 명이 모이는 성황을 이뤘다는 기사가 보도되었다. 제주남심상소학교가 개최하는 운동회는 제주성내의 큰 행사였음을 알 수 있다.

1938년 3월 조선교육령 개정을 공포하여 일본 교육체제와 동일하게 보통학교는 심상소학교, 고등보통학교는 중학교, 여자보통학교는

---

10 조선총독부 관보 제 786호(1915년 3월 19일 발행).

제주심상소학교 운동회 장면
(제주기록문화연구소 소장사진)

고등여학교로 변경되었다. 1941년 초등학교령에 의해 기존의 심상소학교는 일본인학교 조선인학교 불문하고 국민학교가 되었다. 일본인 아동은 1941년까지 심상소학교라는 명칭의 학교를 다녔지만 조선인이 심상소학교라는 명칭의 학교를 다닌 것은 1938년부터 1941년까지 3년간이다. 국민학교라는 명칭은 일본의 신민, 국민을 만들기 위한 명칭이었다.

제주남심상소학교도 1941년 제주남국민학교가 되었다. 제주도청을 중심으로 북쪽에 있던 제주공립보통학교는 제주북국민학교가 되었다. 1945년 해방과 함께 일본인 학교 제주남국민학교는 폐지되었다. 이 학교는 창설 38년, 공립학교 전환 이후 33년간 개설되었지만 1945년 이전의 이 학교에 대한 기록은 남아있지 않다. 일본군의 지시에 따라 학적부 등은 모두 소각되었다.

현재 제주남초등학교는 해방 후 1945년 10월 1일 설립 인가를 받고 1946년 1월 23일 제주읍 삼도리 136-1(삼도2동)에 개교하였다. 1960년 1월 현위치(삼도2동 811-1)로 이전하고 이전의 부지는 신성여자중·고등학교가 사용했었다.

2.2. 교가와 교사

제주공립심상고등소학교 교가는 작사자가 일본의 민중시인으로 널리 알려진 시라토리 쇼고(白鳥省吾)[11]다. 언제 어떤 경위로 만들어졌

11 白鳥省吾(1890-1973)는 민중파 시인으로 미국의 시인 휘트먼의 시를 번역한 것으로도 유명하

는지 알 수 없다. 시라토리 쇼고 연구회의 조사에 따르면 그가 작사한 교가는 일본 전국에서 238개 교에 이른다. 이 리스트에 '한국 제주도소학교'라는 이름으로 올라 있다.

1절

감돌아드는 맑은 바닷물 아득히 보이는 높은 한라산
巡る潮の香りは清く 望む漢挐の峰高き
제주도의 여명, 도읍의 번영을 제주에
濟州島の朝ぼらけ 都の榮え濟州に
찬란한 배움의 터 여기는 우리 소학교
輝き立てる學舍は これぞ我らの小學校

2절

황국의 광명 널리 퍼지고 남쪽 바다의 은혜에 산다.
皇國の光あまねくて 南の海に幸に生き
스승의 가르침을 소중히 사이좋게 즐겁게 배울 때
師の敎えをば尊びて 樂しくむつび學ぶ時
우리는 바르게 자라 희망찬 봄에 꽃을 피우자
皆なよき人と育ちつつ希望の春に花咲かん

1912년에 공립학교가 되면서 조선총독부에 의해 교사가 발령되었다. 일본인 전용 학교로 교사 전원이 일본인이었다. 1936년에 조선인 교사가 처음 파견되었다. 조선총독부 관보에 의해 확인된 교사는 다음과 같다. '제주도회' 작성의 동창회 명부와 조선총독부 관보 서임(敍任) 사항을 추려낸 것이다.

다. 김소운(金素雲) 시인의 은사이기도 하다.

제주심상소학교(『생활상태조사: 濟州島』. 1929)

제주심상소학교가 있던 자리(중앙로 14길)

*山內益爾(1909~1912)
*黑木兼秋(1912~1919)
青木政郎(1913~1917)
飯田秀吉(1917~1919)
池邊保(1917~1918)
*橋本賢三(1920~1928)
瀬戸省吳(1921~1922)
和田寬雄(1922~1924)
牧野サカキ(1922~1923)
鮫島ミサ(1924~1925)
及川英雄(1925~1926)
井芹鶴一郎(1926~1927)
中村ミツ子(1927~1928)
*伊藤義人(1928~1929)
榊原彌四郎(1928~1930)
*大塚淸盛(1929~1932)
西井進美(1929~1930)

小松マツ(1929~1932)
松尾實人(1930~1934)
*龜田榮次(1932~1936)
*山邊貞(1933~1937)
中村靜子(1934~1937)
山神長作(1935~1939)
熊谷シズエ(1936~1940)
中尾大二(1936~1940)
李智炯(1936~1937)
*伊藤敏文(1938~1940)
吉野糾夫(1939~1941)
上坂よし(1939~1941)
永山耕三郎(1940~　)
町田已代治(1940~1941)
伊藤親保(1941~　)
*小松虎兎丸(1945)
平川セツ(1945)

* 교장 표시

2.3. 제주남심상소학교의 동창회

제주남심상소학교에 대한 자료는 졸업생 다카하시 도오루(高橋徹, 후
쿠오카 거주)가 작성한 동창회 명부가 남아 있다. 이 학교의 실체를 알
수 있는 유일한 자료다. 다카하시는 제주농업학교 교장 다카하시 겐

1940년 4월 11일 개교기념일 교직원 촬영(제주기록문화연구소 소장 사진)

지로(高橋憲治郎)의 아들이다. 이 명부는 1932년을 기준으로 작성된 것으로 1909년부터 1931년까지 21년간의 졸업생에 대한 기록이다. 졸업 기수, 졸업생 부모의 본국 출신지, 졸업생의 직업과 주소가 기재되어 있다. 제주기록문화연구소 소장 워드 전사본을 참고로 했다.

이 동창회는 1924년에 결성되었고 매년 8월 모교에서 동창회를 개최했다. 동창회 활동 사항은 1924년 유지들이 모금하여 운동 장려의 의미로 운동도구 기증, 1927년에는 모교 창립 20주년을 맞아 행사용 장막 기증, 모교 운동회 원조 및 회원 출석, 그 외 교장 전출시 기념품을 전달하는 일도 했다. 1930년에는 광양(光陽) 운동장에서 친선 야구 대회를 열었다.

동창회 회칙은 회원 자격, 각 임원의 선출과 임기, 입회비 50전, 매년 회원 명부 발행이 주된 내용이었다. 1931년부터 회원의 경조사에 금품을 증정하기로 정했다.

1932년 4월 29일 천장절(天長節)에 모교 교정에서 봉축 기념식수를 했다.

1932년 동창회명부 작성 시의 임원은 회장 고사카 아키라(小坂明), 부회장 히로마쓰 도모(弘松基), 간사 고가 이치지(古賀一二), 오가타 후미코(緒方フミ子), 야기 요이치(八木与一), 요쓰모토 기미(四元キミ), 에토 후지오(衛藤不二夫), 에토 도미코(衛藤トミ子), 하시모토 하마코(橋本ハマ子)였다.

(1) 출신지

1909년 제1회 졸업생은 사가현 출신 1명, 1910년 제2회 졸업생은 나가사키현 출신 2명, 구마모토현 출신 1명, 효고현 출신 1명, 합계 4명이 졸업했다. 이들 졸업생은 한일합방 이전에 제주도로 이주한 일본인들의 자녀였다.

동창회 명부의 출신지는 졸업생의 부모의 본국 출신지를 중심으로 작성되었다. 출신지는 동일 가족, 형제로 보이는 경우도 별도로 계산하면 다음과 같다.

오이타현 15명, 나가사키현 10명, 사가현 7명, 후쿠오카현 6명, 오사카부 6명, 가고시마현 5명, 구마모토현 5명, 야마구치현 5명, 교토부 4명, 시가현 3명, 아오모리현, 효고현, 야마가타현, 나가노현, 야마나시현, 도쿄도, 치바현 각 2명, 미에현, 돗토리현, 에히메현, 가가와현, 도쿠시마현, 고치현, 아이치현, 히로시마현, 오카야마현, 미야기현, 도야마현, 군마현, 아키타현, 후쿠시마현, 미야자키현 각 1명이었다.

제주남심상소학교가 제주읍 성내에 사는 사람들을 위한 학교였기에 제주읍 외 어촌지역 이주자가 제외되었다. 따라서 이 출신지 분석은 제주도 일본인 거류민 출신지 분포 경향과는 다르다. 제주도 전체의 거류민 출신지의 통계는 잡을 수 없지만 위의 결과에서 히로시마현과 야마구치현 출신이 더 더해질 것으로 보인다.

조선총독부에서 파견된 관리 자녀가 제주남심상소학교에 다녔기

1927년 8월(좌), 1931년 8월(우) 제주남심상소학교 동창회(奧田誠 제공)

1936년 8월(좌), 1938년 8월(우)제주남심상소학교 동창회(奧田誠 제공)

때문에 일본 전국적인 출신지 분포가 나온 것이다.

(2) 졸업 후 진학과 취업

제주남심상소학교의 학적부 등 학교기록은 제주도에는 전무한 상태다. 1936년 졸업생 요쓰모토 미쓰코(四元美津子)와 1938년 졸업생 요쓰모토 유즈루(四元讓) 형제의 졸업사진과 졸업증서, 성적통지표, 상장으로 그 흔적을 찾을 수 있다.[12] 졸업증서는 일제강점기 조선총독부 학무국에 의한 각 급 학교의 공통된 양식이었다.

심상과(보통과) 졸업생은 1909년 제1회 1명, 제2회 4명 등 해마다

---

12 사진, 졸업증서, 상장은 요쓰모토 미쓰코(四元美津子)의 아들 오쿠다 마고토(娛田誠)가 제공하였다.

1938년 제주공립심상고등소학교 졸업기념 사진(奧田誠 제공)

1936년 제주공립심상고등소학교 성적통지표(좌)와 졸업증서(우) (奧田誠 제공)

8~10명의 졸업생이 배출되었는데 1926년 15명이 최대 인원이었다. 조선인 졸업생은 1928년 2명, 1930년 1명, 1931년 1명이 있었다.

심상과를 졸업하면 고등과로 진학하는 경우와 본국 연고지, 아버지의 출신지로 중등학교에 진학하는 경우가 있었다. 제주도에는 상급학교가 없기 때문에 고등과를 졸업하면 경성, 부산, 광주, 목포의 명문 학교로 진학하는 경우도 있었다. 국내의 주된 진학처는 일본인

1936년 제주공립심상고등소학교 상장(奧田誠 제공)

학생이 대부분인 광주중학교, 목포중학교, 목포고등여학교, 부산고등여학교 등으로 진학했다. 일본인 학생이 조선인 학교인 제주농업학교로 진학한 경우는 2명뿐이었다.

제주도 내에서의 취업처는 제주금융조합, 조선식산은행 제주지점, 제주전기회사, 제주우편국, 도립 제주의원이었다. 제주도민이 쉽게 취업할 수 있는 곳은 아니었다.

본국으로 진학한 경우 고등학교를 졸업하고 다시 부모가 있는 제주도로 돌아오는 것이 일반적인 패턴이었다. 예를 들면 1914년 심상과를 졸업한 에토 기미(衛藤キミ)는 부모의 연고지 오이타현(大分縣) 이와타고등여자학교(岩田高等女子學校) 전문과를 졸업하고 제주도로 돌아와 제주 거류 일본인과 혼인하여 제주도에 정착하였다.

이 동창회 명부는 여자 졸업생인 경우 원래의 성(姓)과 결혼 후의 성(姓)을 표기하고 있어서 제주도 거류민 사이에서의 혼인 관계도 고찰할 수 있다. 결혼 후 제주도에 정착하는 경우 대를 이어 제주남심

상소학교에 다녔다. 1914년 졸업생 에토 기미(衛藤キ ミ)의 경우 딸과 아들도 제주심상고등소학교에 입학, 졸업하고 각각 부산고등여학교, 목포중학교로 진학했다.

심상과에 들어간 조선인은 1927년부터 1931년까지 4명이었다. 고등과에는 조선인 입학이 허가되었다. 당시 제주공립보통학교(제주북초등학교) 등 면(面) 지역 공립보통학교가 심상과 과정뿐으로 고등과가 없었기 때문에 고등과 진학을 위해 제주공립심상고등소학교에 진학하는 경우가 있었다.

고등과 졸업생 중에 조선인은 1922년 졸업부터 1929년 졸업까지는 8명이었다.

> 1922년 김성옥(金成玉) 삼도리, 경성중동고보 졸업
> 1925년 고경옥(高京玉) 용담리, 교원, 경성사범 졸업
> 1926년 고창병(高昌柄) 일도리, 오사카나니와상업학교(大阪浪速商業學校) 졸업
> 1927년 송희석(宋熙錫) 일도리, 대서업
> 1928년 김성목(金性穆) 조천리, 간사이공업학교(關西工業學校) 재학
> 1929년 허응한(許應翰) 한동리
> 김중흡(金仲洽) 애월리, 경성공학당(京城共學堂) 졸업
> 장만필(張萬弼) 도두리

(3)일본의 제주도회(濟州島會)

제주남심상소학교 졸업생은 제주도에서 태어나 제주도에서 유년시절을 보낸 사람들이었다. 그들 부모는 제주성내에서 여관, 대서소, 의원, 목욕탕, 제과점, 철물점, 문구점, 도자기점, 옷가게, 포목점, 우동집, 카페 등 상점을 운영하거나 제주도에 부임해 온 관리들이었다.

이들 일본인 거류민은 1945년 패전 후 미군이 9월 20일에 상륙할 것이니 그때까지 일본 본토로 귀국하라는 군의 명령을 받아 서둘러

야미부네(暗船, 개인적으로 대절한 배)를 고용해서 각자의 고향으로 떠났다. 배를 대절하는 데에 재산 대부분을 소모했다. 목포로 피난하는 중에 사망한 경우도 있고 귀국하는 과정에서 태풍을 만나 사망한 경우도 있었다.

일본으로 돌아간 그들은 뒤돌아볼 여유가 없었다. 1931년에 제주도에서 태어나 제주남심상소학교를 졸업한 다케노 신이치(竹野新一)는 아버지의 고향 오카야마(岡山)로 돌아갔다. 다케노 신이치는 제주읍 아사히마치(朝日町, 현 중앙로 8길)에 있던 채소가게 다케노상점(竹野商店)의 아들이다. 딸의 대학 입시 때에 방문한 교토(京都)에 갔을 때 어릴 적에 제주도에서 같이 지낸 흑산호상점의 아들 쓰루카와 하루카(弦川永)의 본적지가 교토였음을 기억해 내고 전화번호부에서 이름을 찾아 재회하였다. 1977년 쓰루카와 와타루(渡)와 하루카(永) 형제, 고사카 요시아키(小坂義明) 4명이 제주도회를 결성했다.[13] 대부분 제주도를 떠난 지 33~35년이 흐른 후였다. 각자 동급생의 이름을 기억해 내고 주소를 찾아내었다. 명단에 140명이 올랐다. 제주도에서 유년을 보낸 사람들의 모임으로 전라남도 제주도 제주읍 제주남심상소학교의 동창회와 같은 것이다. 동창이 아닌 사람도 있었지만 제주 성내 관덕로와 중앙로 부근에 거주했던 사람들이 대부분이었다.

제1회 제주도회는 1977년 12월 3일에 교토(京都)에서 40여 명이 모였다. 1932년부터 5년간 이 학교의 교장을 지낸 야마베 다다시(山辺貞) 부부가 참가했다. 그 때 야마베 교장과 제자들이 32여 년 만에 재회하는 장면이 교토신문(京都新聞)에 기사화 되었다.

1994년 10월 제10회 제주도회가 교토에서 열렸다. 출석자는 29명이었다. 이때는 야마베 교장의 아들 야마베 싱고(山辺慎吾)가 참가했다. 1997년 이후 자신들이 예전에 살았던 곳을 재방문하는 등 활동을

---

13 伊地知紀子(2018: 260쪽).

교토신문 1977년 12월 5일 기사[14]

제주도회 제주방문 시 호리 사부로(堀三郎) 인터뷰 기사
(한라일보 1997년 8월 9일)

1930년대 산지항 호리야조선소(堀屋造船所)[15]

'호리야상점, 조선업
목재판매' 광고[16]

계속하다가 2000년대 들어 고령화로 자연 소멸 되었다. 1999년에 제주농업학교 교장의 아들 다카하시 도오루(高橋徹, 후쿠오카 거주)가 마지막으로 작성한 제주도회 회원은 94명이었다.

14 『濟州島豊榮丸遭難事件』(1999)에서 재인용.

15 제주특별자치도 제주전통문화연구소(2012: 163쪽).

16 조선신문 1925년 8월 29일 광고.

제주도회 간사 호리 사부로(堀三郞, 효고현 아카시시 거주)는 1997년 제주도 방문 시 한라일보와의 인터뷰에서 제주도회 회원들은 제주도를 고향으로 생각하고 있고 제주도를 아끼고 사랑하고 있다, 세계적인 관광도시로 발돋움하기를 희망한다고 했다.

　　호리 사부로는 산지포구 입구(현재 중앙로 1길 산짓물 공영주차장)에 있었던 호리야 조선소(堀屋造船所)의 아들이었다. 제주남심상소학교를 나와 제주우편국에 근무하다 패전 후 일본으로 돌아갔다. 제주도에서 태어나 제주도에서 학교를 다녔고 제주도에서 취업하고 삶의 터전을 마련했었다. 호리 사부로에게 제주도는 고향이었다.

3. 면의원 활동을 한 일본인 거류민

3.1. 야마구치 겐조(山口源藏)

　　미에현(三重縣) 출신으로 이른 시기에 제주도에 와서 해산물 중개업과 토지매매업을 했다. 전복, 소라 제조공장을 제주성내, 성산포, 대정면 하모리에서 운영했다. 3곳 공장에서 생산되는 제품은 1만 400함

'제주면 협의회 선거'
(매일신보 1923년 11월 30일)

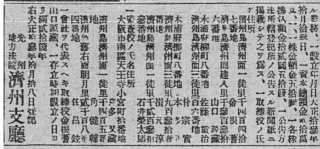

제주면업주식회사 상업등기 공고(조선신문 1924년 11월 6일)

에 이르렀다.[17] 목포, 부산, 군산, 오사카, 고베(神戸)로 수출했다. 제주 남심상소학교의 학교조합 의원을 오랫동안 지냈다. 초기 거류민 조직의 중심인물이었다. 제주남심상소학교 건축비 40원을 기부하여 조선총독부로부터 포상을 받았다. 제주면업주식회사의 이사 및 발기인이었다.

1923년 제주면 협의회 의원 선거에서 건입리 지구 당선자였다. 유일한 일본인 당선자였다. 주소지는 건입리 1336번지(제주면업 공장 주소지)였다.

3.2. 에토 이자부로(衛藤伊三郎)

『남선보굴 제주도』(1912)
에 나온 광고

1927년 5월 21일 제주면의원 선거에서 조선인 12명과 동시에 당선된 일본인 거류민은 에토 이자부로(衛藤伊三郎)와 무라이 아키라(村井彬)였다.[18] 유권자 245명 중 일본인은 13명, 실제 투표 참여자는 130여 명이었다.

에토 이자부로(衛藤伊三郎)는 오이타현 우스키시(臼杵市) 산간마을 출신으로 일찍이 제주에 건너와 왕성한 상업 활동을 하면서 거류민 형성에 기틀을 마련한 사람이었다. 미곡 판매와 표고 수매를 전문으로 하는 에토상점(衛藤商店)을 운영했다.

1913년에 제주도에서는 처음으로 조선총독부로부터 도량형기 판매 위탁을 받은 사람이었다.[19] 1928년에는 버섯재배를 위해 한라산국

---

17 山本幸太郎(1914)『濟州島の槪況及全南農況』.

18 동아일보(1927년 5월 30일) 면의원 조선인 당선자는 최원순, 이윤희, 박종실, 송기휴, 김근시. 면의원 임기는 3년이었다.

19 조선총독부 관보 339호(1913년 9월 15일).

유림 벌채 허가를 받았다. 1928년에 설립된 제주주조(濟州酒造) 주식회사의 공동대표였다.

3.3. 무라이 아키라(村井彬)

출신지는 알 수 없으나 패전 후 가족들은 히로시마(廣島)로 귀국하여 정착했다. 조선총독부 경부 발령 사항에 동일 이름이 있어 경찰관으로 추정되고 1923년 의원면직 후 제주도에 온 것으로 짐작된다. 1924년에 조선인들과 공동으로 제주상선(濟州商船) 주식회사를 설립하고 상업 활동을 한 사람이었다.[20] 1927년 5월 21일 제주면협의회 선거에서 에토 이자부로(衛藤伊三郎)와 더불어 당선되었다. 이후 1930년 5월 21일에 실시된 선거에서도 면협의회 의원으로 당선되었다.

1930년 5월 21일 제주도면협의원 선거는 이듬해부터 지정면[21]이 되어 결의기관으로 변경되기 때문에 입후보자 선거운동이 매우 격렬하였다. 유권자 593명 중 출석 투표자 341명, 입후보자 23명 중 당

1927년 제주면의원 선거 결과
(동아일보 1927년 5월 30일)

1928년 8월 10일 제주면 협의회 기록
(조선총독부 기록물 국가기록원)

---

20 조선총독부 관보 제3611호(1924년 8월 26일).

21 지정면은 일본인들이 많이 거주하는 면, 이외의 면은 보통면으로 불렀다. 제주면은 1931년 4월 1일 제주읍으로 변경되었다.

제주읍사무소 앞 읍의원 기념사진(1931년 7월 촬영)(奧田誠 제공)

선자 14명이었다.[22] 당선자는 조선인 김영용, 문성각, 최윤순, 박종실, 양홍기, 문재석, 박병직, 임형권, 일본인은 다카하시 겐지로(高橋憲治郞), 하기와라 고마조(萩原駒藏), 요쓰모토 가쓰미(四元勝美)였다.

부군면협의회(府郡面協議會)는 일제강점기의 지방 기초 의회였다. 부 협의회, 군 협의회, 읍 협의회, 면 협의회의 총칭으로 1910년부터 1945년 9월 2일까지 존속하였다. 1930년 조선총독부 행정기관 개편령에 의해 부회, 군회, 읍회, 면회로 명칭이 개정되었다. 1945년 9월 2일 미군정 주둔 후 폐지되었다.

주민 직선제였지만 지역의 명망 높은 인사를 선출하는 일종의 천거 형식이었다. 정당은 존재하지 않았다. 군수, 읍장, 면장 이하의 인사에 어느 정도 개입할 수 있었다.

1930년대에는 지방 자치 제도의 개편으로 인하여 면 협의회원의 임기가 1년이 더 늘어나 4년이 되었다. 면협의회 의원을 선출하기 위

22 조선일보(1930년 5월 31일).

한 선거 역시 4년마다 치러졌다. 국세 5원 이상 내는 사람에 한해 선거권 및 피선거권이 보장되는 제한 선거였다. 지역의 유지들의 면협의회 의원 당선은 자신들의 경제적 지위에 맞는 정치적 지위를 유지할 수 있는 창구가 되었다.

3.4. 다카하시 겐지로(高橋憲治郎)

다카하시 겐지로(高橋憲治郎)는 1893년 이와테현(岩手縣)에서 태어나 1920년 도쿄(東京)농업대학 고등과를 졸업하고 한반도로 건너왔다. 함북 경성(鏡城)농업학교 교장으로 발령 받아 농예·화학을 담당하였다. 1928년 5월에 제주농업학교로 전입, 13여 년간 재임하면서 농산가공·화학 교과 등을 가르쳤다. 1940년에 교육 공로표창을 받았으며 같은 해 11월에 조선총독부로부터 성적 우수로 시정(施政) 30주년 기

1930년 5월 다카하시선생 면협의회원 최고점 당선 기념[23]

23 사진 출처는 제주특별자치도 제주전통문화연구소(2012: 113쪽).

념 표창을 받았다.

교원신분을 유지하면서 1930년 5월 21일 치러진 면협의회 의원에 입후보하여 최고점으로 당선되었다. 앞의 사진은 1930년 면협의회 의원 당선 기념으로 농업학교 졸업생 선거 운동원 일동이라는 현수막을 걸고 촬영한 것이다. 당시 면협의회 의원 당선자 14명의 결과는 김영선, 박종실, 최윤순, 양홍기, 이윤희, 문성각, 문재석, 박병직, 오남호, 박정빈, 임형권, 다카하시 겐지로(高橋憲治郎), 하기와라 고마조(萩原駒藏), 요쓰모토 가쓰미(四元勝美) 이상 한국인 11명, 일본인 3명이었다.[24]

다카하시 교장은 농업교사로 한라산 고사리 연구에 몰두하였다. 고사리 뿌리를 정제한 뒤 전분으로 가공하여 떡, 양과자 등을 만들었다. 우수한 접착제 제조에 성공, 전매특허를 눈앞에 두고 후두결핵으로 교직을 사직한 후 일본으로 돌아갔다.[25]

3.5. 요쓰모토 가쓰미(四元勝美)

1897년 도쿄에서 출생했다. 1921년에 조선식산은행 제주지점 은행원으로 제주도에 왔다. 에토 이자부로(衛藤伊三郎)의 딸 에토 기미와 결혼하고 제주도에 정착했다.[26] 매일신문, 아사히신문, 부산일보 제주도 지국을 운영하면서 개인적으로 요쓰모토상점(四元商店)과 제주인쇄사를 운영했다. 1928년 제주주조(濟州酒造) 주식회사 설립시 감사를 맡았다.

1929년『생활상태조사: 濟州島』산업조사에 따르면 제주도 인쇄업이 2곳 있었는데 그 중 하나가 요쓰모토상점의 제주인쇄사였다. 제주인쇄사에 대해서는 제9장을 참고바란다.

---

24 매일신보 1930년 5월 25일.
25 김찬흡(2000)『20세기 제주인명사전』.
26 요쓰모토 가족에 대해서는 제9장 기억의 기록, 5. 제주인쇄사 사진으로 보는 일본인 거류민 참조.

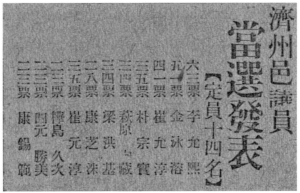

'제주읍의원 당선발표'(매일신보 1931년 5월 23일)

1930년 5월 21일 치러진 면협의회 의원 당선 기념 사진[27]

---

27 제주전통문화연구소(2012: 118쪽), 인물은 일본인 다카하시 겐지로, 하기와라 고마조, 요쓰모토 가
    쓰미, 에나쓰 유지로 외 조선인 홍종시(당시 제주면장), 이윤희, 양홍기, 박종실, 최윤순 등이다.

1930년 5월 면협의회 당선, 1931년 면협의회 개정 후 선거에서도 당선되었다. 1931년 5월 21일 실시된 면협의회 제도 개정 후 1차 선거의 제주읍 당선자 14명의 결과는 이윤희(63표), 김수용(51표), 최윤순(41표), 박종실(35표), 양홍기(34표), 강지수(28표), 최원순(25표), 강석범(23표), 강석찬(23표), 문성반(22표), 이상 조선인 10명, 하기와라 고마조(萩原駒藏, 34표), 가바시마 히사지(樺島久次, 23표), 요쓰모토 가쓰미(四元勝美, 23표), 에나쓰 유지로(江夏友次郎, 8표) 이상 일본인 4명이었다. 선거인 수는 조선인 645명, 일본인 63명, 일본인 후보자는 5명이었다.[28]

3.6. 에나쓰 유지로(江夏友次郎)

에나쓰 유지로(『전라남도 사정지(하)』(1930))

1885년 가고시마현(鹿兒島縣) 출생으로 보인당약국(浦仁堂藥局) 조제 조수로 근무하면서 사립 약학협회 3년 과정을 수료했다. 1905년에 육군 위생부 간호병으로 복무했다. 1906년에 조선으로 건너와 1910년에 약종상 허가를 받아 양약방 조화약원(調和藥院)을 운영했다. 제주시 일도1동 1412번지에 있었던 에나쓰약점(江夏藥店)이다. 제국 재향군인회(帝國在鄕軍人會) 창립 이래 임원으로서 20년 근속하여 총재로부터 기념표창장 및 포상을 받았다. 제주도 군인회의 의원이었다. 제주의용소방조(濟州義勇消防組)의 부대장, 제주학교조합회 의원, 제주금융조합, 제주도생활필

---

28 매일신보 1931년 5월 23일.

수품 소매상업조합 임원을 지냈다. 1935년에는 대일본궁도회(大日本弓道會) 제주지부 부회장으로 활동했다.[29] 1931년 5월 21일 면협의회 의원 선거에 당선, 1934년 5월에 실시한 읍의회 의원에 당선되었다.

3.7. 하기와라 고마조(荻原駒藏)

1886년 고베(神戶)에서 태어나 히메지(姬路) 중학교를 졸업하고 1910년 조선총독부 직원으로 조선으로 건너왔다. 1918년에 조선총독부 판임관(判任官)[30] 견습으로 제주도로 왔다. 1919년 3.1만세운동 때 진압하는 수훈을 세워 훈7등(勳7等) 훈장을 받았다. 1924년까지 제주도청 제주도 도서기, 서무국장을 하다가 퇴직 후 제주에 남아 사업가가 되었다. 삼도리 1034번지에 거주하면서 1923년에 산지항 축항기성동맹회의 간사를 맡았다. 제주항 축항 공사에 공헌한 바가 큰 사람이다. 한림항 수축기성회 고문도 맡았다.

1930년부터 면협의회 의원을 두차례 역임하고 1935년 5월에 실시된 제주읍의원 선거 때 고득표로 당선되었다. 1937년 도의원 선거에 입후보했지만 낙선했다. 그러나 1939년 제주읍의원 선거에서는 재선되었다.

관덕정 광장 앞에서 제주통운(濟州通運) 주식회사를 운영하는 등 제주면업 주식회사, 제주전기 주식회사 대표를 역임하면서 굴지의 사업에 빠짐없이 참가하는 왕성한 사업 수단을 발휘했다. 제주도실업협의회(제주상공회의의 전신) 회장을 지냈다.

1930년 산지항 제2기 축항기성동맹회는 제주읍 일본인 거류민이 주축이 되었다. 회장은 조선인 김근시가 맡고 이사는 홍종시, 하기와

---

29 藤村德一 編(1931)『전선부읍회의원명감(全鮮府邑會議員名鑑)』155쪽.
30 고등관 아래 관직명(7품에서 9품까지).

라(萩原駒藏), 미야모토(宮本茂), 최원순, 무라이(村井彬), 구로자키(黑崎峰三), 박종실, 가바시마(樺島久次), 이윤희, 사와다(澤田次良吉), 감사는 최윤순, 미야(三矢久彌), 도민대표는 스미켄스케(角建輔). 에토(衛藤伊三郎), 무라타(村田嘉藤治), 고가(古賀龜太郎), 에나쓰(江夏友次郎), 요쓰모토(四元勝美), 조병채, 요시노(吉野豊), 양홍기, 가이토(垣內準三), 고사카(小坂義憲), 오코시(大越英三), 다테노(立野角之助), 아다치(安達要藏)이었다.[31]

3.8. 가바시마 히사지(樺島久次)

전남 각면의원 선거 제주읍의 당선
기사(매일신보 1931년 5월 25일)

1874년 사가현(佐賀縣)에서 출생했다. 1910년에 조선에 건너와 1912년에 제주도에서 국유림을 불하받아 버섯재배를 시작했다. 거주지는 일도리 1283번지였다. 제주심상소학교 학교조합 관리자, 위생소방조합장, 제국 재향군인회 분회장을 역임했다. 1915년 시정(施政) 5년 기념 조선물산 공진회, 1922년 평화기념 도쿄박람회에 표고재배법을 출품해서 입상했다. 1926년에 조선산림회 및 전라남도 도지사로부터 표창을 받았다. 제주도 특산품 표고버섯의 개척자이다.[32]

조선총독부 관보 국유림 임야 처분 사항을 보면 1921년부터 1930년까지 임산물 매각 허가, 임야 대여 등 17차례 허가를 받았다. 1923년에는 한라산 임야 25정보를 5년간 대부받았다.

1931년에 읍의회 의원으로 당선되었다.

---

31 중외일보 1930년 6월 29일 기사 참고.
32 조선총독부(1935) 『조선공로자명감』 274쪽.

3.9. 미야 히사지(三矢久彌)

1927년 조선총독부 직속기관 전매국 목포출장소의 직원으로 제주도로 부임 받았다. 제주출장소에서 1930년까지 근무하고 목포와 영광군 전매국으로 떠났다가 다시 제주도로 돌아왔다.

『제주도편람』(1930)에는 도속(島屬, 도서기)으로 나와 있다. 1933년부터 제주도산업조합 이사가 되었다. 1939년 5월 제주읍의원 선거에서 하기와라(萩原)와 함께 당선되었다. 이때 제주읍의원 14명 중 일본인은 2명이었다.[33]

조선신문 광고
(1936년 1월 16일)

4. 제주성내의 잡화상

1903년에 목포에서 들어온 하라 요시마루(原吉丸)와 마쓰카와 미노루(松川實)는 제주도의 통신의 불편함을 해결하고자 목포우편국에 제주도 우편국 설치 발원문을 상소하여 제주도에 우편국 개설을 실현시킨 사람이었다. 1905년에 목포우체국 산하 제주 우편취급소가 설치되었다. 조선의 우체사가 사라지고 근대적 우편제도의 효시가 되었다. 경찰서와 우편국 설치로 일본인의 보호가 확보되자 상업을 목적으로 하는 일본인들도 제주도에 이주하게 되었다. 1903년 일본인 육상 경영자(어업자가 아닌 사람)는 극히 적어 겨우 30명 내외의 상인이 이익을 대부분 독점하고 있었다. 잡화상으로부터 곡물 소매상에 이르기까지 암암리에 세력을 뻗치고 있었다.

---

33 조선일보(1939년 5월 22일).

하라 요시마루(原吉丸)는 제주도에서 일어학당을 개설하여 제주도 민들에게 일본어를 가르치고 있었다. 1903년에 홍종우 목사와 갈등을 빚은 사람이다.

마쓰카와(松川實)는 오이타현 사람으로 청일전쟁(1894) 이전에 제주도로 건너왔다. 신문의 통신원으로 도세(島勢)를 조사해서 일본에 전달했다. 제주도가 앞으로 유망하다는 것을 알고 1900년대 초에 정착하여 일본인 거류민의 개척자가 되었다. 제주읍에서 여관을 운영하면서 사가현 이마리(伊万里)에 요오드 공장을 세워 놓고 제주도 감태를 수송하여 요오드를 제조해 큰 이익을 거뒀다.

일본인 거류민 대표로 우편 취급소와 해산물 중개업을 하는 이즈카 데루오(飯塚照雄)가 있었다. 『조선의 보고: 제주도안내』(1905)에 광고가 나와 있는데 이 책을 판매하는 지정 판매처였다. 『조선의 보고: 제주도안내』(1905)년에 나온 성내 일본인은 7호 32명이었다. 관리 2명, 잡화상 2명, 해산물 중매상 2명, 과자가게 1명, 우편취급소 1명, 여인숙 1명, 뱃사람 4명, 목수 등으로 나와 있다. 성내에서 상업을 하는 일본인이 기록으로 처음 나오는 사람은 1901년 야마구치현 출신의 매약상(買藥商) 하다(畑營槌)였다.[34]

이들은 『조선의 보고: 제주도안내』(1905)에 '제주도민들은 탐리(貪吏)의 수렴(收斂)을 원망하고 그 동정을 일본에게 구하려고 하는 경향이 있었다. 제주도 상업의 장래가 매우 유망하다는 것을 알고 목포지방에 살고 있던 일본인들이 제주도로 밀려들었다'라는 서술이 있는데 이에 해당된다.

1913년 『보고의 전남』의 제주군읍편에서 일본인 가호 108호, 일본인 309명으로 나와 있다. 山本(1913)의 조사에는 제주 성내 일본인 직업 분포는 어업 2, 농업 1, 숙박업 6, 요리업 4, 관리 27, 잡화점 83호였다.

---

34 진제이일보(鎭西日報, 1901년 6월 26일) 이재수의 난 중에 피해를 보지 않았다는 기사 중 나온다.

즉 성내에 사는 일본인들은 대부분 잡화상으로 제주도청 관용 조달품을 취급하거나 해산물 중개업으로 관아(제주도청) 근처에 모여 살았다. 미개의 부원을 개발하자는 이주정책과는 동떨어진 현상이었다. 1910년대에 거주한 일본거류민에 의한 시설투자는 전무했다고 볼 수 있다. 1915년경 일본인 상점가 혼마치(本町, 지금의 칠성로)가 형성된 것으로 추정된다.

5. 광고로 보는 일본인 거류민

일본인 거류민의 기업 활동에 대한 면모는 조선총독부 관보의 상업 등기 항목과 동아경제시보사(東亞經濟時報社)에서 해마다 발행했던 『조선은행회사조합요록(朝鮮銀行會社組合要錄)』, 『조선실업신용대감(朝鮮實業信用大鑑)』(1931) 등의 통계자료를 통해 알 수 있다. 그러나 거기에는 회사로 등기된 규모를 갖춘 업체만 나오기 때문에 소상공인들의 모습은 파악할 수 없다. 일본인 거류민의 상공업 활동은 일본어로 발행된 문서에 나온 광고를 통해 엿볼 수 있다. 도서 발행에 대한 스폰서를 겸해서 광고를 게재하는 것이다. 이 광고들을 통해서 일본인 거류민의 상공업 활동뿐만 아니라 근대 제주의 경제사정을 이해할 수 있다.

1913년에 발행된 『보고의 전남』(전라남도청)에는 이시마츠여관(石松旅館)의 단독 광고와 버섯제조동업조합의 광고가 실렸다. 그 외의 광고는 위와 같다. 무카이여관(向井旅館), 해륙산물·통조림 판매 야마다상회(山田商會)[35], 해어정(海魚亭), 후쿠모토루(福本樓)의 요정 광고, 조선우편회조점(해운업), 제주명산 조개가공 이즈카상회(飯塚商會)이다.

1925년 조선신문(8월 29일, 8월 30일) 하단 광고에 나온 제주읍 상인은

---

35 나중에 고가상점(古賀商店)으로 상호 변경, 대표는 고가 가메타로(古賀龜太郎, 일도리 1210).

『보고의 전남』(1913)에 나온 광고

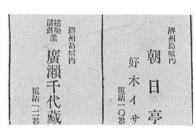

조선신문(1925년 8월 29일) 광고

조선신문 광고(1925년 8월 30일)

다음과 같다. 분재판매 德永萬平, 잡화상 村田商店, 미곡·잡화를 판매하는 에토상점(衛藤商店)의 衛藤伊三郎, 해산물 판매 이시마쓰여관(石松旅館), 요정 아사히정(朝日亭), 건축 청부업 히로세(廣瀬千代藏), 요정 치호(千芳), 기사와상점(木澤商店), 마스카와여관(升川商店), 반지점(伴支店), 잡화상 오가타상점(緒方商店)이다. 반지점(伴支店)은 잡화, 의류, 식료품, 표고도매까지 취급하고 있다. 요정 치호(千芳)의 주인은 가페 은수(銀水)를 경영했던 사이고(西鄕寬治)였다. 서귀포의 표고재배업자 사이고 다케토(西鄕武十)의 아들이다.

『전라남도 사정지(하)』(1930)의 상공인 명단에 나온 일본인 거류민은 다음과 같다. 전체 24명 중 일본인 상공인은 16명이었다. 광고에 나온 청복루(清福樓)는 요정, 활동상설관 창심관(暢心館)은 영화관이었다. 창심관은 제주 최초의 영화관으로 1944년 화재로 소실되었다. 고노 쇼이치상점(河野正一商店)은 철물, 선구, 철공 전문점이었다. 고노쇼이치 상점은 1937년 일본에서 발행된 『전국어구상공명감』(일본어구신문사 편, 340쪽)에 제주읍 일도리 낚시도구 판매로 등재되어 있다. 제주순환궤도주식회사는 이 광고 게재 후 도산하였다.

    잡화 및 목재 角健輔
    귀금속·시계 水羽壽人
    시계·안경 森辰三郎
    대서소 弘松歸之助
    여관 사가야(佐賀屋) 江里口秀一

청복루, 창심관, 고노철물점, 제주순환궤도 광고(『전라남도사정지(하)』, 1930)

양식 宮地馬三

여관 舛川兵吉

잡화 古賀龜太郎

해산물 今谷保一

석탄·가구·문구 田口象次郎

잡화 福田兵吉

잡화 加藤恒人

철물점 河野正一

잡화 木澤友次郎

광주일보 지국 四元勝美

1915년 일본인 상인들이 모여 사는 곳을 혼마치(本町), 제주도청(구관아)가 있는 곳을 모토마치(元町)로 불렀다. 혼마치는 중심이 되는 동네, 모토마치는 원래 중심지였던 동네에 붙여지는 일반명사와 같은 동네이름이다. 서울의 혼마치는 충무로, 부산의 혼마치는 광복동이었다. 아사히마치(朝日町)는 아침 해처럼 번영하라는 뜻으로 붙여진 이름이다. 일본 지방마다 존재하는 마을 이름이다. 제주의 혼마치(本町), 모토마치(元町), 아시히마치(朝日町)의 위치는 위 지도와 같다.

『제주도편람』(1930)에 나온 상공업 일람 중 일본인 거류민의 사업장은 다음과 같다.

요시모토가쓰미(四元勝美) 本町 광주일보, 부산일보 제주지국장

후쿠다(福田光次) 이발관

무라타상점(村田商店) 잡화

반상점(伴商店) 잡화

고가상점(古賀商店) 잡화

이시이기모노점(石井吳服店) 本町, 기모노

에나츠약원(江夏藥院) 本町, 양약

제주성내 일본인 거류지 현 관덕로 주변

기사와상점(木澤商店) 本町, 식품 잡화

다케노상점(竹野商店) 朝日町, 주류 잡화

가토상점(加藤商店) 朝日町, 주류 잡화

수춘당약포(壽春堂藥舗) 元町, 양약

호리상점(堀商店) 산지포, 식료품

도쿄야 과자점(東京屋菓子店) 元町, 일본과자

에토상점(衛藤商店) 本町, 미곡

교야양복점(京屋洋服店) 本町, 양복

도쿠나가양복점(德永洋服店), 양복

에자키양복점(江崎洋服店) 本町, 양복 제조

미즈하시계점(水羽時計店)本町, 시계, 안경

기무라음식점(木村飮食店) 元町, 식당

히로마쓰대서소(弘松代書所) 시장통, 대서소

구로사와대서소(黑澤代書所) 시장통, 대서소

고노상점(河野商店) 本町, 철물

제주인쇄소(濟州印刷所) 本町, 인쇄

구로카와주조(黑川酒造) 朝日町, 양조제조

우메바야시인장포(梅林印章舖) 朝日町, 도장, 문방구

야마사카상점(山坂商店) 大路洞, 서류

히로세청부업(廣瀨請負業) 朝日町, 청부업

오오즈카(大塚請負業) 本町, 청부업

오오하타(大畑請負業) 本町, 청부업

오가타전당포(緖方質屋) 本町, 전당포

미야지고물상(宮地古物屋) 本町, 중고가게

요쓰모토상점(四元商店) 本町, 서적, 문구

스미목재점(角木材店) 朝日町, 목재

기타다지물점(北田指物店) 元町, 도자기, 그릇

야기완구점(八木玩具店) 本町, 완구

다구치상회(田口商會) 本町, 문방구

『제주도세요람』(1937)에 나온 광고는 다음과 같다.

이시마쓰여관(石松旅館) 本町, 여관업

다구치상점(田口商店) 本町, 화약, 석탄, 종이, 가구

다이와상회(大和商會) 우편국 앞, 竹鶴酒造 판매

마스카와여관(升川旅館) 관공서 지정, 선박 승강 편의, 객실완비

모리시계점 (森時計店) 축음기 특약점, 시계, 귀금속, 안경, 미술품 수리, 축
음기, 레코드

스미켄스케상점(角健輔商店) 건축재료, 해운업

반상점(伴商店) 本町, 백화점 도매

햐야시의원(林医院) 원장 林進

오오카메상점(大龜商店) 주인 山本鬼一, 게타, 신발, 우산, 고무신, 운동화

일본요리 청복루(會席料理淸福樓) 木村まさこ

조선공동수산주식회사 제주출장소 주임 神野近太郎

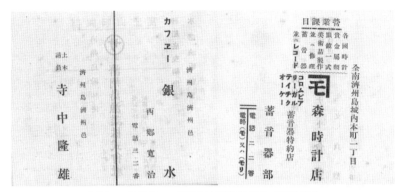

『제주도 도세요람』(1937)에 나온 토목청부, 카페, 시계점 광고

흑산호본점(黑珊瑚本舗) 弦川久一, 흑산호 제품, 파이프, 스틱, 장식품

건축, 토목, 청부 가구일체 판매 安倍長七

카페 은수(銀水) 西鄕寬治

토목 청부 寺中隆雄

자동차통운주식회사 승합자동차정기 운행

제주어업조합

제주도산업조합(판매/통조림, 소, 말, 계란, 미역, 돼지, 숯, 꿀, 표고, 잡곡/구매 통조림 양봉, 소주 원료, 선구류)

제주상사 수출수입무역 (설탕, 밀가루, 소주, 맥주, 물엿, 쌀, 잡곡, 포목, 석유, 성냥, 비료, 잡화 (角健輔, 古賀龜太郞)

산와상점(三和商店) (양화 백화점 석유특약, 전남교육위지정 학습장 판매, 콜롬비아 레코드, 도매 미곡, 주류, 유류, 카바이트, 석탄, 야하타마루(八幡丸), 산와마루(三和丸) 배표 판매.

제주고무판매조합(三井物産, 산와(三和) 고무 제주대리점, 고무신, 석유, 해산물, 카바이트, 골탈, 클레오소트)

해방 직후의 지방신문 하단 광고를 보면 일제강점기의 제주 성내의 일본인 거류민이 형성했던 상점가가 그대로 유지되고 있음을 알

제주라디오상회 광고 (제주신보 1947년 1월 1일)	아시히정 광고[36] (제주신보 1947년 1월 30일)	왼쪽부터 스이스시계점, 일출탕, 제주모자점 광고 (제주신보 1947년 8월 20일)

수 있다. 해방 후에도 점포들의 신문 광고는 일제강점기와 다름없는 형식으로 게재되었다. 점포 위치도 고유명이나 행정명을 사용하지 않고 본정(本町), 본정 1정목(丁目), 본정통(本町通), 원정(元町)을 사용하였다. 1947년 8월 20일 광고는 해방 2주년 기념 광고임에도 불구하고 일본식 도로명을 그대로 사용했다. 그러나 이런 일본식 지명은 바로 사라졌다.

6. 송덕비가 세워졌던 미마 요네기치(美馬米吉)

미마 요네기치(美馬米吉)는 조선총독부에서 파견된 관리이지만 제주도에서 생을 마쳤고 그의 딸 미마 아사코(美馬朝子)는 제주심상고등소학교 고등과를 1922년에 졸업했기 때문에 거류민으로 간주한다. 그는 일제강점기 일본인이지만 조선인으로부터 존경을 받아 사후에 송덕비가 세워진 사람이다. 송덕비 건립 경위를 김찬흡(2016)을 인용하여 적는다.

미마 요네기치(美馬米吉)는 1883년 도쿠시마현(德島縣) 아난시(阿南市)

---

36 갑종 요리점은 일제강점기의 규정에 의해 기생(또는 게이샤)을 부를 수 있는 요리점이었다. 을종 요리점은 창기를 두고 있었다.

에서 태어났다. 1903년에 도쿠시마현 현
립 사범학교를 졸업하고 고향 소학교 교사
로 근무했다. 1906년에 도쿄 제국대학 농
과대학 부속 농업교원양성소에 입학하여
1년 과정을 마치고 도쿠시마현 미요시농
학교(三好農學校) 교사로 근무했다. 1914년 7
월에 조선으로 건너와 평안북도 의주농업

미마 요네기치(1888-1925)[37]

학교, 1916년 5월에 대구고등보통학교 근
무 후 1920년에 제주농업학교 교장 대리로 들어와 1923년에 제3대
교장이 되었다.

당시 일본인으로는 드물게 인도주의자며 자유주의자, 민주주의자
였다. 생산된 농산물은 반드시 시식회를 갖도록 하는 학생 중심 교육
을 실천했다. 그는 만능 스포츠맨으로 초대 제주도체육회장이 되어
여러 가지 운동 종목을 제주에 보급했다.

당시 독재가 심했던 도사(島司) 마에다 젠지(前田善次)와는 반목이 심
했으나 교장이 도사보다 지위가 상위여서 함부로 할 수 없었다. 1924
년 10월 처음으로 도외 수학여행을 실시하여 학생들은 부산, 대구,
경성, 인천, 수원, 광주, 목포를 9박 10일간 견학하였다.

1924년 12월 24일 매일신보(每日新報)의 제주도 소개 기사 중 제주
농업학교 교장으로 광고를 내고 인격 본위의 교육을 하고 있다는 제
주농업학교를 소개하고 있다.

1925년 10월 학교에서 갑자기 뇌출혈로 쓰러졌다. 제주농업학교 학
생은 물론 제주 성내 사람들이 모두 슬퍼했다. 그의 유해는 일본으로 옮
겨져 고향 도쿠시마현 아난시 약사암(藥師庵)에 묻혔다. 그의 죽음이 순
직으로 알려지자 조선총독부는 하사금 600원을 유족에게 전달하였다.

---

37 사진 출처는 『제주사인명사전』(2002).

제주농업학교 교장 광고와 제주농업학교 소개 기사(매일신보 1924년 12월 24일)

한편 후임 야나기다 히코지(柳田彦二)가 교장 대리로 임명되었으나
전임 교장에 비해 황민화교육만 강행하자 항일 학생운동이 일어나
전임 미마(美馬) 교장을 더욱 숭모하게 되었다.

오현단에 도민의 이름으로 '미마 요네기치 송덕비(美馬米吉頌德碑)'가
세워졌다. 일본인이지만 제주 도민들에게 추모의 대상이었으나 광복
이 되자 그를 알지 못하는 젊은이들이 일본인이라는 이유만으로 오
현단 비석을 부서버렸다.

미마 교장의 가르침을 받았던 졸업생 김정순(金廷淳, 1928년 3월 졸업)
의 회고에 따르면 미마 교장은 민본주의자로 도덕시간 시험에 일본
제국주의를 찬양하는 글을 쓰면 오히려 감점을 주었다. 인류 박애를
실현하려는 평화사상가로서 학생과 도민들로부터 존경 받았다. 그의
송덕비를 보존했더라면 우리 민족성이 돋보였을 것이라고 회고하였다.

제주공립농업학교 광고
(조선신문 1925년 8월 29일)

사진작가 홍정표는 회고록에서 '나는 어
려서부터 일본인이나 일본물건은 싫어했
다. 그러나 내가 가장 존경하는 스승이 바
로 일본인 교장 미마 요네기치(美馬米吉)다.
미마 교장은 국적을 초월한 인도주의자이
며 자유주의 교육자'라고 서술했다.

7. 제주엽서를 발행한 스미 겐스케(角健輔)

1910년 이전에 제주도의 일본인 거류민은 관리와 어업인이 주류였다. 제주읍 성내에 거류하는 일본인은 150명 정도였고 대부분 제주도청(관아) 근처에서 잡화상을 운영했다. 잡화상은 관청에 조달품을 대거나 일본이나 목포에서 반입한 물건을 팔았다.

스미 겐스케
(角健輔, 1882–1953)[38]

1910년에 조선총독부로부터 제주도의 교과서 발매인 허가를 받은 곳은 '반지점(伴支店)'이라는 잡화상이었다. 1912년 『남선보굴 제주도』의 광고에 따르면 화장품류, 학교용품, 종이, 석유, 성냥, 담배 등을 취급했다. 상점을 연 곳은 일도1동 (현재 칠성통 한양상회 자리)이었다.

반지점(伴支店)을 연 사람은 야마구치현 출신의 스미 겐스케(角健輔)였다. 그는 1883년에 야마구치현 기타가와치무라(北河內村)에서 태어났다. 야마구치에서 바로 제주도로 건너온 것이 아니라 목포를 경유해서 1909년에 들어온 것으로 추정된다. 따라서 '반지점'의 본점은 목포에 있었을 것으로 보인다.

1925년 8월 30일 조선신문에 반지점 광고가 있는 것으로 보아 제주 혼마치(本町) 소재 반지점은 1920년대까지 운영되다가 1930년대 들어서면서 반상점(伴商店)으로 상호명을 바꾸고 1936년에 합자회사로 등기했다. 반상점에서는 잡화, 식품, 화장품, 문방구, 교과서, 서양가구, 석유, 성냥, 양초를 팔았다. 대표이사는 스미 겐스케, 그의 가족과 일본인 2명, 한국인 3명이 사원이었다. 반상점에서 일하던 한국인 허관중(許寬仲)은 1939년에 반상점이라는 상호를 그대로 사용하여 화

---

38 스미 겐스케(角健輔) 외손녀 도쿠모토 마리코(德本眞理子, 치바현 거주) 제공.

  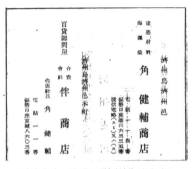

반지점의 광고
(『남선보굴 제주도』(1912))

반지점 광고(조선신문
1925월 8월 30일)

반상점 및 스미 겐스케(角健輔) 상점 광고
(『제주도세요람』(1937))

제주상사 주식회사의 광고
(『제주도세요람』(1939))

『사진으로 보는 제주역사』(2009)에 나온 반상점 사진

북리에 잡화상을 열었다.

그는 1941년 제주도를 떠날 때까지 폭넓게 사업을 펼쳤다. 잡화 소
매, 잡화 도매, 버섯재배 판매, 목재점 운영, 제주상사 주식회사, 제주
양조주식회사, 제주면업주식회사의 공동 운영자였다. 제주도의 근대
사업 일체에 관여했다. 1922년부터 1926년까지 표고재배 및 목재로
한라산 국유림 벌채 허가를 16차례 받아 표고와 목재를 일본으로 수
출했다.

그는 재력을 이용한 정치활동이나 사회 참여 활동, 거류민 조직 내
활동은 거의 없었다. 단지 제주도의 중등학교 설립 발기인으로 참여
했다. 그때까지 제주도에는 중등교육기관이 없었다. 제주중등강습원

을 운영하던 조선인 변호사 양홍기를 중심으로 제주도에 중등학교를 설립하기 위한 도민운동을 벌였다. 설립기성회 창립대회를 열었지만 일제강점기 내에 끝내 실현되지 않았다. 이 때 많은 조선인들이 기성회 회원으로 참여했고 일본인은 정치인을 제외하면 스미 겐스케가 유일하게 고문 역할을 했다.[39]

1924년에 제주전기 주식회사 감사, 1925년에 제주통운 주식회사 감사, 1926년에 제주면업 주식회사 공동대표, 1928년에 제주주조 주식회사 공동대표, 1935년에 제주상사 주식회사 대표였다. 일본인과의 공동사업은 물론 조선인과의 공동운영 사업에도 참여했다.

스미 겐스케는 1937년에 아사히마루(朝日丸, 등록번호 2304, 104톤) 기선 신호 번호(기항지 부산)를 부여 받아 해운 사업도 착수했었다.[40] 전전일본선박연구회의 전시일본선명록(戰時日本船名錄)에는 아오에마루(青江丸)가 제7 아사히마루로 선명이 변경되어 등록번호 46591, 톤수는 140, 선종은 화물선, 구분은 기범선, 소유자 스미 겐스케(角健輔)로 나와 있다.[41] 기범선(機帆船)은 범선(帆船)에 보조기관을 탑재한 배였다. 연안 화물용 목선으로 선주가 화물 관리를 담당하는 영세 해운업에서 사용되었던 선종이다.

그의 고향 이와쿠니(岩國)의 자택에는 아사히마루(朝日丸)의 진수식 기념품으로 만들었던 나무쟁반이 아직도 남아 있다.[42]

고광명(2008)의 일제하 제주도 기업가 연구에 따르면 제주도 기업가 중에서 박종실에 이어 스미 겐스케(角健輔)가 2위 규모의 자산을 소

---

39 조선일보 1936년 5월 18일 기사.
40 조선총독부 관보 제3159호(1937년 7월 27일).
41 戰前船舶研究會 http://www1.cts.ne.jp/~fleet7/ships/SS_List001.html(일본 전전선박연구회 홈페이지).
42 스미 겐스케(角健輔) 외손녀 도쿠모토 마리코(德本眞理子) 구술.

기선 제7 아시하마루(朝日丸)[43]

기선회사가 있던 자리
(일도1동 1157번지, 2020년 10월 촬영)

유했었다.[44] 그러나 그는 1941년 모든 사업을 일본인, 조선인에게 양도하고 빈손으로 고향 야마구치현 이와쿠니로 돌아가 청빈한 생활을 하다 1953년 사망했다. 그의 해운업과 목재사업은 종업원이었던 양용대가 양도받았다. 해방 이후 대영상회(大榮商會)로 운영되었다. 양용대와의 관계는 그의 딸 스미 야에코(角八重子)의 수필에 잘 드러나 있다. 제9장 기억의 기록을 참고바란다. 반상점은 해방 이후 한국인 종업원이 한양상회(漢陽商會)로 운영하였다.

해방 후 한양상회(좌)와 대영상회(우)의
광고(제주신보 1947년 1월 1일)

제주도 거류기간 동안 제주도 경제를 이끌었던 중심인물이었지만 일본으로 돌아갈 때는 빈손으로 돌아갔다. 그가 제주도에 남긴 유산은 잡화상 '반지점'을 운영하면서 발행한 제주엽서 시리즈이다. 제주도를 소재로 20장 1세트 판매용 엽서가 남아 있다. 현재 남아 있는 엽서는 반지점에서 남겨둔 것이 아니라 실제 사

43　스미 겐스케(角健輔) 외손녀 도쿠모토 마리코(德本眞理子) 제공.
44　고광명(2008: 31쪽).

용된 엽서로 엽서수집가들에 의해 발굴된 것이다.[45]

일제강점기 제주도를 소재로 사제 사진엽서를 발행한 곳은 제주읍의 반지점(伴支店) 외에, 다구치상점(田口商店)과 서귀면 사이고상점(西鄕商店)이었다. 관제 사진엽서는 제주도청(濟州島廳)이 발행했다. 이들 엽서는 제주도를 방문한 일본인 관광객들에게 판매되었다.

'제주도 사진엽서 반지점 발행' 엽서 케이스[46]

반지점에서 발행한 엽서는 제주명소와 제주풍속에 관한 것이다. 1910년대에 촬영된 것을 1920년대에 발행, 판매된 것으로 보인다. 일제강점기 초기의 제주도의 광경과 제주도민의 생활상을 알 수 있는 사진자료다. 엽서는 콜로타입(collotype) 흑백 인쇄로 일본에서 제작되어 제주도로 재반입된 후 판매된 것이다. 일제강점기에는 조선 각지의 명소, 온천, 기생, 민속 등 이국적이고 상업성을 띤 그림 및 사진엽서가 폭발적으로 발행되어 판매되었다. 제주도 엽서는 한라산, 제주도 풍속을 소재로 삼았다.

반지점 발행 엽서 (2) 제주도민의 물허벅 운반 광경 및 (9) 제주도 소 방목 상황[47]

45 고영자·김은희(2018) 「근대제주사진엽서연구」 참조.
46 고영자·김은희(2018) 「근대제주사진엽서연구」 수록 사진.
47 고영자·김은희(2018) 「근대제주사진엽서연구」 수록 사진.

각 엽서는 (1) 제주도의 돔 연승어업 광경, (2) 제주도민의 물허벅 운반 광경, (3) 제주도 한라산 자락 표고버섯 재배 광경, (4) 제주도 삼성혈 사적, (5) 제주도 한라산 절정(絶頂) 광경, (6) 제주도 산지 수문에서 본 한라산, (7) 제주도 잠수기 작업 광경, (8) 제주도 농민 보리타작 광경, (9) 제주도 소 방목 상황, (10) 제주도 방진망 어업, (11) 제주농민의 밭 볼리기 광경, (12) 제주도 성산포 전경, (13) 서귀포 폭포 광경, (14) 서귀포항 광경, (15) 제주어부의 자릿그물 테우 출어 광경, (16) 제주도 산지천 하구 광경, (17) 제주도 성내시장 전경, (18) 제주도 입춘굿 놀이, (19) 제주도 해녀 휴식 풍경, (20) 제주도 민가 건축이다.

제주읍 오일장 풍경(촬영연대 미상)

제주향교 명륜당   돌하르방과 동자복(복신미륵)[48]

---

48   동자복은 제주특별자치도 민속문화재 제1-1호, 현재 제주시 건입동 1275번지 소재.

스미 겐스케 소장 삯쇠 사진(촬영 연대 미상)

앞의 사진은 스미 겐스케(角健輔)의 딸 스미 야에코가 소장했던 것을 외손녀 도쿠모토 마리코(德本眞理子, 치바현 거주)가 제공한 사진이다. 일제강점기 제주도의 모습을 엿볼 수 있는 것들이다.

소 사진은 스미 겐스케가 소유했던 삯쇠로 추정된다. 사진을 찍어 두어 소를 기억해 두는 것이다. 삯쇠는 제주도의 목축 형태의 하나로 자본가가 소를 구입하여 농부에게 맡기는 소를 이른다. 농부는 소를 맡아 기르면서 농사일을 시킨다. 소를 팔거나 소가 새끼를 낳는 경우는 소 주인과 농부가 각각 지분을 갖는다. 자본가는 소와 농부에게 투자를 하는 셈이다.

제6장

서귀포의 일본인 거류민

1. 일본인 거류민, 서귀포 발전을 논하다

서귀포는 제주도 남단에 위치한 일개 어촌에 불과했다. 1913년 山本(1913)의 조사에 따르면 당시 제주성내의 일본인은 414명인데 비해 서귀포 거류 일본인은 19명에 불과했다.

1916년 제주도청 서귀포지청이 설치되면서 경관주재소, 법원 출장소, 우편국, 금융조합, 소학교, 보통학교 등이 속속 설치되었다. 일본인 거류민의 상업 활동이 활발해 졌다. 일본이 서귀포를 중심지로 삼은 이유는 어업 근거지를 마련하기 위해서였다.

일본어민들의 출어 근거지로 드나들던 서귀포 포구를 1913년 조선총독부 체신국 해사(海事) 직원이 처음으로 양항(良港)이라는 제목으로 매일신보를 통하여 알렸다.[1] 고베우신일보(神戶又新日報, 1936년 2월 3일)도 서귀포항을 '양항(良港) 발견'으로 소개했다. 이 기사에는 일본인 어업자 3호가 이주해 있고 서귀포항은 제주도 출어의 근거지가 될 수 있으며 남선(南鮮) 출어의 피난 정박지가 될 수 있다고 하였다. 또 천지연폭포를 소개했다.

1916년 제주도 서귀포지청이 설립되고 1917년 일본인 학교 서귀포공립심상소학교가 설립되었다. 서귀포항 수축 기성회가 결성되어

---

1 매일신보(每日申報, 1913일 1월 31일), 고베우신일보(神戶又新日報, 1936년 2월 3일).

서귀포 현황 (1), (2), (3) 사이고상점 발행 엽서

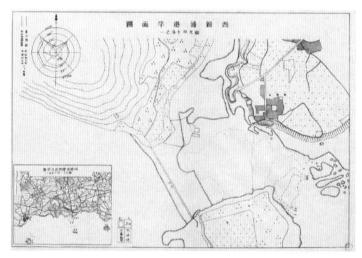

1931년 서귀포항 평면도[2]

1925년 11월 21일 기공되었다. 서귀포항은 1931년 '조선중요항만'으로 지정되었다.[3] 위 사진은 1930년 즈음 서귀포의 상황을 알려주는 엽서다.

사이고상점(西鄕商店)에서 서귀포명소 시리즈로 발행한 사진엽서의 일부다.[4]

---

2 『조선항만요람』(1931), 조선총독부 내무국 토목과 발행.

3 목포신보(木浦新報, 1931년 5월 10일).

4 사이고상점(西鄕商店) 발행 서귀포명소 사진엽서 중 일부, 인쇄방법, 엽서 형식, 사용된 엽서의 소인 등으로 판단하여 1920년대 후반에서부터 촬영되고 1933년 이후에 발행, 판매된 것으로 추정된다.

일본인 거류민은 잡화상, 여관 운영, 수산가공업자와 버섯재배업자가 거주하고 있었다. 1931년 259명, 1934년 263명, 1937년 219명으로 나와 있다. 서귀포의 일본인 거류민은 서귀포 지역 내 중요 상권을 모두 차지하고 있었다. 1930년 서귀포공립심상고등소학교 학생은 33명, 1939년에는 53명으로 늘어났다.[5]

1934년 4월 6일 목포신보(木浦新報)에 '망상인지 꿈 이야기인지 서귀포 원로의 큰 계획'이라는 부제목의 기사[6]가 있다. 전라남도 도의회 제주시찰단의 기행문 기사 중 서귀포에 들렸을 때 서귀포 유지들이 베푼 환영회에 참가한 일본인 원로의 말을 적은 것이다.

환영회는 학교조합 대표 가와사키 마스조(川崎增造)가 서귀포의 과거, 현재, 미래에 대해 열변하고 서귀포 발전을 위한 전라남도 도의회의 지원을 요청했다. 서귀포에 살고 있는 거류민 나카하라 고타로(中原幸太郎)가 서귀포 발전에 대한 포부를 밝혔다. 한라산 중복에 물이 풍부하므로 거기서부터 파이프를 서귀포항과 주요부락에 방사선상(放射線狀)으로 묻으면 수도를 해결할 수 있다. 서귀포항을 어항이 아닌 도내 제일의 물자 탄토항(呑吐港)으로 만들기 위해 대축항(大築港)을 완성해야 한다. 1만톤급 선박이 접안할 수 있는 항구를 만들어야 한다고 했다. 만톤이 넘는 물자가 서귀포에 있는가가 문제이다. 50년 또는 100년 후의 모습일지도 모르지만 그의 큰 그림에 대해서 서귀포 사람들은 미친 사람 취급을 하고 있다.

이 기사에 나오는 나카하라 코타로(中原幸太郎)는 미국 경험이 있는 사람으로 이 사람의 존재 자체가 서귀포의 자랑이라고 했지만 이 기사 외의 기록을 찾을 수 없다. 어업관계자로 일시적인 거류민이었을 가능성이 있다.

---

5   1930년 통계는 『제주편람』, 1939년 통계는 『제주도세요람』(1939)에 의한다.
6   목포신보(木浦新報, 1934년 4월 6일), 濟州島を一周して(四).

목포신보(木浦新報, 1938년 4월 23일) '서귀포를 말하다'

목포신보의 기사 중에 서귀포에 거주했던 일본인 거류민을 서술
할 때 간과할 수 없는 기록이 있다. '서귀포를 말한다(西歸浦を語る)'라
는 제목으로 목포신보(木浦新報, 1938년 4월 23일)에 실린 서귀포 특집 기
사다. 일본인 거류민이 서귀포의 지역주민, 경제인으로서 서귀포의
발전에 대하여 대담한 내용이다. 개발의 제1단계, 천지연의 전력화
안, 관민이 총립하여 기성회를 결성했다라는 부제목이 붙어 있다. 대
담 참석자는 일본인 나카무라 쓰루마쓰(中村鶴松), 사이고 다케토(西鄕武十),
니시모토(西本正作), 가와사키 마스조(川崎增造)와 조선인 강성익(姜性益)
이었다. 나카무라와 사이고는 버섯재배업자, 니시모토는 감귤농장 운
영, 가와사키는 우편국장 출신으로 제주남부운수의 대표였다. 서귀포
에서 유지 역할을 했던 사람들이었다. 이들은 서귀포 발전에 필요한
사항을 조목조목 건의하여 당국의 지원을 요청하고 있다. 서귀포 발
전은 마치 일본인 거류민들 손에 있는 것 같은 자세이다.

또 제주도를 남북으로 나누어 제주군과 서귀군 2군제 실시를 과감
하게 요망했다. 현재의 제주특별자치도 행정구역인 제주시와 서귀포
시 2시 체제를 1930년대에 제안한 것이다. 그 외 서귀포 고사기(古事
記)로 서복과 해녀의 사랑이야기, 서귀포 땅의 이색(異色)으로 감귤을,

바다의 이색(異色)으로 포경(捕鯨), 벼농사는 제주도의 대표라고 소개하고 있다. 천지연폭포, 강성익 통조림공장, 서귀포지청 사무소 등 사진 5장이 게재되었다.

2. 사라진 이주어촌

1905년 이후 일본 정부의 이주정책에 힘입어 각 지방자치단체와 수산 단체는 적극적으로 조선으로의 이주 어촌 건설에 나섰다. 인구 증가와 어민들의 어장분쟁, 어족 고갈에 따른 타개책이었다. 1913년 까지 일본 각 부현은 어업 보호장려 보조비를 교부했다. 대부분 이주 어촌 경영에 대한 보조인데 이주어촌 건설만을 위한 보조도 있었다. 조선에 이주어민이 거주할 가옥이나 어막을 지어 놓고 이주어민을 유치한 현도 있었다.

히로시마현 수산시험장은 1902년부터 조선해 어장을 조사하기 시작했다. 어장의 탐험 및 어민의 보호지도를 위해 시험선 히로시마마루(廣島丸)를 조선에 파견했다. 1909년 어업장려금 급부 규정을 제정하였다. 통영과 여수에 이주어촌을 건설하여 출어이주를 장려했다. 1918~1923년 사이 이주어민에게는 어업 지원뿐 아니라 밭, 논, 산림 구입비까지 지원했다. 그 결과 경상남도, 전라남도 지역으로 2,350여 명이 이주했다. 이런 이주어촌 건설 붐은 1911년경까지 이어졌지만 차츰 어업조건이 불리한 어장을 포기하고 대신 어장을 경영하기에 유리한 어장으로 이동하거나 철수했다. 1918년 히로시마수산회는 서귀포에 이주어촌을 건설했지만 정주한 어민은 한사람도 없었다.

1931년 「히로시마현 수산시험장 보고」에는 '제주도 조사'가 자세하게 소개되었다. 여기에는 어장 조사뿐만 아니라 제주도의 육상 사

정까지 적혀 있다.[7]

1934년 '히로시마현 수산시험장 보고'의 어로부 '조선해 어업 시험 조사 및 출어 이주 어업자 지도'는 서귀포 어장에 대한 보고서였다. 이 시험 조사에는 히로시마현 수산 지도선 깅오마루(銀鷗丸)를 모선으로 하여 구레시(吳市) 도요하마촌(豊浜村) 어업회 소속 연승어선 9척이 동반 출어했다. 이들은 돔 연승어업과 붉바리 연승어업, 붉바리 채낚기 어선이었다. 모선은 서귀포에 근거지를 두고 9척은 서귀포조와 한림조로 나누어 각각 돔과 붉바리 조업을 했다. 연승어선은 소형선으로 선주 가족이 선상생활을 하는 가선(家船)[8]이었다. 1934년 5월 3일 히로시마를 출항하여 10월 26일 귀항까지 날짜별로 각 어선의 1일 어획, 어황조사표, 어류판매 및 운반과 거래표 일지가 기록되어 있다. 서귀포항 주변의 수온, 기후, 풍향, 풍력, 주요항 표층 기온까지 조사되었다. 보고서 마지막에는 출어 이주어업 진전책으로 이주어업에서 실패하지 않기 위한 주의 사항을 적고 있다. 서귀포는 어업 경비와 일상생활 물가가 비싸다고 적었다. 예를 들면 쌀 1석(石)은 목포에서 20원일 때 서귀포는 25원이다. 금융, 교육, 의료, 경비, 통신 등 대부분 불편한 점을 보고했다.[9]

이 보고서로 알 수 있는 것은 일본 지방의 어업단체에 의해 서귀포 어장 환경이 샅샅이 조사되었다는 것이다.

히로시마현수산회는 1930년 9~10월 이주 후보지로 목포와 제주도를 조사했었다. 이때 어업조합 이사를 포함한 6명의 조사원이 파견되었다. 이때에 통영, 여수의 히로시마무라(廣島村)에 이어 서귀포에도 히로시마 마을을 만들 계획이었다. 그 이유는 제주도가 돔 연승어업,

---

7 廣島縣水産試驗場報告. 第8卷(1931: 9쪽), 廣島縣水産試驗場 編(현 히로시마현 수산해양기술센터).

8 가선(家船)은 해상 표박(漂泊) 어민을 말한다.

9 廣島縣水産試驗場報告 第11卷(1934: 4~99쪽), https://dl.ndl.go.jp/info:ndljp/pid/1051475

낚시업에 적합하다고 판단했기 때문이다. 서귀포 이주 장려를 위해 1931년 이주지 구입비 4,000엔, 관리자 수당 750엔, 어촌 감독비 500엔, 기타 경비 2,500엔, 부지 가옥수선, 기타 잡비 466엔, 총계 8,216엔을 지원하였다. 그 결과 1933년 서귀포항 내 서홍리 토지 일부를 구입했다.

1934년 9월 18일 가옥 건축 공사에 착수해 11월 15일에 5호를 지었다. 가옥은 양철 지붕으로 건평 34.7m² 단독 가옥이었다. 각 호의 간격은 약 5.5m 정도였다. 여기에는 현의 장려사업으로 제주도 출어에 참가했던 요시와(吉和)와 도요시마(豊島)[10] 어업자 어선 13척 중 요시와(吉和)의 어선 4척과 도요시마(豊島)의 어선 1척, 총 5척이 이주하기로 했다.[11] 그러나 히로시마현 수산회의 기록만 남아 있을 뿐 서귀포에 히로시마촌이 있었다는 기록이 없고 서홍동의 양철지붕 5호의 흔적도 찾을 수 없다. 출어어업일 뿐 실질적인 정주 이주는 실현되지 않았다.

일본어민의 조선연안으로의 이주는 특히 정부의 장려금을 받아 이주하는 보조이주어촌은 성공한 사례보다 서귀포의 예와 같이 실패한 사례가 많다. 그 원인은 어장 선택의 잘못, 설비 부족, 유통 구조 미비 등이다. 현지 적응 준비 부족과 현지의 행정 지원을 전혀 받지 못하는 점도 실패의 원인으로 볼 수 있다. 따라서 해당 어류의 어장이 고갈되면 떠나는 식이다.

또 일본 어민들은 바다를 생활 터전으로 삼는 순수 어업으로 수산업에만 종사하는데 비해 제주도의 어업 형태는 전 지역 반농반어 형식이다. 전면적으로 바다만 바라보지 않는다. 따라서 해안도로에 형성되는 만형(灣型) 어촌이 형성되기 어려웠다. 제주도는 행정기관, 우

---

10 요시와(吉和)는 오노미치시(尾道市)의 어촌마을, 도요시마(豊島)는 감귤과 레몬 산지로 아주 작은 섬이다.

11 金柄徹(2003).

편국, 경관주재소, 소학교가 해안에 위치하지 않았다. 서귀포는 항구 출입이 유리했을 뿐 어촌으로서는 적합하지 않았던 것으로 보인다. 서귀포에 오랫동안 거류했던 일본인들은 어업자들이 아니다.

3. 서귀포의 일본인 거류민

3.1. 서귀포의 터줏대감 사이고 다케토(西鄕武十)

사이고 다케토(西鄕武十)는 1873년 오이타현(大分縣)에서 태어나 18세 때부터 효고현(兵庫縣) 다지마(但馬) 지방에서 표고버섯 재배에 종사했다. 1899년 대마도(對馬)로 건너가 표고 재배장을 경영했지만 원료목의 부족으로 제주도로 건너왔다. 1906년 제주도를 시찰한 결과 한라산에 원료목이 풍부한 것을 알게 되었다. 1909년부터 15년 연속 한라산 임산물 벌채를 허가 받았다. 일본에서 숙련공을 받아들이고 조선인 200여 명을 채용하여 대대적인 경영에 착수했다.

조선 중요 특산물의 하나인 제주도 표고버섯의 원조이자 개척자로 알려져 있다.[12] 일본, 조선, 중국 시장으로 수출하여 제주도 표고버섯의 명성을 세상에 알린 것으로 칭송되었다. 버섯이 조선 물산의 하나가 된 것은 사이고의 노력에 따른 것이어서 일본인과 조선인 모두가 그의 공덕을 기리는 것으로 평가되었다.[13] 서귀남심상고등소학교 설립 학교조합 관리인을 맡고 있어 서귀심상소학교 행사에는 앞자리에 교장과 나란히 앉는 원로 예우를 받았다. 1927년 표고재배 사업장을 접고 잡화상, 황양기선(晃陽汽船) 대리점 배표 판매를 운영하였다.

---

12 『조선공로자명감』(1935: 181쪽).
13 『전라남도 사정지(하)』(1930).

1925년 11월에 서귀포항 축항공사 기공식을 했는데 1926년 서귀항 수축기성회 회장으로 서귀포 축항과 수도공사 준공에 힘을 다했다. 축항은 도지방비의 보조를 받을 수 있도록 힘쓰고 수도 가설은 아리가(有賀) 식산은행장에게 투자해 달라고 부탁하는 등 행정당국에 대한 민원을 신청했다. 일제강점기 기간 내 서귀포의 일본인 거류민의 활동 중 가장 평가를 받아야 할 부분은 서귀포 축항공사에 기여한 것이다. 서귀포항은 1931년 조선총독부로부터 '지방중요항'으로 지정되었다.

제주도 일본인회평의원, 제주학교조합 평의원, 서귀포금융조합 감사, 의용소방조 대장, 서귀면협의회 의원 등에 여러 차례 추천되었다. 지정면이 아니기 때문에 임명된 면의원이었다. 또 서귀포 번영회 '소화회(昭化會)'를 조직하여 회장을 맡았다.

1923년에는 일본인 조선인 합동으로 65명을 모아 서귀포 일부저금회(日賦貯金會)를 조직하여 회장을 맡았다. 감사는 나카무라(中村鶴松), 이시카와(石川正太郎)와 조선인 2명이었다.[14]

윤세민(서귀포남심상고등소학교 고등과 졸업)의 기억에 따르면 그의 집은 서귀포항을 한눈에 조망할 수 있는 부두 동산에 있던 일본식 목조건물이었다. 정원에는 고래공장 부산물로 추정되는 고래 뼈 아치가 세워져 있었다. 백발노인으로 부부가 노후생활을 하고 있었지만 그의 아들은 제주읍에서 요

사이고 다케토 집 앞에 있던 고래 갈비뼈[15]

---

14 매일신보(1923년 6월 4일), 1구좌 10원, 1일 6원 50전.
15 『사진으로 보는 제주역사(1)』(2009)에 나온 사진.

조선팔경 제주도 서귀포 명소
엽서 봉투(사이고상점 발행)

서귀포에서 바라보는 한라산(사이고상점 발행)[16]

정과 카페를 운영하였다.

　서귀포 제국재향군인회 회장이었다. 러일전쟁 때 노기(乃木)[17]대장
예하 부대장으로 참전하였다. 집에는 그 때 차고 나갔던 일본도(日本
刀)를 도코노마(床の間)에 장식해 놓았다.[18]

　그는 버섯재배, 잡화상을 운영하면서 사이고상점(西鄕商店)이라는
이름으로 서귀포 사진 엽서를 도쿄 쇼에이도(東京松聲堂)에 주문 제작
하여 발행했다. 현재 확인된 엽서는 서귀포 풍경을 알 수 있는 흑백
사진엽서 7장이 남아 있다.[19] 서귀포 현황(서귀포항 전경) 3장, 제주도 서
귀포 정방폭포, 조선팔경 제주도 서귀포에서 바라보는 한라산, 제주
도 서귀포 사업장 고래 해부 장면, 제주도 서귀포 사업장 고래 인양
장면 사진이다.[20] 발행 연도는 불분명하지만 한라산이 조선팔경 제1

16　사진출처 제주기록문화연구소 소장.
17　노기 마레스케(乃木希典)는 육군, 러일전쟁 승장으로 대만총독을 지냈다. 메이지 천황이 사망하
　　자 따라 죽은 사람으로 유명하다.
18　윤세민(서귀심상소학교 졸업생)의 기억.
19　고영자·김은희(2018)「근대제주사진엽서연구」 참조.
20　고영자·김은희(2018)「근대제주사진엽서연구」 수록 자료. 고래 공장은 동양포경(東洋捕鯨) 주
　　식회사 서귀포 사업장을 말한다. 1926년 가을부터 탐경(探鯨)을 목적으로 시험적 사업 경영으
　　로 근거지를 서귀포로 정해 설립된 것이다. 간이시설로 가채유장(仮採油場) 1동을 건설했다.

경으로 선발된 1935년 이후, 서귀포에 고래공장 조업이 종료된 1941년 사이로 추측할 수 있다. 엽서 양식으로는 1933년 이후의 양식이다. 촬영연도와 발행연도는 일치하지 않는 경우가 많다.

3.2. 나카무라 쓰루마쓰(中村鶴松)

1880년에 나가사키현(長崎縣) 마쓰우라(松浦)에서 태어나 1906년 26세에 서귀포로 건너왔다. 서귀리 660-5번지에 거주하였다. 1945년까지 40년간 서귀포에 살았던 서귀포의 가장 유력한 실업가였다. 1906년 처음에는 잠수기 어업에 종사했다. 점차 사업을 확장하여 해산물 중개, 잡화상, 조선우편기선 배표를 판매하였다. 해마다 조선총독부로부터 국유림을 불하받아서 임산물 양도 허가, 임야 대부 허가, 임산물매각 허가를 받아 한라산 버섯재배

나카무라 쓰루마쓰(中村鶴松)
(『전라남도 사정지(하)』(1930))

와 제조업을 경영했다. 1년에 수천명의 인부를 고용해서 표고버섯을 생산했다. 조선 각 지역, 중국으로 수출했다.

1917년에는 서귀포축항 공사비 10원을 기부하여 조선총독부로부터 목배 포상을 받았다.[21] 학교조합 관리인, 학교조합 평의원, 소방조 대장, 어업조합장을 지냈다.[22]

서귀포항 근처에 살면서 공유수면 매립 허가를 3차례 신청하여 대

1926년 첫해는 해부선인 다이요마루(大洋丸)에서 해부하고 서귀포 간이 시설에서 고래 기름을 생산했다. 1929년에는 고래를 인양하기 위한 선창을 설비하여 사업선 3척을 서귀포 공장에 소속할 수 있도록 했다. 제주도 서귀포 사업장은 1926년부터 1941년까지 조업했다.

21 조선총독부 관보 제1457호(1917년 6월 13일).

22 『전라남도 사정지(하)』(1930).

지조성을 위한 매립을 했다. 1933년 서귀리 660-3번지, 1934년 서귀리 672번지가 매립 조성된 번지이다.[23]

서귀금융조합 설립 때부터 1945년까지 감사를 맡았다. 제주남부운수주식회사의 이사, 제일전분(第一澱粉)주식회사의 중역을 지냈다. 1939년 설립된 제일전분주식회사 대표는 조선인 강성익이었고 중역은 나카무라(中村鶴松), 다구치 가이치로(田口嘉一郞), 우에다 요시마쓰(植田壽松), 나카니시 도시오(中西利雄)였다.

3.3. 요시다상회(吉田商會)

일본인의 집은 일본 특유의 미소시루(된장국) 냄새로 알 수 있다. 사이고 다케토의 집 앞에 는 해운업을 하는 요시다(吉田)상회라는 점포가 있었다. 목조건물이 한 채 있었다. 마당에는 일본식 채소밭이었다. 다다미방에 가미다나(神棚)를 모시고 있었다. 윤세민의 기억에 따르면 여느 일본인처럼 아침에는 가미다나 앞에서 아침에 손뼉 세 번 치고 묵례했다. 방 뒷편에는 수거식 변소가 있었다. 일본 가옥은 측간을 가까운 데에 두었다. 뒷칸에는 후로(風呂)라는 목욕실이 있었다. 이 상회는 주로 군대환(君代丸) 매표와 화물운송 하역업을 맡고 있었다. 일본인이라고 뽐내지도 않고 사업 이심(利心)을 버리고 상점을 운영하는 것으로 소문이 나 있었다. 요시다상회의 전모는 전면 윤세민(강정도 거주, 서귀포심상소학교 졸업생)의 기억에 따랐다.

---

23 조선총독부 제1889호.(1933년 5월 1일) 바다매립허가 서귀포 바다 서귀 660-3번지, 제2195호(1934년 5월 8일) 목적 대지조성, 제2258호(1934년 7월 20일) 서귀리 672번지 60평, 도로 및 석벽 국유로 함.

3.4. 서귀포심상소학교 교장 사와무라 징이치(澤村人一)

사와무라 징이치(澤村人一)는 1937년 대정보통학교 교사로 제주도에 왔다. 안덕심상소학교를 거쳐 1945년 서귀포심상소학교의 마지막 교장이었다. 교장은 소지품 제자리 놓기, 정리정돈, 쓰레기 없는 교실, 신발정돈까지도 강조했다.

교장 관사는 학교부지 한 구석에 지어진 낡은 건물이었다. 집은 관리가 되지 않아 창문을 열고 닫는 것도 어려움이 많았다. 관사 화덕은 재래식 솥 화덕이었기 때문에 부엌 칸 천장에는 그을린 거스름 기둥이 주렁주렁 달려 있었다. 교장은 일본식 미신을 믿어 정성을 다한다고 자구리 구명물(서귀포시 용천수)을 떠다 방안에 뿌려댔다. 며칠 후에는 일본 스님이 독경소리가 들려왔다.

윤세민의 구술에 따르면 사과궤짝으로 책상과 책꽂이를 만들어 쓰는 검소한 생활을 했고 교장 부인은 찬장으로도 사용하고 있었다. 교장 부인은 고토(琴, 일본식 가야금)를 문섬을 바라보며 연주하곤 했다. 8월 15일 패전, 8월말 서귀포를 떠났다.

일본군 지휘본부가 학교의 교실을 사용하게 되었을 때 학생들에게 양해를 구하고 미국이 곧 항복 할 것이라고 했다. 황우지 해안가 진지구축에 관한 시사문제를 설명해 주기도 했다. 사와무라 교장은 조선인을 차별하지 않고 귓병으로 고생하고 있는 윤세민(서귀심상소학교 고등과)을 데리고 우에다의원(植田醫院)에 데려가 진료해 주었다. 윤세민은 평생 잊을 수 없는 은혜라고 회고했다.

3.5. 제주농원 니시모토 쇼사쿠(西本正作)

'서귀포 서홍리 제주농원'
(조선신문 1936년 1월
16일 광고)

제주농원 광고와 니시모토 감귤원(『제주도세요람』(1937))

1913년 야마구치현 호후시(防府市)[24] 출신 니시모토(西本)는 일본의
온주(溫州) 밀감, 하귤(夏みかん), 네이블 묘목을 가져와 서귀포에 감귤
원을 조성하였다. 현재 서귀포시 서홍리 2059번지가 서귀포 감귤농
업의 효시다. 니시모토농장은 농업 이주의 대표적인 사례로 조선총
독부의 대표적인 제주도 시찰 코스의 하나였다.

3.6. 농업의 선구자 와타나베(渡邊)

천제연폭포 하류 서쪽 하천변, 현재 야외 공연장 무대 남쪽에 길쭉
한 작은 농지에 두 동의 목조건물이 있었다. 한 채는 주택이고 다른
한 채는 길게 지어진 다목적 실험 재배실로 농기구가 있었고 한 칸은
젖소와 염소 축사였다.

서귀남심상소학교 학생들은 근로봉사로 일주일에 한두 번 이 농장
에 와서 관찰 보고서를 쓰는 것이 과제로 되어 있었다. 일명 노작교

---

24 구 지명은 미타지리(三田尻).

서귀포 일본인 거류민 거주지와 와타나베 농원 위치 재현 지도

육이었다. 와타나베는 잠시도 쉬지 않고 일만 했다. 소처럼 일만해서 황소 할아버지 또는 일부자로 불렸다.

남성리 농장에 가면 씨앗 뿌리면 싹이 트고 자라 꽃이 피고 열매가 맺는 자연의 섭리를 자세하게 알려주었다. 모종을 심는다든지 씨앗을 뿌리고 나면 땅은 절대 거짓이 없다고 아이들이 이해하기 어려운 말도 했다. 지역 풍토에 알맞은 작물재배기법 연구에 골몰해서 서귀포에서는 농부 박사로 알려졌다. 텃밭에는 일본 이름의 채소를 심었다. 일년감(토마토), 호랜소(시금치), 후단소(근대나물), 다마네기(양파), 네기(대파) 등이다.

이때 구황 작물로 고구마를 재배하고 있었는데 시범포를 만들어 김이 모락모락 나는 온상(溫床)을 학생들에게 보였다. 축사에서 나온 거름덩이를 묻어 거기에서 발열되는 열을 이용해 고구마 순을 키우는 시설이었다.

강정마을은 도처에서 물이 솟아 나 논밭이 넓었다. 큰 냇물은 농수로 이용되지 않고 바다로만 흘러간다. 이를 본 와타나베는 보(洑)를 설치해 물로 가두었다. 이 물로 강정들판을 논밭으로 만들려는 계획이었다. 그러나 냇물이 범람했을 때 보는 유실되고 말았다. 그 후 소하천 물을 끌어다 물방아를 만들었다. 곡물을 물방아까지 운반하기에는 너무 멀었다. 당시는 마을 곳곳에 연자방아가 있었기 때문에 타산이 맞지 않아 결국 폐업하고 말았다.

3.7. 우에다의원(植田醫院)

우에다 요시마쓰(植田壽松)는 히로시마현 출신으로 1914년에 조선총독부 의사면허를 받은 공의(公醫)였다. 공의는 의사면허를 가진 자에 대해 조선총독이 임명하고 배치된 지역에 거주하면서 의업을 경영하되 관의 지휘를 받아 공무에도 종사했다. 공의제도는 통치 초기 일본인 이민정책과 더불어 생겨난 제도로 일본 이주민 보호가 주된 업무였다. 공의는 조선 총독이 임명, 경무총장이 감독, 그 배치와 관할구역은 경무총장이 정했다. 따라서 공의로서의 우에다에 대한 기록은 『조선총독부 경찰직원록』(1943)에 남아 있다.[25] 1943년 제주도 전체 공의 6명 중 1명이었다.

경기도에서 병원을 개업했던 기록이 있지만 제주도에 온 유래는 알 수 없다. 솔동산 서귀리 654-2번지에 우에다 의원을 개업했다. 집 한 채에 살림방과 작은 칸은 진찰실이었다. 진찰실에는 청진기, 소독기구함, 핀셋, 주사기 등이 놓여있을 뿐이었다.

조선신문(1925년 8월 29일) 광고

『제주도세요람』(1937) 광고

---

25 조선경찰협회 발행, 『조선총독부 경찰직원록』(1943) 『조선총독부 경찰직원록』(1943: 119쪽) '제주도경찰서' (기재내용은 植田壽松, 70세, 廣島) https://dl.ndl.go.jp/info:ndljp/pid/1445869

우에다의원 가옥과 현관(2003년 촬영)

서귀포에는 일본인 거류민 집에 라디오가 10여대 있었다. 일본 대본영(大本營)방송 청취 시설은 일본인 가정에 한하여 허가제로 들을 수 있었다. 라디오 시설이 되어 있는 집은 두 개의 안테나 기둥에 연결된 전선을 보면 알 수 있었다. 서귀남심상소학교 아이들은 학년별로 라디오가 있는 집에 배정되어 라디오를 들으러 왔다.

우에다의원은 해방 후 오랫동안 일본가옥 형식을 유지한 집이다. 2003년까지 다다미 바닥을 유지하고 있었다.[26] 일본 가옥 특유의 도코노마(床の間), 오시이레(押し入れ, 붙박이장), 후로(風呂, 욕실), 후스마(미닫이문)이 남아 있다. 서귀포에서 일제강점기 일본인 가옥의 흔적을 찾을 수 있는 유일한 집이다.[27]

3.8. 서귀포 우편국장 가와사키 마스조(川崎增造)

가와사키 마즈조(川崎增造)는 가가와현(香川縣) 간논지시(觀音寺市) 출신 체신관리였다. 1915년 부산우편국 분장 구내 소속으로 조선근무

---

26 『제주도 근대문화유산 조사 및 목록화 보고서』(2003), 탐라대 산업기술연구소, 사진 출처 동일.
27 『서귀동 솔동산마을』(2019).

를 시작해서 1915년 서귀포우편국장으로 서귀포에 정착했다.[28] 1918년에는 서귀포심상소학교 설립 기부금으로 조선총독부 목배 포상을 받았다. 오랫동안 서귀포 일본인 거류민의 대표를 맡았고 서귀포의 대표적인 지역 유지였다. 1927년에 설립된 제주남부운수주식회사[29]의 임원을 역임했다. 12명의 공동 대표 중 일본인 거류민은 5명이었다. 가와사키 마스조(川崎增造), 나카무라 쓰루마쓰(中村鶴松), 사이고 다케토(西鄕武十), 니시모토 쇼사쿠(西本正作), 대정읍 거류민 오가미 사다히코(尾上貞彦)였다. 그러나 1916년부터 1941년까지 25년간 서귀포우편국장을 했다. 1915년 관등 11급 체신관리에서 1941년 1급 수당으로 마쳤다. 1941년 서귀포에서 사망했다.[30]

'서귀포우편국장
가와사키 마스조'
광고(조선신문 1925
년 8월 30일)

4. 서귀포의 여관과 요정

서귀포에는 일본인 거류민이 운영하는 여관으로 고지마여관(小島旅館)과 나가타여관(長田旅館)이 있었다. 조선신문(1925년 8월 29일) 광고에는 태화여관(太和旅館) 광고가 게재되어 있지만 점주가 일본인 거류민인지 여부는 알 수 없다. 1934년 목포신보 기사[31]에는 제주도 시찰단이 숙박한 곳으로 나가타여관과 가쓰모토여관(勝本旅館)이 기록되어 있다. 가쓰모토여관은 이키(壹岐) 가쓰모토 출신인 시모조(下條宗助)가

28 부산일보(1915년 1월 22일), 서귀포우편국장 가와사키 마스조 발령.

29 서귀포를 중심으로 하는 자동차 운수 영업 회사.

30 조선총독부 관보 제4352호(1941년 7월 26일), 1941년 7월 16일 사망.

31 木浦新報(1934년 4월 6일).

정방여관(2003년 촬영)[32]

운영했다. 서귀포 해안에 개업한 여관들은 일본인을 상대로 한 영업이었기 때문에 일본요리와 일본식 잠옷 유카타(浴衣)를 제공했다.

고지마여관(小島旅館)의 주인은 고지마 와카(小島わか)로 되어 있지만 실질적으로는 표고버섯재배업자 고지마 사쿠타로(小島作太郎)가 경영하는 것이었다. 『제주도세요람』(1937) 광고에는 '육군지정, 관공서 지정, 객실완비, 절경조망'으로 소개되어 있다. 숙박 및 이용자는 일본 군인, 육지부에서 오는 일본인 시찰단, 관광객이었다.

고지마여관 건물은 해방 후 6.25 전쟁 때 적십자 병원으로 사용되었다. 1960년대는 정방여관(正房旅館)으로 운영되다가 1970년대부터는 개인 주택으로 사용되었다. 2003년 4월에 철거되었다.[33]

나가타여관(長田旅館)은 서귀공립보통학교 교장을 지낸 고 스에오(鄕末雄)가 1930년 퇴직하고 서귀포에서 나가타여관(長田旅館)을 운영했다. 그는 구마모토사범학교 출신으로 20여 년간 교직 생활을 하다가 퇴직 후 서귀포를 떠나지 않고 여관을 운영하며 살았다. 그의 딸 고 우라코(鄕浦子)는 서귀북국민학교 교사로 재직했다. 『제주도세요람』(1937) 광고에는 '관공서 지정, 목포 유입상 지정 여관'으로 소개되었다. 나가타여관은 목조 2층 주택이었고 2층 창문으로 서귀포항이 보

---

32 『제주도 근대문화유산 조사 및 목록화 보고서』(2003), 탐라대 산업기술연구소.
33 위의 책.

서귀포공립보통학교 교장 고 수에오(鄕末雄)(조선신문 1925년 8월 29일)(좌)
나가타여관(長田旅館)(조선신문 1925년 8월 30일) 광고(가운데)
나가타여관(長田旅館)(『전라남도 사정지(하)』 1930)(우)

였다. 해방 이후 천지여관으로 운영되었다.

서귀포항 주변에는 여관 이외에 일본인이 경영하는 요정(料亭)이 있었다. 영업 형태는 여성 종업원을 두고 일본요리가 제공되었다. 도시락 출장을 하는 경우도 있었다. 이들 요정은 1925년 이후 서귀포항 축항공사에 따른 수요에 의해 개업한 것으로 추정된다. 요정을 이용하는 사람은 관공서 관리, 출장 시찰단, 일본인 거류민 등이었다. 제주도 시찰 기행문에는 서귀포 요정에 대한 언급이 반드시 있는 것으로 보아 제주도 시찰과 관광 일정에서 서귀포에서 요정을 즐기는 것은 시찰과 관광의 백미였던 것으로 보인다.[34] 일본인들이 만들어낸 특유의 관광문화였다.

요정 '사누키야'의 주인은 나가사키현 출신 아오키 히데요시(青木秀吉)였다. 그는 후쿠오카(福岡)에서 요리를 배운 다음 1904년 조선으로 건너와 충청북도 청주에서 요리점을 내었지만 실패했다. 남쪽으로 내려와서 영산포, 영광에서 요리점을 내었지만 연이어 실패하고 서

---

34 목포신보(1934년 4월 6일)의 제주도 기행문에는 '서귀포에서 저녁 식사 후 미기주간(美妓酒間)을 알선 받았다'는 내용이 적혀 있다. 부산일보(1937년 5월 13일)의 제주도 기행문에는 서귀포에서 저녁 식사 후에 대하여 '남자의 품위에 관여하는 일이라 적지 않겠다'라는 표현을 썼다.

귀포에 축항공사를 한다는 소문을 듣고 1924년 서귀포로 건너왔다. 소자본으로 요리점을 개업했지만 축적된 요리 솜씨를 발휘하니 바로 성황을 이뤄 개업 후 바로 요리점을 신축하게 되었다. 여성 종업원들로부터는 아버지로 불렸다.

요정 '사누키야' 광고(조선신문 1925년 8월 30일)

요정 '요시노(吉野)'의 주인은 구마모토현 출신 요시노 도시타로(吉野歲太郎)였다. 그는 18세 때 목포에서 여관을 운영하는 숙부를 찾아 조선으로 건너왔다. 그의 숙부는 목포 굴지의 여관 미요시노여관(三吉野旅館)의 주인이었다. 이 여관에서 일하다가 기반이 잡히자 완도에서 잡화상을 운영하기도 했다. 1925년 서귀포로 건너와서 가옥을 짓고 '요시노'라는 요정을 개업했다. 『전라남도 사정지(하)』(1930)에는 사업이 번창하여 인근 토지를 매수하여 대연회장을 증축할 것이며 장래 서귀포항을 장식하는 요정이 될 것이라고 나와 있다. 이 요정에는 여성종업원 10여 명이 있었다.

그는 사업의 번창하여 재물을 축적했지만 늘 일본식 주방장 복장인 갓포기(割烹着)를 입고 주방에서 일만 했다. 아침 영업을 시작하기 전에는 반드시 가미다나(神棚) 앞에서 손을 모으고 기도하는 일본식 상업 풍습을 그대로 유지했다.

「제주도기행」(1928)[35]에는 요시노(吉野)여관과 서귀포를 묘사한 구절이 있다.

해안에 있는 요시노(吉野)라는 요리점에서 동북쪽으로 꺾어 부락에 들어섰다. 동박새가 얼마나 많은지 어느 집에서든 한두 마리 기르고 있어 계속 소

35　조선총독부 기관지 『조선』 160호(1928년 9월호), 「제주도기행」 가지야마 아사지로(梶山淺次郎).

리 높이 지저댄다. 금융조합, 우편국 등이 있는 주변은 조그마한 상가가 늘어져 있어 제법 마을 모습을 하고 있다. 법원지청, 경찰관 주재소가 있는 곳까지 갔다가 되돌아왔다. 서귀포는 제주도에서 제주성내 다음으로 큰 마을로 근해 어업의 근거지가 되고 있다.

제7장

성산포의 일본인 거류민

1. 요오드의 고장

일본과 지리적으로 가장 가까운 성산포는 19세기 말부터 일본 잠수 어업의 근거지가 되었다. 1898년에 나가사키현 잠수기업자 6척 54명, 구마모토현 1척 8명, 나잠업자 4척 36명이 출어어장으로 삼고 있었다. 전복을 채취하고 말린 후 나가사키에 출하했다. 이들은 2월에 와서 8월까지 막사를 짓지 않고 성선포 포구에서 선상생활을 하다가 일본으로 돌아갔다. 점점 전복과 해삼 성어기에는 30여 곳에 막사를 짓기 시작했다.[1] 남획으로 어장이 고갈되면 막사도 줄어들었다. 1906년에 가미야 다쿠오(神谷卓男)가 그린 성산포항 그림에는 일본 어업자의 막사가 서너 채 그려져 있다.

제주도에 형성된 이주어촌

'성산포 약도' 『제주도 일반현황』(1906)[2]

---

1 河原(2007: 37쪽).

2 『제주도 일반현황』(1906)에서 가미야 타쿠오(神谷卓男)가 그린 성산포. 숫자는 수심 표기.

浦 山 城 島 州 濟

「보고의 전남」(1912)에 나온 성산포 사진

과 관련된 최초의 기록은 1907년 고치현(高知県)의 원양어업주식회사
의 어민 8호 19명이 성산포에 이주한 것으로 되어 있다.[3] 이에 대한
제주도의 기록이나 흔적을 찾을 수 없다. 성산포는 이주어촌으로 거
론되기는 했지만 이주정책에 의한 보조이주는 전무하다. 영세한 출
어 어민이 정착하거나 수산 부산물 공장을 운영하는 사람들이 모여
든 자유 이주자들이었다. 계절성 출어자의 정착 이외에 일본인 거류
민은 수산업을 전제로 하는 요오드 사업, 통조림 제조, 단추 제조 등
수산물 가공업에 집중되어 있었다.

　1894년 청일전쟁과 1905년 러일전쟁 즈음 일본은 감태 증산을 적
극 장려하여 일본에서 대량 생산되었다. 러일전쟁 발발 이후 탄약과
요오드 제조는 군수사업으로 더욱 중요해졌다.

　농상무성과 육군은 수산 가공 유통업자 이시하라 엔키치(石原圓吉)

3　河原(2007: 37쪽).

와 스즈키(鈴木)제약사 대표 스즈키 사부로스케(鈴木三郎助)[4]에게 요오드 생산을 명령하였다. 이들은 감태 채취 및 수매가 가능한 일본의 각지 미우라반도(三浦半島), 보소반도(房総半島), 시마반도(志摩半島), 홋카이도(北海道), 고토열도(五島列島) 이키(壱岐)에 이어 성산포에 요오드 공장을 설립하였다.

이시하라 엔키치(石原圓吉)는 미에현(三重縣) 출신 수산가공업자로 1894년부터 미에현 시마(志摩)에서 본격적으로 요오드를 제조하고 있었다. 1905년 경성, 목포, 제주를 시찰한 이시하라와 스즈키 사부로스케(鈴木三郎助)의 동생 스즈키 쥬지(鈴木忠治)는 공장 설립지를 성산포로 정했다. 이것이 1906년에 성산포에 설립된 한국물산회사(韓国物産会社) 요오드 공장이었다.

스즈키(鈴木三郎助)는 1906년 치바현, 미에현에 요오드 제조회사를 설립한 사람이었다. 회사설립 당시에는 정부의 산업보호 정책과 세계1차대전 호황으로 급성장을 이루었다. 매일신문(毎日新聞) 1906년 9월 6일에 스즈키 사부로스케가 제주도에서 생산되는 감태 독점 수매 허가를 지방 목사로부터 받았지만 지방 상인들의 이익을 가로채는 것으로 여겨 의정부에서 감태 독점권을 취소했다는 기사가 실렸다. 제주도에서 감태 수매를 대대적으로 벌인 것으로 짐작된다.

그러나 스즈키 사부로스케는 곧바로 한국물산회사의 경영에서 빠졌다. 실제로는 이시하라 개인이 운영하고 스즈키의 이름만 차용한 것으로 보인다. 설립 당시는 감태 채취를 위해 미에현 시마(志摩)에서 해녀를 데리고 왔지만 점차 성산포 해녀를 고용했다. 이시하라는 요오드 공장 이외에 멸치 어업권을 취득하여 말린 멸치와 멸치 찌꺼기로 비료를 생산했다.

이시하라는 1923년에 미에현 현의회 의원으로 당선되면서 성산포

---

4 일본의 식품회사 아지노모토사(味の素社)의 창립자.

를 떠나고 실질적으로 요오드 제조를 담당한 사람은 같은 고향 사람 오야마 쓰네마스(大山常松) 전무였다.

1926년에 일본요오드주식회사(日本沃度株式会社)가 설립되었고 자매 회사인 조선요오드주식회사(朝鮮沃度株式会社)가 1928년 성산포에 설립 되었다. 이사는 이시하라 엔키치(石原圓吉), 지배인은 오야마 쓰네마쓰 (大山常松)였다. 제주도에서 생산되는 요오드는 조제(粗製) 요오드이기 때문에 정제를 위해 전량 일본요오드주식회사로 보내졌다.

이시하라(石原) 이후 성산포를 주목한 사람은 이키(壱岐) 가쓰모토(勝 本) 마을 출신의 요오드 사업자 나카가미 도라키지(中上寅吉)였다. 요오 드의 원료가 되는 감태 채취를 위해 온평리 채조업자로 어업권을 불 하 받았다.[5]

그 후 성산포에 주목한 사람은 이키(壱岐) 단스포(タンス浦)의 요오드 제조업자 다구치 가이치로(田口嘉一郎)였다. 1910년경에 다구치는 독 학으로 감태를 이용한 요오드 생산 공정을 연구하여 단스포(タンス浦) 에 요오드 공장을 세웠다. 원료가 되는 감태는 이키 주변 해안에서 채취한 것이다. 그러나 한번 수확을 하고 나면 원료가 없었다. 감태는 간단하게 생식하는 것이 아니었다. 원료 구하기가 어려워지자 공장 에서는 제조보다 오히려 원료 구입에 비중을 두었다. 다구치가 성산 포에 온 1914년에는 이미 요오드 공장이 2곳이나 있었다.

감태에서 요오드를 만드는 과정은 해안에서 수집된 감태를 말린 후 소각하여 감태 재를 만든다. 감태재의 요소 농도는 0.5~1.0%이 다. 이것을 온수로 추출한 다음 농축해서 요오드화칼륨을 석출해 분 리한다. 이 농축액에 산화제를 넣어서 요소를 유리시킨다. 여기서 얻 어진 요소를 증류하면 요오드가 된다.

태평양전쟁이 발발하자 유럽으로부터의 수입이 줄어들고 일본 내

5　조선총독부 관보 제690호(1914년 11월 19일).

생산량이 한계에 봉착하자 감태 증산을 위해 성산포 외에 서귀포, 한림에도 공장을 설립하였다. 그 원료가 되는 감태의 수요가 급증했다. 이때부터 제주지역에는 '감태물에'라는 말이 나타났다.[6] 감태공출을 말한다.

'조선옥도주식회사 성산포공장' 광고
(『제주도세요람』(1937))

2. 1930년대 성산포

『생활상태조사: 濟州島』(1929)에 성산포는 통조림 공장, 요오드 공장, 조개 단추 공장이 있고 목포, 부산, 오사카를 왕래하는 기선의 기항지로 물이 풍부하여 이주지로 적합하다고 소개되어 있다.

『朝鮮沿岸水路誌』(1933: 339쪽)의 제주도 성산포항을 소개하는 항목에는 '담수는 공동우물 4곳, 개인우물 10곳이 있지만 이중 두 곳은 음용할 수 없고 대부분 선박에 공급할 정도는 아니다, 미리 마을에 채소를 주문에 놓으면 공급받을 수 있다, 4~5월에 고등어가 아주 저렴하다, 성산포항을 통해서 우뭇가사리, 미역, 통조림을 수출하고 있고 쌀, 술, 장류 등을 이입한다'고 기술되어 있다. 1933년 성산포항의 규모는 입항할 수 있는 선적수는 기선 63척, 범선 150척, 최대 입항 기선은 987톤이다. 제주도와 오사카 왕래 기선은 월 4회, 조선기선주식회사의 목포 왕래는 월 2회, 제주-목포 발동기선은 월 10회 기항했다.

1935년 목포신보(1935년 10월 6일)에는 '공업지대 성산포'로 소개되었다. '주민은 명랑하고 자원은 무진장하다, 성산포는 제주도에서 처

---

6 진관훈(2017), 제이누리, 제주근대경제사(2017년 7월 5일), '물에'는 해녀조업을 이르는 제주방언이다.

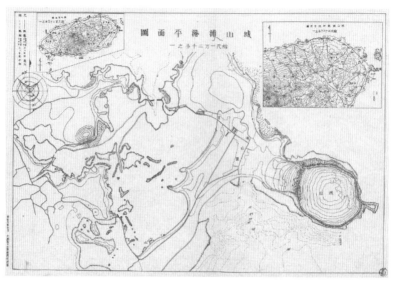

성산포항 평면도(『朝鮮港灣要覽』(1931))

음으로 개항한 항구로 제일 먼저 일본인이 정착한 곳이다. 해조물(海藻物) 수확이 제주도에서 제일로 알려져 있어 이를 목적으로 한 요오드 공장, 통조림 공장, 단추 공장이 일찍이 설립되었다'라는 내용이었다.

경관주재소는 1913년에 설치되고 일본인 학교 성산포심상소학교는 1918년, 성산포 금융조합은 1924년에 설립되어 일본인 거류민 커뮤니티가 형성되어 있었다. 1929년 성산포는 제주도에서 일본인의 거주율이 가장 높았던 곳이다. 전 호수는 138호, 인구 812명, 일본인은 25호 94명이었다. 세관 감시소, 경관주재소, 우편국, 금융조합 등의 행정시설은 성산포 중심부에 집중되어 있었다. 게다가 수산 가공업자나 행정 관계자를 고객으로 하는 상점이나 여관 등도 존재했다. 조선·일본인 외에도 만두, 면류 등 음식업과 원단 판매업을 하는 중국인도 있었다.

성산포(목포신보 1934년 10월 19일)

성산포항은 천연 양항(良港)이라고는 하지만 조수의 차가 심해 썰물 때에는 선박 출입이 자유롭지 못했다. 이에 성산포 수산가공업자들은 물자를 제때에 일본으로 수송하지 못해 피해가 심했다. 1924년 성산포 일본인 거류민과 주민은 일본을 왕래하는 기선이 성산포항에 기항할 수 있도록 성산포항 수축기성회를 조직하게 되었다. 이에 성산포 일본인 거류민 2명은 당국과 교섭을 벌이고 조선총독부에 진정하기 위해 상경하기도 했다. 상경 비용은 일본인 거류민 자부담이었다.[7] 그 성과인지는 알 수 없지만 1924년 10월에 성산포항은 '지방관 신항지정항'으로 지정되었다.[8]

1937년에 전라남도는 성산포항 측량 조사를 실시했는데 그 결과로 보고된 것이 「성산포항측량조사서」이다. 이 문서는 전라남도 도지사의 위탁으로 전라남도청 토목과 기사 일본인 2명과 조선인 2명이 1937년 9월 15일부터 10월 7일까지 조사한 복명서이다. 내용은 총괄, 기상관계, 항만 상황, 지역조사, 수산 개황, 항세 일반, 측량조사

---

7 조선일보 1924년 1월 5일 참조. 상경한 거류민은 양식업자 니노미야(二宮義馬)와 성산포세관 감시서 직원 아지키(味木貞造)였다.

8 시대일본(1924년 10월 22일). 지정항은 종래 8개항, 26개항이 새로 지정됨.

계획, 항만 수축계획으로 구성되어 있다.[9] 1930년대 성산포 사정을 알 수 있는 문서다.

1932년의 성산포 인구는 조선인 200호 858명, 일본인은 30호 96명이었다. 성산포에서 소득원이 되는 수산물은 멸치, 소라, 감태였다.

당시 임금은 잠수부 5원, 철공 3원, 배 목수 2원 50전, 페인트공 2원 50전, 문짝공 2원 50전, 시멘트공 2원 50전, 석공 2원, 목수 2원, 목도꾼 2원, 선원 1원, 인부 80전이었다. 이 기술로 1930년대 노동의 서열을 알 수 있다.

3. 마쓰모토 겐지(松本堅二) 기억 속의 성산포

3.1. 성산포에서의 유년

나가사키현 이키(壱岐)에 사는 마쓰모토 겐지(松本堅二)는 자신의 일대기를 『一路平安』(2001, 비매품)이라는 책으로 펴냈다. 이 일본인의 자서전적 기록에서 일제강점기 때 성산포의 모습을 찾을 수 있다. 이 책은 도가와 아키오(戶川昭夫)의 『遥かなる済州島』(1999, じゃんぼり書房)의 번역 『아득한 제주』(2003, 제주우당도서관 발행) 후반부에 삽입되어 있다.[10] 그 내용 중에서 거류민의 생활상을 알 수 있는 부분만 발췌해서 소개한다.

마쓰모토 겐지(松本堅二)는 1918년에 나가사키현 이키군(壱岐郡) 가쓰모토(勝本)에서 태어나자마자 아버지를 따라 성산포로 이주했다. 마쓰

---

9 河原(2007: 40쪽), 이 문서는 대외비 표시가 있다.

10 『아득한 제주』(2003)의 저자 도가와 아키오(戶川昭夫)는 조천보통학교 교장 퇴직 후 조천우편 국장을 했던 일본인 도가와 마스게(戶川真啻)의 아들이다. 조천보통학교를 다니다가 본국으로 돌아갔다.

모토여관(松本旅館)의 아들이었다. 성산포심상소학교를 졸업하고 목포 상업학교에 합격했지만 진학하지 않고 이키(壱岐)로 돌아갔다. 1938년, 1941년에 다시 성산포를 찾았다.

1920년대 중반에는 일본인 가옥이 20호로 늘어났다. 요오드공장이 2곳, 통조림공장이 2곳, 조개 단추공장과 수산 가공공장 1곳이 있었다. 여관과 잡화점이 2곳, 학교, 우편국, 경관 주재소, 세관, 금융조합, 회조점(해운업) 그 외 2~4호의 일본인 가옥이 있었다. 우도에는 해산물을 수매하는 가와사키(川崎)라는 가족이 살고 있었다. 1931년 성산포 거류 일본인은 105명이었다.

성산포에는 조선인 200호 정도가 있었다. 조선인의 집은 흙과 돌로 굳힌 흙벽 위에 새를 덮은 낮은 만두같이 생긴 집이었다. 바람을 피해 기슭에 밀집되어 있었다. 남자들은 오사카(大阪)로 객지벌이를 나갔다. 일본인의 집에는 '총각'이라고 하는 잡일꾼이 있었다. 총각은 1~2년간 일본인 집에서 일하면서 일본어를 익혀 오사카로 돈벌이를 나갔다.

성산포의 아침은 돼지 울음소리로 시작된다. 먹이를 요구하는 것이다. 이윽고 여자들이 물 긷기, 빨래가 시작된다. 조선인들은 조선인이라고 하면 차별처럼 들려서 조선인이라는 말을 싫어했다. 구별해야 할 경우는 일본인은 내지인, 조선인은 반도인(半島人)으로 불렸다.[11]

1925년 성산심상소학교에는 일본인 아동이 17명 있었다. 저학년, 고학년으로 나누어 교사 2명이 담당했다. 교실 증축 공사를 할 때는 성산포공립보통학교를 사용했다. 본국 유학이 유행하여 학교를 다니

---

11 조선(朝鮮), 선인(鮮人), 남선(南鮮)이라는 말의 쓰임은 '일본에 의한 통치'를 포함하는 말이다. '조선'이라는 말이 국가나 지역을 가리키는 말이 아니라 특별한 의미를 갖게 된 것은 1910년 한일합방 이후다. 초대 조선총독 데라우치(寺内正毅)가 합방을 공포하면서 '병합 조약에 의해 한국은 제국에 병합되었다. 앞으로 조선이라고 칭하고 제국 영토의 일부가 되었다'라고 하면서 대한제국은 조선이 되었다. 즉 일제강점기에 사용되었던 조선은 대일본제국의 영토의 일부라는 뜻이다. 일본인은 내지인, 현지인은 조선인, 선인, 반도인(半島人)으로 불리게 되었다.

다가 일본으로 돌아가서 학교를 다니는 아이도 있었다. 마쓰모토도 한 때 일본에서 소학교를 다닌 적이 있었다. 여름방학에 성산포로 돌아오면 방학을 맞아 돌아온 중학생들과 함께 성산포 바다에서 놀았다. 바다에서 놀다가 빠져 죽을 뻔한 사건도 있었다.

3.2. 성산포의 봄

성산포의 겨울은 이키에 비해 추웠다. 한라산에서 내려오는 북서풍 때문에 눈도 내렸다. 집 처마에는 10~20m 고드름이 열렸다. 동네 못이 얼어 그 위를 걸어도 깨지지 않았다.

봄이 되면 간만의 차가 심해졌다. 항구는 남쪽과 북쪽 2군데가 있는데 남쪽은 수심이 깊어 기선이 입항할 수 있지만 서풍에는 약했다. 북쪽에는 요오드공장, 통조림공장, 마른멸치 공장, 단추공장이 늘어서 있었다. 수심이 얕고 사리 때는 모래밭이 드러나 4km까지 걸어갈 수 있었다.

조선인들은 식림(植林)을 하지 않고 나무를 베어다 땔감으로 썼다. 일본인들이 와서 식림을 시작했다. 경관주재소, 우편국, 학교, 집 뒷산에도 나무를 심어 무성해졌다. 금융조합 주변 300평 부지 주변에는 아카시아를 심었다. 봄이 되면 하얀 꽃이 향기를 풍겼다. 학교에서도 산에 나무를 심는 활동을 했다.

일본인들은 일출봉 기슭에 성산신사를 모셔 봄, 가을에 거류민 모두 축제와 운동회를 열었다. 일본에서 하는 것처럼 전통 절차를 지키지 않고 형식없이 제사를 지냈다. 신사 주변은 소나무가 울창했다. 그 밑을 뛰어다니면서 놀았다.[12]

---

12 제주신명신사와 추자도 신사를 제외하고는 조선총독부의 조선신사 건립에 의해 읍면장들의 출원 형식으로 1939년에 설립 허가되었다. 성산면 신명신사(城山面神明神祠)는 1939년 2월에 면장 김학보(金鶴寶) 외 19명의 출원에 의해 성산리에 건립된 것으로 되어 있다. 마쓰모토의 기록

조선인이 다니는 성산공립보통학교의 와다 히로오(和田寬雄) 교장은 1922년 제주심상고등소학교 교사로 제주도에 와서 1927년까지 성산공립심상소학교와 성산공립보통학교에 근무하고 퇴직 후 1928년부터 성산포우편국장이 되었다. 국장은 라디오를 가지고 있었다. 아들이 동급생이라 라디오를 들으러 갔다.

3학년 때 신임 교장이 부임할 때 학부형과 학생이 교외까지 나가 마중했다. 신임 교장은 용달버스를 타고 왔다.

여름에는 요오드 원료인 감태 채취가 시작되었다. 테우에 해녀 2~3명과 남자 1명이 탔다. 테우는 산더미처럼 쌓은 감태로 겨우 물 위에 떠 있었다. 어기여차 어기여차 노 젖는 소리를 하면서 10여척의 테우가 밀물을 타고 항구로 들어왔다.

조선인의 집에는 돼지를 키워 여름에는 매우 불결하고 파리가 많았다. 파리가 날아오르기 때문에 여름 내내 낮에도 밥을 먹을 때는 모기장을 치고 먹었다.

아버지는 여름에 수렵과 바둑으로 시간을 보냈다. 요오드공장 오야마 쓰네마쓰(大山常松) 금융조합 이사 오자와(小沢)가 바둑 유단자였다. 마쓰모토는 어른들의 담배 심부름을 했다. 거스름돈을 심부름 값으로 챙길 수 있었다. 조선총독부 전매국에서 만든 담배 아사히(朝日)는 12전, 시키시마(敷島)는 15전, 마코(MACAW)는 10전이었다.

3.3. 통조림 공장

봄이 되면 성산포는 활기를 띤다. 해녀들은 잠수를 시작하고 통조림 공장 두 곳은 조업을 개시했다. 전복, 소라가 반입되어 공장안은

으로 보면 그 이전에 신사가 있었던 것으로 보인다. 번지는 확실하지 않지만 일출봉 현재 야외공연장 부근으로 추정된다. 신사는 일본인들의 정신적 지주가 되는 곳이기 때문에 거류민들에 의해 자연 발생한 것이다.

산더미를 이뤘다.

　통조림 제조 과정은 맨 먼저 깡통 만들기부터 시작한다. 숙련공이 양철을 규격대로 자르고 둥글게 말아 밑창을 붙인다. 제품을 담은 후 윗뚜껑을 용접하고 상표를 붙여 완성한다. 그전에 조개껍데기에서 살을 떼어내는 작업을 한다. 이 때 조개껍데기에서 진주가 발견되기도 하였다. 살을 깨끗이 씻고 솥에 넣는다. 전복은 물로 삶고 소라는 설탕과 간장으로 조린다. 달짝지근한 간장 냄새가 100m 멀리까지 풍겼다. 종업원은 20여 명이었다. 전복과 소라의 창자는 마당에서 말려 비료로 반출되었다. 이것을 노리는 까마귀 떼가 어디선가 모여들었다. 조개껍데기는 단추공장에 넘겨졌다.

　후쿠다(福田)가 운영하는 공장은 30여 명의 종업원을 채용하고 1인 1대, 발로 조작하는 기계로 단추 모양을 절단하였다. 숙련공이 있어야 했다. 어느 날 그 공장에 불이 나 몽땅 타 버렸다. 그 시기 밤이 되면 화재가 종종 있었다.

3.4. 굿구경

　1927년 5월 16일에 성산포 중앙청년회(中央靑年會) 주최로 마을 씨름대회가 열리고 있었다. 성산포항에 정박해 있던 고등어 배 어부 수백 명도 씨름대회를 관람하러 왔다. 그 중 한 어부가 씨름경기에 참가했는데 씨름에서 지자 승복하지 않고 심판에게 재경기를 요구했으나 거절당했다. 이에 심판을 때리면서 현지 주민과 고등어 배 어부들 사이에 난투극이 벌어졌다. 많은 사상자가 났다. 이 사건으로 청년회 사람 여럿이 재판을 받기위해 광주로 이송되었다.

　이 사건으로 경관주재소 소장 고니와 마사루(木庭勝)는 퇴직하게 되었다. 고니와(木庭) 소장은 퇴임 후에도 성산포를 떠나지 않고 오가타

(緖方) 상점을 인수하여 잡화상을 열었다.

1928년에 고니와 마사루(木庭勝) 후임으로 야마모토(山本)가 경관주재소 소장으로 왔다. 그 부인이 토마토를 재배하여 처음으로 토마토를 먹어봤다. 토마토는 처음 보는 과일이었다.

야마모토 소장의 아들과 동갑이었다. 경찰 아들이어서 마을 정보를 많이 알았다. 하루는 야마모토가 조선인 김양반네 집에서 굿이 있으니 구경가자고 했다. 굿은 원령을 쫓아내는 행사다. 김양반은 성산포 조선인 중에서 제일 부자였다. 김양반네 아들이 오래 앓아 그 악귀를 쫓아내는 굿이었다. 동쪽 제단에는 산해진미가 올려 있고 마당에는 사람이 가득했다. 악기를 든 사람들이 줄지어 앉았다. 징소리로 시작되었다. 꽹과리, 징, 장구 소리가 요란했다. 이윽고 무당이 고깔을 쓰고 방울을 흔들며 나타나 춤을 추었다.

일본인 우도우타로(有働卯太郎)는 러일전쟁에서 육군으로 참가하여 공을 세운 후 1907년 조선에 건너와 경무총감부 순사가 되었다. 1929년에 퇴직 후 와다 히로오(和田寬雄)에 이어 성산포우편국장을 하면서 성산포금융조합 이사를 겸했다.

4. 나가사키현 이키(壱岐)에서 온 사람들

나가사키현 이키(壱岐)는 현해탄에 있는 섬이다. 성산포까지 거리는 250km이다. 이키 가쓰모토항(勝本港)은 조선통신사가 대마도를 출발하여 일본 본토로 들어갈 때 반드시 들리는 곳이기도 했다. 1898년 치바현 사람이 이키에 요오드공장을 설립했다.

처음 요오드의 재료인 감태를 찾아 성산포로 건너온 사람은 이키의 요오드업자 나카가미 도라키지(中上寅吉)였다. 이키군 가쓰모토(勝

'다구치 해산물 공장' 광고
(『제주도세요람』(1937))

本) 출신으로 1914년에 성산포로 건너왔다. 온평리에 살면서 채조업자로 어업허가를 받았다. 1918년부터 3차례 성산리 앞바다 공유수면 매립 하가를 받아 해산물 건조장으로 사용했다.[13] 각각 570평, 481평, 89평 합계 1,140평이었다.

뒤를 이어 1914년 이키 섬 가쓰모토(勝本) 마을 출신 다구치 가이치로(田口嘉一郎)와 그의 조카 마쓰모토 아사지로(松本浅次郎)가 이키 섬과 대마도의 감태가 줄어들자 요오드의 원료를 찾아 성산포로 들어왔다. 다구치 가이치로(田口嘉一郎)는 이키에서 요오드 제조의 원조가 되는 사람이었다. 성산포에 요오드 제조업을 목적으로 들어왔지만 요오드의 수요가 줄어들자 바로 요오드 사업을 접었다. 제주도에서 고구마 생산량이 늘어나자 고구마 전분이 유망하다는 것을 알고 1938년에는 서귀포로 옮겨가 제일전분 주식회사의 이사를 맡았다. 오랫동안 성산포와 서귀포에 정주한 사람이다. 패전 직전에는 부산에 전분공장을 세웠다. 다구치의 딸은 서귀포심상소학교에서 교사를 했다.

다구치의 사촌인 시모조 소스케(下條宗助)는 다구치와 함께 성산포에 왔으나 마쓰모토 아사지로가 성산포에서 여관을 열었기 때문에 그는 서귀포에서 여관을 개업했다. 다구치가 성산포에서 서귀포로 근거지를 옮겨가는 데에 영향을 주었다. 서귀포심상소학교 개교 하는 데에 기부금을 내어 1918년에 조선총독부로부터 목배(木杯)를 받았다.[14] 여관을 운영하면서 1926년, 1927년에는 국유림 불하를 받아

---

13 조선총독부 관보 제1639호(1918년 1월 25일), 제3724호(1925년 1월 16일) 등 공유수면매축 허가건.

14 조선총독부 관보 제1716호(1918년 4월 29일).

진백나무, 주목나무, 전나무, 흑송 분재 (『제주사진첩』(제주산림조합, 1929)

한라산에서 분재용 나무를 채취하여 판매했다.[15] 제주도산 분재는 제주도 특산물로 판매되었기 때문에 일본인 거류민 중에는 이에 종사하는 사람이 종종 있었다.

다구치의 조카 마쓰모토 아사지로(松本浅次郎, 마쓰모토 겐지의 부친)도 요오드 사업을 일으킬 계획으로 성산포에 왔지만 이미 요오드공장이 있어서 요오드 사업을 포기하고 여관업과 잡화상을 운영했다.

1915년에 본격적으로 운반선에 집을 지을 재료와 목수를 데리고 성산포항에 입항했다. 당시 일본인은 10호수 정도 있었다. 마쓰모토는 성산포의 중심인 경관주재소 옆 대지 500평에 집을 짓고 여관업을 시작했다. 성산포에서 2층집은 마쓰모토여관(松本旅館)과 경관 주재소뿐이었다. 창문 유리창은 반투명으로 옥호를 넣은 특별히 주문한 유리였다. 뒷마당에는 나무를 심어 정원을 조성하고 연못에는 잉어,

---

15   조선총독부 관보 제4252호(1926년 10월 23일), 정규호 제172호(1927년 7월 26일).

금붕어를 길렀다. 마쓰모토여관(松本旅館)에 대한 기록은 부산일보(1937년 7월 10일)에 경남 사천군 실업시찰단의 기행 기사 중 성산포에서 점심을 먹고 휴식을 취한 곳으로 나와 있다.

1922년쯤 마쓰모토는 조선인이 소주를 좋아하는 것에 착안하여 소주공장을 시작했다. 자금을 이키에 있는 친척들에게 조달하고 소주공장에서 일한 적이 있는 동생을 불러들였다. 얼마가지 않아 망했다. 제주읍까지의 거리가 멀어 운반비가 많이 들고 원료인 석탄을 도회에서 구입하다보니 경비가 많이 들었다. 마쓰모토는 빚 때문에 고향으로 돌아갈 수 없는 형편이 되었다. 그러나 성산포에 사는 일본인들, 마을 사람들에게 신망이 두터워 '다이쇼(대장)'라고 불렸다.

일본인 거류민 엽우회(獵友會)를 조직하여 수렵을 즐기고 여름에는 바둑을 즐겼다. 성산포에 사는 일본인 거류민들은 대부분 총을 소지하고 있었다. 새와 동물을 잡아서 박제용으로 오사카에 보냈다. 마쓰모토는 검둥수리(독수리)를 잡아 박제를 만들어서 이키(壱岐) 소학교에 기증하기도 했다. 1930년대까지 이키소학교 실험실에 전시되어 있었다.

성산심상소학교 학교조합의 조합의원이었다. 1930년 학교조합 조합장은 오가타(緒方), 조합의원은 마쓰모토(松本)를 비롯하여 오야마(大山常松), 구류(栗生外記), 후쿠다(福田耕一), 우에노(上野虎之助), 1930년 성산면 거류 일본인은 30호 108명이었다.[17]

마쓰모토는 목수는 아니지만 일본가옥 건축에 대한 지식이

성산금융조합 사무소였던 건물[16]

16 『오늘에 남아있는 일제의 흔적들』(1995), 제주도·제주예총 발행.
17 『전남사정지(下)』(1930).

많아 성산포에서 도편수 역할을 했다. 성산포금융조합 사무소는 마쓰모토가 도편수를 맡아 지은 집이다. 1941년에 여관을 접고 일본인 거류민이 많은 부산 보수동으로 떠났다.

5. 성산포의 일본인 거류민

5.1. 모범적 식민자 이시하라 엔키치(石原圓吉)

성산포에서 요오드 제조를 주도한 사람은 미에현 시마(志摩) 출신의 수산 가공유통업자 이시하라 엔키치(石原圓吉)였다. 그의 고향 미에현 시마(志摩) 지역은 요오드 제조의 주생산지였다. 당시 요오드 생산의 3분의 1이 시마(志摩)에서 생산되고 있었다.

1907년에 미에현 요오드조합이 창설되었고 이를 모태로 하여 1912년 미에요오드제조 주식회사가 창립되었다. 중심이 된 것은 이시하라였다. 그는 요오드의 원료를 찾아 처음에는 경상북도 동해면에서 어업허가를 받았지만 바로 성산포로 건너와 어업허가를 받았다. 성산포는 요오드와 탄약의 원료가 되는 감태재 생산의 거점이 되었다.

1915년에 380평, 1928년에 613평, 1929년에 438평의 성산포 앞바다 공유수면 매립 허가를 받아 요오드제조 사업 확장용 대지를 늘렸다.[18] 1930년대에 성산포의 조선인은 내륙 부분에 거주했으나 일본인들은 갯벌지역의 연안 택지화에 착수했다.

1915년 이시하라는 경성일보(1915년 9월 27일)에 '모범적인 식민'의 사례로 소개되었다. 제주도 해안에 밀려드는 다량의 감태는 예전에는 버리는 것이었지만 이시하라가 제조소를 설립하여 점차 제조량을

---

18 조선총독부 관보 제813호(1915년 4월 22일) 등.

▲濟州島沃土製品

之れに隣りて濟州島石原區吉氏の沃
土製造所の如き亦一顧の價値あり

濟州島に於て海濱に打ち寄せ又は沿
海中に繁茂せる多量の搗布の如きは
從來捨てられざりしが同氏は沃土製
造所を設置し漸次製沃土として其他
硫酸加里、食鹽等にして今や製沃土
として約一萬圓、其他硫酸加里、
五萬圓、合計約七…

明治三十三年の交より此事に着手し
大して今や製沃土として約四、五百
萬圓…

片の海藻をも其利用の如何に依らば一萬里…

경성일보(京城日報 1915년 9월 27일)
'제주도 요오드제품'

확대해 나가고 있다는 내용이었다. 조제 요오드 약 5만 원, 염화칼륨 약 1만 원, 황산칼륨, 식염 등 4~500원, 합계 약 7만 원이었다.

그러나 이시하라는 성산포에서 요오드 사업자로 활약은 했지만 정주 거류민은 아니었다. 조선요오드회사의 대표를 하면서 1923년에는 미에현 현의회 의원으로 당선되어 실질적으로 성산포를 떠나 있었다.

그는 1946년 자민당 중의원으로 당선되어 수산위원회 활동을 했다. 정치 활동을 하면서 일본 식민지 기간 내 일본어민 및 수산가공업자들이 조선 수산업의 근대화에 기여했다고 발언하였다. 조선의 어장 침탈과 자원 수탈에 대한 견해를 부정한 사람이었다.

1952년 한국정부가 이승만 라인 선언을 통해 일본어선을 견제하려고 했다. 이승만은 '일본은 한국 수역의 어업을 사실상 독점해 왔고 한국 수산업을 위축시켰으며 더욱이 현재 한국에는 근대화된 어선이 거의 없다는 사실로도 전부 알 수 있다. 오히려 한국 수산업을 원시 상태로 방치했다'고 조선총독부의 어업 정책을 비난했다. 이에 대한 이시하라의 일본 국회 수산위원회에서의 발언은 다음과 같다.

조선과의 어업협정 문제는 이승만이 매우 부당하고 불합리한 방침을 발표했다. 아시다시피 조선의 어업은 메이지 시대 이전부터 일본 어업자가 전부 개발한 것이며 기술도 자본도 어구도 어선도 그 증거가 엄연히 남아 있다. 현재도 조선 해안 방방곡곡에는 일본인의 소유지, 근거지, 그 외 여러 가지의 설비가 남아 있다. 메이지 시대부터 오늘까지 생존해 있는 사람들은 일본의 어업 지도를 매우 고맙게 느끼고 있다. 더구나 일본 어업 지도로 인해 조선 해안 어민들이 모두 생활의 안정을 얻었다는 기쁨은 지금도 간직하고 있다. 이러한 사실을 이승만 정부는 모르고 있다. 그로 인해 단지 표면적인 논의에만 그치고 있다고 생각한다. 나는 이 기회에 일본의 옛 어업 경영자와 조선의 어촌 원로들이 간담할 수 있다면 조선의 정세는 일변한다고 생각한다. 이것을 어떤 방법으로든 실현해 주기를 강하게 요망한다. 이것은 대만이나 중국 연안과는 달리 조선은 특수한 역사를 가지고 있다고 생각하기 때문이다. (제13회 국회 수산위원회 발언록 제37호 1952년 5월 20일 24기)[19]

일제강점기 수산업에 대한 역사 인식의 차이를 극단적으로 드러낸 발언이다. '모범적 식민자'다운 발언으로 볼 수 있다. 일제강점기 동안 명백한 자원 수탈로 들어난 부분은 어업권, 산림 벌채권, 공유수면 매립권이다. 이시하라는 조선총독부로부터 어업권과 공유수면 매립권을 받은 사람이었다.

그의 고향 시마시(志摩市) 와구(和具) 어항에는 그의 동상이 건립되어 있고 이세도바(伊勢鳥羽) 국립공원협회는 2018년부터 그의 이름을 따서 이세도바(伊勢鳥羽) 국립공원의 자연과 문화를 지키는 활동을 한 개인과 단체를 포상하는 '이시하라엔키치 상(石原円吉償)'을 제정하여 해마다 시상하고 있다.[20]

---

19 https://kokkai.ndl.go.jp/#/detail?minId=101304562X03719520520&spkNum=5
20 그의 아들은 도바시(鳥羽市)에서 운영하는 시립 바다박물관 '鳥羽市立海の博物館'의 관장이다.

5.2. 성산리 이장 모리시타 도미타로(森下富太郎)

조선신문(1925년 8월 30
일), '통조림 제조업' 광고

모리시타 도미타로는 미에현의 수산가공 업자였다. 배를 만드는 목수를 데리고 제주도에 와서 통조림공장을 운영했다. 오랫동안 성산포에 거주한 일본인이었다. 1940년대에 제10대 성산리 이장을 역임했다. 마을 남쪽 끝에 도살장이 있었는데 일본인이 죽으면 사용하는 화장장을 마련했다. 성산리사무소에 역대 이장으로 사진이 걸려 있었다. 잡화상, 여관, 운송업을 운영하면서 1941년에 이시하라(石原) 관계자와 함께 성산포 통조림공장을 설립했다. 표선면에도 통조림공장을 세운 바 있다.

〈표 1〉 성산리 마을역사 중 역대 이장[21]

대 수	이 름	한 자
初代	현 창 룡	玄昌龍
2, 4, 7 대	김 승 옥	金承玉
3 대	김 희 윤	金熙允
5 대	송 세 훈	宋世勳
6, 8 대	오 태 현	吳兌鉉
9 대	김 윤 종	金允鐘
10 대	삼하부태랑	森下富太郎
11 대	고 규 홍	高珪弘

21 제주특별자치도 홈페이지, 제주의 마을, 성산리, 마을역사.

5.3. 후쿠다 코이치(福田耕一) 단추공장

단추공장 작업 장면
(『생활상태조사 濟州島』(1929))

'후쿠다 공장' 광고
(『제주도세요람』(1937))

통조림공장이 있었던 건물[22]

    1899년 와카야마현에서 출생했다. 일본에서 단추 제조업에 종사하고 있던 중 지인으로부터 제주도에 단추 원료가 풍부하다는 말을 듣고 단추 제조 기계를 사 모아 1924년에 성산포로 건너왔다. 1924년에 단추공장을 설립하고 1933년에는 통조림제조 공장을 설립 운영했다. 그의 단추공장에는 고용된 여공 100여 명이 있었다. 소라 껍데기 하나로 단추 20개를 만들 수 있고 1일 7,000개의 단추를 생산할 수 있었다. 1925년 이래 학교조합 의원과 면협의회 의원을 지냈다.[23] 『제주도편람』(1930)에는 소라와 전복을 판매하는 광고를 냈다. 『제주도세요람』(1937) '후쿠다공장(福田工場)' 광고에 따르면 전복 통조림, 조개단추 제조로 나와 있다.

---

22 『오늘에 남아있는 일제의 흔적들』(1995), 제주도·제주예총.
23 『조선공로자명감』(1935: 678쪽).

5.4. 그 외의 사람들

오가타 히로요시(緒方弘義)
(『전라남도 사정지(하)』(1930))

수산가공업자를 제외하고 성산포에서 잡화상을 운영한 사람은 오이타현 출신의 경찰 오가타 히로요시(緒方弘義)였다. 청일전쟁, 러일전쟁 때 종군한 사람으로 한국통감부 시대에 조선으로 건너와 전라남도에서 근무했다. 러일전쟁 공훈 훈장을 가지고 있었다. 1909년 화순군에서 근무할 때 일진회 회원의 도움을 받아 의병활동을 토벌한 사람으로 유명했다. 1910년에 대정·정의 순사 분견대장으로 제주도로 건너와 성산포에 정착했다. 1915년에 경찰 퇴직 후 잡화상을 열고 1918년에 일본인학교 성산심상소학교 개교 당시 학교조합 관리자가 되었다. 소방조 대장을 역임하고 3기에 걸쳐 성산면 면협의회 의원을 지냈다.[24] 1924년에 성산포금융조합 설립 시 등기이사가 되었다. 이 때 이사는 조선인 2명과 오자와(小澤靜溪), 니노미야(二宮義馬)였다.[25]

그 외 『제주도세요람』(1939)에 광고를 낸 성산포 거류민은 니노미야(二宮義馬, 장어 양식업), 오오야마(大山常松, 조선옥도주식회사 성산포 공장 전무), 히노데여관(日乃出旅館, 中村, 성산포 관공서지정)이었다.

미야케 미치지로(三宅道次郎)는 나가사키현 해산물 판매업자였다. 1889년에 대마도에서 나가사키로 해산물을 운반하던 중 태풍을 만나 우연히 행원리에 표착하게 되었다. 닻을 올렸는데 전복이 많이 부

---

24 『전라남도 사정지(하)』(1930).
25 조선총독부 관보 제3516호(1924년 5월 6일).

城山浦 二宮義馬 土地仲事務所

城山浦 森下回漕部 朝鄙取扱店

雜貨商 緒方商店

品　日鮮　食料 長谷川商店 城山浦 二

城山浦 魚貸

城山港 大山常松

조선신문(1925년 8월 30일) 광고　　　조선신문(1936년 1월 16일)

제주도 성산포 니노미야 양어장, 히노데 여관 광고
(『제주도세요람』(1937))

착되어 있는 것을 보고 제주도 바다에 전복이 많은 것을 알게 되었다. 1890년부터 비양도, 표선 등에서 전복을 채취하였다. 1909년에는 행원리에 정주하면서 잠수기로 전복을 본격적으로 채취하였다. 제주 최초 잠수기 사업자로 볼 수 있다. 일본인 잠수기 어업에 제주도 해녀가 고용되는 경우는 없었다. 미야케는 남획으로 잠수기 어업이 퇴조를 보이자 수산 가공업과 요오드 제조에 가담했다. 1929년부터는 성산포에서 수산물을 모아 나가사키현 고노우라항(神浦港)으로 이송한 후 가공해서 다시 오사카로 출하하는 방식으로 판매하였다. 성산포와 나가사키현 고노우라항을 오가는 무동력 기계선 1척, 그것을 운반하는 운반선 3척을 소유하고 있었다.

1931년 여수로 이동해 조선 제3구 잠수기어업(朝鮮第三區潛水器漁業) 주식회사를 설립하여 수산물 유통업을 확장해 나갔다.

제8장

한림의 일본인 거류민

1. 한림의 근대 모습

 '곳곳에 근대건축물이 숨어 있어 '지붕 없는 박물관'으로 일제강점 기부터 해방 전후에 건축한 옛 건물이 아직 자리를 지키고 있다', 이 것은 제주의 관광명소를 소개하는 한 사이트에서 한림을 소개하는 첫 구절이다.[1] 정체된 지역이라는 이미지로 비춰질 수 있는 서술이다. 한림은 일본 식민지 시대에 형성된 근대의 모습을 오랫동안 유지했 던 지역이다. 그만큼 한림 마을사에서 일제강점기에 번영이 있었음 을 말해주고 있다. 근대적 요소가 식민지 시대 일본 제국에 의해 구 동 장치가 설치되었다고 해도 과언이 아닌 지역이다. 한림의 근대 기 록을 통하여 정체되어 있던 전통사회가 근대화로 나아가는 한 지방 마을의 면모를 찾을 수 있다.

 한림의 지역사, 마을사에서 근대를 말할 때 빠지지 않는 것은 한림 항 수축, 옹포 통조림공장, 해방 직전 미군에 의한 비양도 앞바다 일 본군함 침몰 등 일본 식민지 상황을 배경으로 서술하는 경우가 많다. 근대의 수산업 발전을 기반으로 방파제 등의 항만시설 뿐만 아니라 주변의 제빙공장, 수산물 가공공장, 상업시설의 확충은 마을의 중심 을 해안으로 이동시켜 전통 취락의 근대화에 큰 영향을 주었다.

1　https://www.visitjeju.net/kr/detail/view?contentsid=CNTS_000000000018421(2021).

비양도와 협재포구[2]

『조선연안 수로지』(1933: 347쪽)에 나온 한림에 대한 소개는 다음과 같다. 간단한 서술이지만 한림의 모습이 드러나 있다.

- 비양도 포구가 좋다.
- 한림리에 정기선이 기항한다.
- 우편소에서 전신사무를 취급한다.
- 경관주재소, 면화판매소, 통조림공장이 있다.
- 폭풍경계신호소가 있어 제1종 신호를 계양한다.
- 봄, 여름에 일본인 출어자가 다수 있다.
- 해산물이 아주 저렴하다. 계란도 저렴하다.
- 돼지고기, 소고기를 쉽게 구입할 수 있지만 질이 낮다.
- 담수는 각 마을 공통으로 궁핍하고 수질이 열악하다.
- 옹포리 동쪽에 청수가 흐른다. 마을 사람들은 이 물을 명월물이라고 한다.

2   1930년대 발행된 사진엽서, 정확한 촬영연도와 발행처 불명, 제주기록문화연구소 소장.

- 가뭄에도 고갈되지 않고 흐른다. 용출량이 1시간에 20톤 내외다.
- 그러나 물긷기가 불편하다. 하구에 요철 암반이 있어 배 기항이 어렵다.
- 기항 시에는 비양도 부근의 조선인 소유 2톤 내외의 재래선을 고용하여 이용할 수 있다.

『제주편람』(1930: 77쪽)의 기술로 1930년의 한림의 규모를 알 수 있다. '구우면(舊右面, 현재의 한림읍, 한경면)은 옹포리에 있고 관할리동(里洞)은 23개, 면적 13방리, 동서로 5리, 남북으로 2리, 면내 전체 거리 23리. 제주 성내까지의 거리는 약 80리다. 동남부에 금악오름을 비롯하여 다섯 개의 오름이 있고 죽도(차귀도의 일본식 이름), 비양도가 있다. 명월에 쌍계수가 있고 협재에 모래사장, 한림과 협재 사이에 있는 포구는 기항지로 좋다'고 기술되어 있다. 1931년 시점에서의 인구는 옹포 945명, 한림 1,613명, 대림 1,038명, 명월 1,324명, 동명 952명, 귀덕 3,010명, 수원 1,687명, 상대 479명, 금악 1,316명, 협재 1,651명, 금릉 1,271명, 월령 504명으로 현 한경면 지역의 마을을 제외하면 1만 5,790명이었다.

한림의 근대로의 변화를 고찰하는 것은 일제강점기의 면단위 지방의 근대를 파악할 수 있을 것으로 보인다. 지방의 전통 마을 단위에서의 식민지화 과정에 매몰된 근대화의 일면을 볼 수 있다. 근대의 모습이라는 것은 전통적인 전근대 사회에서 근대식 학교 설립, 병원 설립, 우체국 개설, 경찰서 설치, 근대식 공장의 설립 등의 변화 과정을 말한다. 이들 근대의 단면을 고찰함으로써 한림의 근대 모습을 재현해 보고자 한다. 한림의 근대사를 요약하면 다음과 같다.

1878년 나가사키현 어민 요시무라(吉村興三郞) 비양도에 출어
1882년 오이타현 상어잡이 어선 비양도 채류
1894년 히로시마현 출신 아라카와(荒川留重郞) 비양도에 정주 시작

한림전등소비조합 창립　　　　　　　금융조합 낙성식　　　　　　제주금융조합 한림사무소
(조선일보 1931년 7월 13일 기사)　　(매일신보 1933년 4월 23일 기사)　(목포신보 1938년 4월 22일 기사)

1920년 구우공립보통학교(한림초등학교 전신) 개설(명월리)

1923년 한림우편국 설치

1925년 근대식 의원(醫院) 설치

1926년 다케나카(竹中) 통조림공장 설립(옹포리)

1927년 면사무소 이전(한림리)

1930년 한림항 제빙공장, 중유탱크 설치(오사카 마쓰시타상점)

1931년 한림 전등소비조합 창립

1933년 한림금융조합 사무소 낙성식

1935년 한림축항 완공

1936년 제주도어업주식회사 설립(대림리)

1941년 한림우편국 시외통화 전화개통

1.1. 구우면사무소

1930년 기준 구우면사무소의 규모는 면장 1명, 서기 11명, 기사 1명, 고용인 2명, 면협의회원 14명, 각 마을의 구장 32명으로 구성되어 있었다.[3] 1927년 명월에 소재하고 있던 구우면 면사무소를 한림으로

3 『제주편람』(1930), 현 한경면 포함.

김창우 면장의 비구물 수리비용 기부 기사
(매일신보 1934년 12월 29일 기사)

한수리 소재 비구물
김창우면장 기념비
(1934년 건립, 2021년 촬영)

이전할 당시 반대 시위가 있었다. 동아일보 1927년 4월 18일 기사에 따르면 1927년 4월 12일 제주도 구우면의 면사무소 이전에 반대하는 면민 900명이 한림 경찰관주재소를 포위하고 면장과 면담시켜줄 것을 요청하며 소동을 벌였다. 제주읍 제주경찰서 지대가 출동하여 주민을 강제 해산시켰다.

각 지방의 면단위 지역에서는 경찰서장과 우편국장은 일본인을 맡기면서 면장은 조선인을 임명했다. 1915년 제주도사 파견 이후 제주도의 각 기관의 관리자는 일본인 관리가 파견되었다. 행정의 말단기관인 지방의 면단위 지역에 특별한 사유가 없는 한 일본인 관리가 면장이 되는 일은 없었다. 1909년 9월 지방제도 발표 이래 1945년까지 일본인이 면장을 맡은 적은 없었다. 대신 면의원회에는 일본인이 적극적으로 참여했다.

조선총독부가 임명한 구우면 면장은 1929년부터 해방될 때까지 김창우(金昶宇) 한명이었다. 1933년 조선총독부로부터 조선국세조사 기념 훈장 정8훈 훈장, 1940년 중일전쟁조선공적조사에서 공적조서 기록이 조선총독부에 남아 있다.[4] 이 면장은 해방 후에도 1950년대까

---

4 1933년 7월 4일 조선총독부 칙령 제145호, 1940년 지나(支那)사변 조선공적조사, 조선총독부(국

지 면장으로 남아 가장 오랫동안 면장을 한 기록을 세운 사람이다.

한림읍 대림리 비구물에는 1934년에 건립된 김창우 면장의 기념비가 있다. 이 기념비는 1934년 12월 대림리 마을 주민 이민근(李敏根), 홍용규(洪龍圭)에 의해 세워졌는데 '비구물에 항구를 열어 그 공을 잊지 못한다'고 새겨져 있다. 김창우 면장이 비구물(飛鳩泉) 공동우물 수리 비용 50원을 기부한 데서 유래한다.[5]

1.2. 한림공립보통학교

1923년 동명리에 있던 보명의숙을 4년제 구우공립보통학교로 개설했다. 1923년 제3대 경찰서장겸 제주도사 마에다 젠지(前田善次)가 부임하면서 제주사회가 역동적인 변화를 고하던 시기였다.

1925년까지는 조선인 교사 3~5명이 운영하다가 1926년부터 일본인 교장이 부임하였다. 1925년에 근무했던 조선인 교사는 김채진(金埰鎭), 김문옥(金文玉), 이화옥(李華鈺), 박상인(朴相仁), 장제필(張濟弼) 등이 촉탁교원으로 근무했다.

1931년『제주편람』(1930: 12쪽)에 따르면 교사 10명, 재학생 365명(여자 14명)이었다. 1933년 교장 세키 요시히코(關芳彦) 때 6년제 6학급이 되었다. 1934년 교사(校舍)를 한림리로 이전했다. 이 학교 이전 문제로도 명월 주민과 한림 주민들 사이에 갈등을 빚어 1933년 9월 구우면 면민대회 때 주민 충돌로 아수라장이 되었었다.[6]

전라남도령에 따라 1935년 한림공립보통학교로 명칭이 변경되었다. 1938년 일본인 거류민 학교 한림동공립심상소학교(교장 가메이 에지

가기록원).

5 洞中共同井 一新改修 金昶宇氏特志(매일신보 1934년 12월 29일 기사).
6 조선중앙일보 1933년 9월 18일 기사.

龜井榮次)의 신설에 따라 한림공립보통학교는 한림서공립심상소학교 (교장 후지무라 藤村實則)로 명칭이 변경되었다. 1941년 교육령에 따라 한림동심상소학교는 한림 동국민학교, 한림서심상소학교는 한림 서국민학교가 되었다.

면장과 달리 면단위 보통학교 교장은 일본인이 임명되었다. 1926년 부임한 히라카와 주키치(平川中吉)는 4년 근무 후 전라남도로 전근 갔다가 1940년부터 다시 한림서심상소학교(한림초등학교 전신)로 부임하여 1945년까지 근무했다. 한림에서 오래 거주했던 일본인 관리로 볼 수 있다. 히라카와 교장은 일본인 학교에는 근무하지 않고 조선인 학교에만 근무하는 일본인교사로 조선인 아동 지도에 능숙한 베테랑 교사였다.

한림 서심상소학교 출신 박영만(1930년생, 금악 출신, 오사카 거주)의 회상에서 일본인교사의 역할과 일본의 마지막 모습을 엿볼 수 있다.

'소학교 5학년 때 선생님들이 전체 기운이 없고 지역의 공무원도 기운이 없어 보여 이상하다고 생각했다. 히라카와 교장은 어제 천황폐하의 명령으로 전쟁이 중지되었다고 했다. 따라서 자기네들도 일단 일본으로 돌아가지만 다시 돌아와서 지금처럼 생활할 것이라고 했다. 마치 미국·영국과 싸워서 이긴 것처럼 말했다. 전쟁에 지면 러시아 북극에 이동시켜버릴지 모르고 동남아시아에는 미국사람들만 살게 될 것이다, 전쟁에 지면 큰일 날 것이라고 말하곤 했었기 때문에 일본이 전쟁에 진 것을 알고 눈물이 났다. 앞으로 어떻게 살지 큰일이라고 생각했다. 나중에 알고 보니 히라카와 교장이 지어낸 말이었다.'

히라카와 교장은 가고시마현 출신으로 그의 딸 히라카와 세츠(平川 セツ)는 제주 남국민학교 교사로 재직 중이었는데 제주 남국민학교 아이들과 함께 목포로 피난 중 풍영환 사건으로 사망했다.

그 외 한림공립보통학교에 근무했던 일본인 교사는 히라카와 이외 후

1944년 한림 동국민학교 졸업사진[7]　　　한림 동국민학교와 한림중학교 발상지 표지석

지무라(藤村實則, 1938년), 하마다(濱田薫敏, 1941년), 도미나가(富永貞男, 1941년), 구니모토(國本淸隆, 1941년), 마스모토(升元松治, 1941년), 미하라(三原親) 등이다.

한림동심상소학교(현 한림읍 주민자치센터)는 1938년부터 1945년까지 존재했던 일본인 학교이다. 학교조합장은 다케나카통조림공장의 사장 다케나카신타로(竹中新太郎)가 맡았다. 학교조합 사무실을 다케나카통조림공장에 두었다. 가메다에지(龜田榮次), 야마카미 초사쿠(山神長作) 등의 일본인교사가 부임되었다. 제주읍의 제주남심상소학교에 근무하던 교사가 부임되는 경우가 많았다. 해방 후 한림종합중학원(한림중학교 전신)으로 사용되었다.

1.3. 한림주재소와 한림우편국

1913년 동명리 명월성내 만호 아사를 사용하여 한림주재소가 설치되었다. 1919년 한림리 1367-1번지로 이전했다. 현재의 한림파출소(한림리 1367-2) 자리다. 주재소는 일제강점기 순사가 구역에 머무르면서 사무를 맡아보는 곳으로 조선 각지에 있었던 경찰의 말단 기관이다. 최고 책임자는 주재소장으로 경찰서장이 임명했다. 주재소의 업

7　가운데 군복차림의 안경 쓴 인물이 학교조합장 다케나카 신타로(사진출처 제주전통문화연구소: 2012).

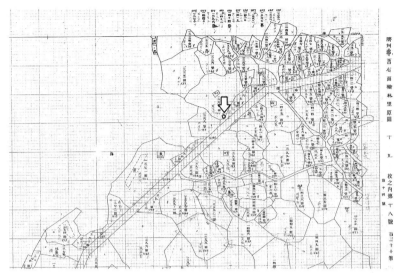

1914년 토지조사 당시 한림현황(화살표 표시 현 한림파출소)[8]

한림항 주변 지도(2021년, 표시는 현 한림파출소)

무는 해당지역의 치안을 담당하는 것이지만 위생점검과 조선인들의 행동을 감시, 반일 항일 행위를 감시하는 목적이었다.

1943년 한림주재소 구성원은 순사부장 유도초단 사카이(酒井長藏, 구마모토 출신), 나카무라(中村正身, 후쿠오카 출신), 나카노(中野藏吉, 후쿠오카 출신)

8　사진출처 국립중앙도서관 디지털 자료(1914년 한림리 토지대장).

한림 마쓰이의원 광고
(조선신문 1936년 1월 16일)

와 조선인 2명이었다.[9]

한림주재소 소속 공의(公醫)는 마쓰이(松井龍起)였다. 마쓰이는 구마모토(熊本) 출신으로 1930년 경북도립 대구의학 강습소를 졸업하고 전라남도 도립 제주의원 의원(醫員)으로 부임하여 한림주재소 공의로 파견되었다.[10]

한림우편국은 1923년에 신설되어 우편, 환금, 저금, 전신, 전화, 보험, 연금을 취급했다.[11] 1929년 한림리 1421번지에 신청사를 신축했다. 1931년에 음향 전신기가 설치되고 1941년에 시외통화가 개통되었다. 제주, 한림, 모슬포를 접속하는 복선식 전화였다. 다케나카 통조림 공장 대표 다케나카 신타로(竹中新太郎)의 신청에 따라 개통된 것이다. 1945년에는 한림어업조합 신청에 의해 일반 시외통화 전화가 개통되었다.

1.4. 한림의 첫 주식회사

전통사회의 경제 규모는 1차 산업의 생산량을 말한다. 근대 경영체에 의한 경제 규모는 회사 설립에 따른 기록으로 그 규모를 엿볼 수 있다. 초기에는 일본인과 일본 자본에 의해 근대적 경영체가 설립 등기되었다. 한림에 주소를 두는 최초의 주식회사는 1936년에 설립된 제주도어업주식회사이다.[12]

---

9 『조선경찰직원록』 1943, 조선경찰협회.

10 제1부 의사시험 합격자 명단 1930년 1월 4일, 조선총독부 관보 정규 899호, 도립제주의원 의원(醫員)으로서의 기록은 1932년부터 1934년까지이다.

11 매일신보 1923년 12월 4일 기사 참조.

12 濟州島漁業(株), 1936년 11월 10일 설립, 『조선은행 회사조합요록』(1937년판), 동아경제시보사 발행.

이 회사의 자본 배경은 울산 방어진에 본거지를 둔 하야시카네어업(林兼漁業)이었다. 어획물의 처리 및 매매 운반, 어업용품의 판매, 어업자금의 대부, 빙설제조 판매, 기선 저인망 어업 등에 관련한 부대사업을 목적으로 했다. 한림읍 대림리 2018-3번지를 회사 주소지로 두고 있는데 한수리 현재 비료공장 남쪽이다. 한수리 방파제 매립은 이 회사 소속 선박들이 수산물 수송에 편리하도록 공사한 것이다.

두 번째 회사는 1937년에 다케나카통조림의 대표인 다케나카(竹中新太郎)가 설립한 다케나카쿠미(竹中組) 주식회사다. 하객의 취급 및 운수창고업 그 부대사업을 목적으로 했다. 한림리 1320번지에 운수창고를 두고 있었다.[13]

1940년에 설립된 제주도산업상사(濟州島産業商事) 주식회사는 자본금 50,000원으로 농산물, 축산물, 해산물 판매 및 가공, 건축 재료 일체의 매매, 석탄, 장작 판매, 일반 상품 매매 및 위탁 등 광범위한 사업 범위로 한림 최초의 종합상사 격인 회사였다.[14] 실질적으로는 다케나카통조림공장과 하야시카네어업(林兼漁業)의 합자회사다. 사장은 일본인 사카모토 고로(坂本五郎), 중역으로 현지인 고정봉(高丁鳳), 김대원(金大元, 김창우 면장 아들) 등이 경영에 참여했다.

제주도산업상사 사무소(2002년 촬영)[15]

제주도산업상사 사무소(2021년 9월 촬영)

13 다케나카쿠미(竹中組) 주식회사는 자본금 20,000원,『조선은행 회사조합요록』(1942년판).

14 『조선은행 회사조합요록』(1942년판).

15 사진출처『한림리』(제주의 마을 시리즈, 반석 발행, 2002).

이 회사의 사무실은 한림리 1372번지 한림여관에 두었다. 일본인이 숙박하는 여관이었다. 해방 이후 4.3사건 때 경찰의 숙소로 사용되었는데 무장대의 습격을 받은 역사적 장소다. 이 건물은 한림에서 가장 오랫동안 남아 있는 일제강점기 건축이다. 외벽 전면은 비늘판 자벽(鎧板張り) 빈지벽 마감을 하였고 뒤쪽 부분은 상하 모두 흙벽 위에 회반죽을 발랐다. 2021년까지 일반 주택으로 사용되고 있다.

일본인 회사의 자본금은 제주도어업주식회사 30만 원, 다케나카구미(竹中組) 주식회사 2만 원, 제주도산업상사 주식회사는 5만 원으로 총 37만 원이었다. 현지인이 설립된 회사는 1937년에 설립된 고정봉 회조부(高丁鳳回漕部, 운송업)주식회사와 1941년에 설립된 한림운송 유한회사가 있었다. 이들의 자본금은 각각 2만 원과 3만 원이었다. 일본인 회사에 비하여 적은 규모의 회사였다. 한림운송은 고정봉, 이휘보(李輝保)에 의해 한림리 1320번지에 둔 운수창고업으로 등록되어 있다.

한림의 근대 경제는 일본인 중심의 구조였지만 산업별 총 생산을

한림항에 있었던 일제강점기 운수창고(1953년 촬영, 사진출처 국가기록원)

계산한 것이 아니기 때문에 현지인의 생활경제까지 장악한 것은 아니었다.

제주성내 거류민들처럼 잡화상 경영과 같은 경제활동에 대한 거류민에 대한 기록은 찾지 못했다. 한림에서 잡화상을 운영하여 이익을 남길 정도의 소비시장이 형성되지 못했던 것으로 보인다. 한림의 일본인은 어업자들이 많아 잡화를 소비할 정도의 숫자가 되지 못했고 현지인들에 의한 소비는 기대할 수 없었던 것으로 보인다. 1930년에는 161명, 1937년에는 180명까지 일본인 거류민이 늘어났지만 다케나카통조림과 하야시카네어업 소속 일본인을 제외한 조직적인 거류민 경제활동은 없었다.

1.5. 대기업 어업기지로서의 한림

일제강점기 한림에 하야시카네어업(林兼漁業, 현 마루하니치로주식회사)이라는 대기업이 진출했던 사실은 알려지지 않았다.[16] 하야시카네라는 이름을 전면에 내세우지 않고 제주도어업주식회사, 제주도산업주식회사라는 이름으로 회사를 설립하고 현지 지배인을 두었기 때문이다. 하야시카네어업은 원양어업, 포경어업, 다이요웨일스 프로야구단 운영 기업 다이요어업(大洋漁業)의 전신이다.[17]

대림리에 본점을 두었던 제주도어업주식회사는 하야시카네어업(林兼漁業) 주식회사의 자회사로 제주도에 근거지를 마련하기 위한 포석이었다. 이 회사는 자본금 30만 원이었는데 일제강점기 동안 제주도

---

16 마루하니치로주식회사 홈페이지 연혁 참조. https://www.maruha-nichiro.co.jp/corporate/outline/data/history/

17 1929년에 실업야구 하야시카네상점 야구부를 창설, 이후 모기업의 명칭 변경에 따라 다이요어업(大洋漁業) 야구부가 되었다. 1949년 프로야구단 다이요 웨일스(현재의 요코하마 DeNA 베이스타스)를 창단했다.

에 설립되었던 주식회사 형태의 회사 중 자본금이 제일 많았던 회사이다. 제주읍에 전력을 공급했던 제주전기주식회사의 자본금이 10만 원이었던 것을 감안하면 한림면의 제주도어업주식회사의 자본금의 규모를 알 수 있다. 제주읍에서 가장 많은 자본금을 설정한 회사는 제주면업주식회사로 자본금 20만 원이었다. 제주도어업주식회사의 출자자는 하야시카네어업의 사장 나카베(中部) 일족이었고 제주도 한림의 대표는 하야시카네어업의 고흥군 나로도 담당자였던 아리요시 교키치(有吉京吉)[18]였다.

하야시카네어업(林兼漁業) 주식회사는 시모노세키시(下關市)에 본사를 두고 울산 방어진에 조선지점을 두고 있었다. 수산물의 어획, 수산물의 제조, 수산물 운송 유통을 주된 사업으로 했다. 일제강점기 동안 실질적으로 조선의 수산업을 장악하고 있었던 수산물 운송회사였다. 하야시카네어업이 수산왕국을 이룩할 수 있었던 것은 조선의 수산물을 발동기선을 통해 신속하게 일본의 시장에 운송할 수 있었기 때문이다. 조선의 수산업 요지 곳곳에 깃발을 꽂았는데 한림도 그중에 하나였다. 실질적으로 제주도어업주식회사는 하야시카네어업의 제주도 지점과 같은 역할을 했다.

이 회사는 효고현 아카시시(明石市) 하야시자키(林崎)를 근거로 하는 나카베 이쿠지로(中部幾次郎)의 가업인 생선 중매 운반업이 기원이다. 후에 바다의 아버지로 불리게 되는 나카베 이쿠지로(中部幾次郎)는 1905년 일본 최초의 발동기선을 개발하여 동중국해, 한반도 어장으로 진출했다. 1909년 하야시카네어업이 소유한 배는 200척이 넘었다. 후에 야마구치현 시모노세키시(下關市)로 거점을 옮겨 포경어업,

---

18 1893년 오카야마현(岡山縣) 비젠시(備前市) 히나세(日生)에서 어부의 아들로 태어났다. 패전 후 시모노세키시로 돌아간 아리요시는 다이요어업(大洋漁業)의 사장이 되었다. 해방 이후 한일 수산관계사에서 중대한 역할을 했다. 1953년 한일대책중앙본부 구제운동 사업(이승만 라인 침범 납포 어선에 대한 생필품 지원 사업)의 일본측 대표를 맡았다. 한일수산사에서 재조명되어야 할 인물이다.

하야시카네의 진출(목포신보 1935년 7월 4일)[19]

'조선수산주식회사 한림 근거지'[20]
(목포신보 1938년 7월 17일 기사)

트롤 어업에 진출해 사업을 확대했다. 현재 시모노세키시가 포경어
업 기지가 되는 기틀이 되었다.

1910년 울산 방어진영업소를 설치하였고 조선통어가 자유롭게 되
자 조선연해 출어어선의 어획물을 사서 시모노세키에 운반하여 판매
했다. 주로 고등어, 전갱이를 얼음에 재워 일본으로 이송하는 방식이
었다. 1918년에는 부산지점을 개설했다.

울산 방어진 이외 부산, 고흥군 나로도에 어업기지를 조성하고 있
었다. 일제강점기의 울산 방어진과 전남 고흥군 나로도는 하야시카
네어업에 의해 형성된 마을이나 다름없었다. 세상의 모든 삼치는 나
로도로 통한다는 말이 생길 정도로 나로도의 삼치파시는 전국 최대
규모였다.

19 '하야시카네(林兼)의 진출-제주읍, 한림, 서귀포 3곳 맹렬한 쟁탈전 개시, 수산물가공의 왕좌를
    차지하는 하야시카네상점이 제주도에 모시풀공장을 세운다는 기사.
20 중국해 어장 개척의 근거지 제주 한림, 조선수산개발회사는 1938년에 설립된 하야시카네어업과
    더불어 조선의 수산업을 지배했던 수산회사.

일본 패전 후 조선에서 철수한 하야시카네어업은 1946년 대양어업(大洋漁業) 주식회사라고 사명을 바꾸고 포경어업을 재개했다. 이후 원양어업 사업을 전개하고 어업 이외에도 식품 가공, 냉장, 운송, 무역상사 등에 진출했다. 원양어업은 전후 식량난 시기부터 고도성장기까지 일본의 귀중한 단백질원을 공급했다.

해방 후 조선에 남은 하야시카네어업은 미군정 통제하에서 서대양(西大洋)어업회사(West Oceanic Fishery Company)라고 불렸다. 1947년 중앙경제위원회 재산관리처의 기록에 따르면 조선에 남은 하야시카네주식회사의 총 자산은 3,570만 원이며, 고용자수는 2,000명, 지사는 총 14곳이었다.

1.6. 한림항

1930년 조선총독부의 한림항 방파제 공사 결재 서류(전라남도청 기안)

1926년 옹포 통조림공장이 설립되자 생산한 제품을 운송하기 위해서 한림항 수축은 시급한 상황이었다. 1930년 주민 기부금 8,000원, 전라남도 지방 보조금 4,000원 합계 1만 2,000원으로 방파제 53m를 축조했다.

1934년 8월 4일 국고 보조비 6만 원, 지방비 4만 원, 면민 부담금 2만원 합계 12만 원으로 기공하여 북방파제 54m, 남방파제 21m가 연장되었다. 1935년에는 한림의 동쪽 바다 2만 평을 매립하는 계획으로 공사비 4만 8,000원 중 한림의 유지 양두석, 이민근, 고정봉, 김

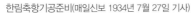

한림축항기공준비(매일신보 1934년 7월 27일 기사)　　　　한림항 축항 계획(매일신보 1932년 2월7일 기사)

성석, 김대원과 일본인 다케나카(竹中新太郞), 오무라(大村隆行), 마쓰시타상점(松下商店). 하야시카네어업(林兼漁業)이 공사비 절반을 부담하여 1935년 3월 준공하게 되었다.

1935년 10월 20일 부산일보의 '제주도 한림축항 완성' 기사에 따르면 한림 축항은 제2차 궁민구제(窮民救濟) 사업으로 공사중이며 과반준공으로 10월 8일 준공식을 한림항 방파제에서 거행되었다. 1935년 12월 26일에 막대등대 점등식을 가졌다.[21]

한림항은 제빙공장을 갖추고 있어 어획물을 빙장할 수 있었다. 옹포의 통조림 공장에서 생산된 제품 등이 이 항구에서 반출되었다. 하야시카네어업 소유 어선 49척 및 동지나해 원양어업에 일익을 담당한 것으로 기록되어 있다. 하야시카네어업이 진출한 이후 한림항은 더욱 주목받게 되었다.

1937년 3월 부산상공인들

한림항과 돌담집(부산일보 1937년 5월 11일)

21　조선총독부 관보 제2717호(1936년 2월 5일 발행, 朝鮮南岸全羅南道濟州島翰林港ニ左ノ燈竿ヲ新設シ昭和10年 12月 26日ヨリ點燈シタル旨全羅南道知事ヨリ報告アリタリ).

1935년 한림항준공식 장면(목포신보 1935년 11월 14일)

한림항(부산일보 1937년 7월 1일 기사)

한림항(1953년 촬영, 사진출처 국가기록원)

과 함께 황영환(晃永丸)를 타고 제주도에 왔던 부산세무서장 곤도 야스토시(近藤保利)는 제주도 시찰 후 부산일보에 '제주도를 친구에게 말하다'라는 기행문을 연재했다.[22] 제주도 체재 2박3일간의 일정을 소개하는 가운데 한림 일정은 여느 시찰단과 마찬가지로 한림항과 다케나카 통조림공장을 시찰하게 되었다.

'한림에서는 면장과 유지들이 마치 총독이 시찰하는 것처럼 시찰난 얼굴이 붉어질 정도로 환대해 주었다. 한림은 신흥부락이다. 한림항은 방파제도 있어 다른 곳에 비하면 항구의 면모를 갖춘 곳이다. 300톤 이상 선박 입항은 어렵지만 하야시카네어업(林兼漁業) 수조선 20척이 배치된 중심지대다.'

부산일보 1937년 6월 25일부터 7월 11일까지 8회 연재된 부산일보 진주지국의 기자로 소야마(蘇山)의 '해녀와 전설, 전남의 보고(寶庫)'라는 기사에도 한림항이 서술되어 있다.

'한림은 제주읍을 출발해서 2시간 거리, 26리. 한림항은 제주도 4대항 중에 가장 훌륭한 항이다. 장래 어항으로도 무역항으로도 발달의 여지가 가장 크다. 그 장래성을 인정받아 1934년 전라남도가 직영 공사비 24만원 투자하여 방파제를 축조했다. 그 후 크게 면목을 달리하여 제주어업주식회사가 진출해서 상무이사 아리요시(有吉京吉)가 전남 나로도와 병행하여 운영 활약하고 있다.
항만 내에 선박이 즐비하게 닻을 내리고 있다. 군대환(무선전화가 있는 800톤 기선)은 매월 3회 입항, 이 항을 근거지로 하고 있다. 직경 300해리의 상하이 원양어업 저인망 어선의 모선 기항지가 되고 있다. 서북쪽 바로 앞에 비양도가 있어 서북풍의 격랑을 완전하게 막아준다. 천연방파제이다. 내측 수심

---

22   기사제목은 '제주도를 친구에게 말하다-처녀항해 황영환에서-', 부제는 '해녀가 사는 섬 제주도 시찰여행'으로 1937년 5월 5일부터 10회 분할 연재되었다. 황영환(晃永丸)은 전세편이었다.

'어업 일본의 전진기지 한림을 말하다'(목포신보 1938년 4월 22일 기사)

이 깊을 때에는 대형 선박도 안전하게 피난할 수 있다. 동북쪽의 방파제가 완성되면 제주도 교통경제의 중심지가 될 것이다.'

1938년 목포신보는 '어업 일본의 전진기지 한림을 말하다'라는 특집 기사로 한림을 소개하고 있다.[23] 이 기사는 한림의 유지들에 의한 대담 형식으로 경제, 사회, 교육, 환경 등 근대화된 한림의 모습을 보이고 있다.

23 '漁業日本の前進基地翰林を語る' 목포신보 1938년 4월 22일 기사.

한림항 고등어어업 장면(목포신보 1938년 4월 25일) 한림항 기상 신호탑
(목포신보 1938년 5월 1일)

구 제주도어업주식회사 주변의 고기상자와 생선건조장(2021년 10월 촬영)

한림항(2021년 촬영)

유명한 통조림 '호라이니(宝來煮)'의 본고장이 바로 이곳이며 다케
나카 통조림공장이 한림의 여명을 열었다고 하고 있다. 전기, 수도,
자동차 등의 인프라 시설 설비에 대한 급무를 말해 재정 지원을 촉구
하는 내용이다.

대담 참석자는 일본인은 다케나카통조림 지배인 오무라(大村隆行) 제
주도어업주식회사 관리인 사카모토(坂本), 한림우편국장 다나카(田中貞
亮), 한림동심상소학교 교장 가메다(龜田榮次), 한림서심상소학교 교장
후지무라(藤村實則), 면서기 다치바나(立花), 하야시카네어업 직원 고지
마(五島孝太), 조선인 참석자는 면장 김창우, 금융조합 이사 이정범(李丁
範), 상업 고정봉(高丁鳳)이었다. 이 기사에는 1930년대 한림의 모습을
알 수 있는 한림항 하역 장면, 제주금융조합 한림지소, 테우, 고기상
자 사진 등이 실렸다. 고기상자는 제주도어업주식회사의 모기업 하
야시카네어업의 상표인 마루하(まるは) '(は)'가 새겨져 있다. 80여 년이
지난 지금도 한림항 근처에는 목포신보에 실린 목재 고기상자를 흔
히 볼 수 있다. 지역의 정체성은 쉽게 변하지 않음을 알 수 있다.

2. 옹포리 공업지구

2.1. 동양 최고의 굴뚝 다케나카 통조림공장

(1)군수공장

『생활상태조사: 濟州島』(1929: 116쪽)에 따르면 한림은 '면화, 통조
림, 양조장, 도축장이 활발하고 교토(京都)의 다케나카(竹中)통조림공장
설치 이전으로 장래 공업지로 유망한 곳'이다. 이 공장의 설립으로
반농반어의 마을 한림은 갑자기 공업지로 유망한 곳이 되었다.

한림 사람들에게 '죽중이공장(竹中工場)'으로 불리던 다케나카 통조림 공장은 일제강점기 제주도를 대표하는 심벌마크의 하나였다. 한림 사람들은 '동양 최고의 굴뚝'이라고 믿었다. 1963년에 발행된 『한림읍지』에서는 '우리나라에서 가장 큰 통조림공장'이라고 기술하고 있다. 다케나카 통조림공장은 일제강점기 동안 군납용

한림통조림공장 개설 기사
(매일신보 1927년 12월 15일)

식품을 가공 생산한 공장으로 한림뿐만 아니라 조선 전국 각지에 공장이 여럿 있었다.

다케나카 통조림 공장의 창업자 다케나카 센타로(仙太郎)는 교토에서 청과 도매점을 운영하고 있었다. 죽순, 완두콩 등을 취급하면서 오랫동안 보존할 수 있는 방법을 고민하다가 1908년 교토 후시미(伏見)에 공장을 설립, 통조림 제조에 착수했다. 차남 세지로(淸次郎)는 교토 수산강습소에서 전갱이 오일 통조림 제조를 배워 통조림 기술을 습득하고 있었다. 1916년 회사 다케나카 통조림 제조소를 창립했다.

다케나카 통조림제조소는 인접 교토에 주둔하고 있던 군수공업 연습 관리 공장의 역할을 겸하고 있었다. 1923년 관동대지진으로 요코하마의 수출용 통조림 창고가 재해를 입어 통조림 생산이 중단되자 다케나카 통조림제조소의 역할이 커졌다. 주식회사로 면모를 갖추고 1926년 조선으로 진출하게 되었다.

조선총독부는 1921년부터 열등 수컷 소에 대해 거세 계획을 시행하여 번식 능력을 잃은 늙은 소의 처리와 그 활용을 계획했다. 축우(畜牛)에 의한 계획적인 식량 생산과 판매의 안정을 지향한 조선총독부의 시책에 따른 것이다. 다케나카 통조림제조소는 이른바 조선총독부의 부름을 받아 분공장을 제주도 옹포에 설립하게 된 것이다.

1930년대 초반 다케나카통조림공장 종업원 일동 사진과 공장 전경
(사진출처 제주전통문화연구소: 2012)

옹포천(귄남다리) 물을 공업용수로 이용하고 선박 출입이 용이한 포구를 갖춘 입지 조건에 따른 선정이었다. 제주 북서부에 공장을 둔 것은 중국침략을 염두에 두고 설립했다는 해석도 있다.

1926년 자본금은 40만 원, 종업원 44명(일본인 8명, 조선인 36명)으로 소라, 전복 통조림, 쇠고기 통조림 등 연간 2,100 상자, 생산금액 4만 2,000원만으로 당해 연도 제주도 총생산액의 4분의 1을 차지했다. 이 공장은 자본금이나 노동자 수에서 다른 공장에 비해 훨씬 규모가 컸으며 통조림공장 가운데 유일하게 30마력 원동기 1대, 20마력 원동기 1대를 갖추고 있었다. 공장부지는 4,806평, 공장 386평, 외부 창고 및 사택 511평, 1930년에는 50명 정도의 종업원이 종사하고 있었다.

대부분은 태평양전쟁 중에 군수용 통조림으로 납품되었지만 오사카를 경유하여 일본에도 고급 소고기 통조림으로 판매되었다.

1938년 일본 해군에 납품한 내역을 보면 마이즈루(舞鶴), 요코스카(橫須賀), 구레(吳), 사세보(佐世保) 해군 군수부 등 일본의 해군 군수부 전체를 망라하고 있다. 이 해군기지에 1년간 생소고기, 완두콩, 수산물 등의 통조림 8,803상자를 납품했다.

1944년 일본군이 제주도에 집결하는데 군수품을 대기 위해 아침부터 저녁까지 조선인 종업원 대부분 여공들이 2교대로 근무했다. 태평양 전쟁 말기엔 각 마을 여자청년단을 동원해 작업할 정도로 생산량이 많았다.

이 공장은 한림의 젊은 여성들의 취업처가 되었다. 공장에서 젊은 여성을 선호해서 선발한 것이 아니라 농어촌 사회에서는 젊은 여성의 노동력이 잉여 노동력이었기 때문이다. 고기잡이와 농사일에서 제외된 젊은 여성들은 자연히 공장에 취업하게 되는 상황이었다. 대부분 조선인 관리자의 소개로 취업하게 되는데 선망의 일자리로 인식되었다. 15세 이상을 기준으로 삼았지만 체격이 큰 경우 나이를 속이고 취업하는 경우도 있었다. 이 공장은 젊은 여성이 노동력을 흡수하기는 했지만 받는 급여는 일가를 먹여 살릴 수 있는 수준이 되지 않아 단기간에 그만두는 경우가 많았다. 우수한 여공 중에 육지 근무를 희망하는 경우는 나주공장으로도 보내지는 경우도 있었다. 한림에 사는 김춘옥(1923년생), 문상옥(1922년생), 문윤화(1921년생) 등은 학력이 없고 특별한 교육없이 취업했다.[24] 이들이 받아오는 급여는 가정에 도움이 될 정도가 되지 않았다. 조선옷을 입고 출근했다. 이 공장의 여공들은 태평양전쟁 말기 여성청년단원이 되었다. 재향군인의 지도에 따라 한림신사(현 한림교회) 마당에서 축창술 연습을 했다.

소고기통조림은 중요한 군수물자였다. 태평양전쟁이 본격화되면서 수요도 급증했다. 1937년 전라남도 나주에도 소고기 통조림공장을 세웠다. 지금도 유명한 나주곰탕은 이 통조림공장에서 나오는 소의 부산물을 재료로 하는 식당에서 유래된 것이다.

1943년에는 속초에도 소고기 통조림공장을 설립했다. 속초공장도 옹포공장과 거의 비슷한 상황이었다. 속초 노학동 출신 최춘옥(1934년생)의 기억에 따르면 속초의 다케나카 소고기통조림 공장은 공장 부지가 넓어 공장 내에 궤도(레일)를 깔아 물품을 수송할 정도였다. 청초

---

24 한림리 문영옥(1936년생), 김봉효(1937년생)의 기억.

1930년대 다케나카통조림공장 도축장면(좌)과 공장 주변 목장(우)(사진출처 제주전통문화연구소: 2012)

호변에 철조망을 쳐서 소를 가둬놨다. 이 소들은 전국에서 공출되어 기차로 싣고 온 것이다. 소를 도축하기 전에 굶겨서 똥을 모두 빼낸 다음 도축했다. 하루에 50두 규모로 가공되었다. 이 공장에는 보통학교를 졸업한 여자들이 공장에 취직했다. 여공들이 공장에서 통조림을 가져 나와 몰래 팔았는데 당시에 큰 쇠고기통조림 하나가 쌀 한 되 값이었다.[25]

(2) 공장 시찰기(視察記)

다케나카 통조림공장은 일본인이 조선에 진출하여 성공한 사례로 선전하는데도 한 몫을 했다. 조선총독부 고위층의 제주도 방문시에는 반드시 시찰하는 명소가 되었다. 1936년 우가키(宇垣一成) 조선총독부 총독의 제주 방문시에는 한림에서 점심을 먹고 다케나카 통조림공장과 한림항을 시찰했다. 1938년 미나미(南次郎) 총독 일행 시찰 이후는 관광요지로 선정되었다. 조선군사령관, 전라남도 지사, 정무총감도 시찰차 방문했다. 총독이 다녀간 곳이라 하여 조선총독부 직원의 출장, 재조 일본인 거류민들의 제주관광에 빠지지 않는 코스가 되었다.

25 속초신문 2018 년10월 22일 기사 참고.

1928년 8월 제주항 축항공사를 시찰하러 왔던 조선총독부 토목기사 가지야마 아사지로(梶山淺次郎)가 기록한 「제주도기행」[26]에 이 공장의 설립 직후의 모습이 드러나 있다.

'다케나카 신타로(竹中新太郎)씨의 통조림 공장에 들렸다. 문을 들어서니 오른쪽이 사무실이고 왼쪽은 공장이었다. 대부분은 조선인 여공이었다. 여기는 소라를, 저기는 푸른 완두콩을, 어떤 곳은 소고기를 캔에 넣고 있다. 또 어떤 곳은 중국사람이 소고기 뼈를 발라내고 있다. 캔 뚜껑을 채우는 기계가 그륵그륵 회전하고 그 앞뒤에서 여공들이 속이 채워진 캔을 배합하거나 제품 처리를 하고 있다. 호라이니(寶來煮, 통조림 이름) 등 소고기 통조림은 다 여기 제품이라고 한다. 사무실 입구에 직원 명찰이 걸려 있어 보니, 다케(タケ), 마쓰(マツ) 또는 치요(チヨ) 등 일본인 여자 이름이 늘어져 있다. 이것은 다 조선인 여공이 쓰는 예명이라고 한다. 지배인 기무라(木村)씨에 따르면 식품을 다루는 직공이다 보니 매일 목욕을 하도록 하여 청결을 유지하고 있고 대부분 오사카(大阪) 주변에 여공으로 갔다 온 사람들이라서 일본어도 잘 아는 하이칼라라고 하였다. 정말 들은 대로 하이칼라였다.

공장 남쪽 자택으로 안내받아서 중국요리를 대접받았다. 여기서 여러 가지 이야기가 나왔다. 이 지역이 완두콩 경작이 잘 된다는 것은 기무라 씨가 발견한 일이며 고급 소고기 통조림은 제주 소고기가 아니고는 만들 수 없다고 했다.'

1937년 6월 7일부터의 2박3일간의 제주도 시찰차 경남 사천군 군의회 시찰단과 동행했던 부산일보 전주지국의 소야마(蘇山) 기자는 부산일보에 1937년 6월 25일부터 7월 11일까지 '해녀와 전설, 전남의 보고(寶庫)' 연재 기사를 적었다. 이 기사에 따르면 한림은 제주읍에서 출발하여 다케나카 통조림공장 견학 후 점심을 먹고 모슬포로 떠나

---

26 조선총독부 기관지 『조선』 160호(1928년 9월호), 「제주도기행」 가지야마 아사지로(梶山淺次郎).

다케나카신타로 통조림공장 시찰단 기념 촬영(부산일보 1937년 7월 1일)

는 오전 일정을 소모하는 곳이었다. 다케나카 통조림공장은 일본인 관리의 시찰이나 일본인 거류민 모임이 시찰하는 경우는 반드시 시찰코스로 포함되는 데 대부분 공장 간부가 제주항까지 마중을 나가고 공장 견학시에는 점심을 베풀고 시찰 비용까지 후원했다. 이 공장은 조선에 사는 일본인들에게는 자랑거리가 되는 장소였다.

'애월에 그린피스 공동판매소가 있다. 면사무소 앞에 넓은 마당에 높이 2척 5~6촌, 폭 6~7척, 길이 10척 정도 탁자와 같이 생긴 수매대가 몇 개 나란히 놓여 있다. 그 평면을 10구역으로 나누고 있다. 여자들이 각자 생산한 완두콩을 가득 넣은 바구니를 옆구리에 끼고 온다. 그것을 민첩한 손놀림으로 미숙한 것과 완벽한 것을 선별한다. 상품이 되는 것만 면(面) 출장원이 저울에 올려 무게를 잰다. 돈을 받고 돌아가는 길에 먹거리를 사서 돌아간다. 젊은 여성들은 다정하고 전체가 미인이고 즐거워하고 있다. 일에 지친 얼굴을 한 사람은 한명도 없다. 완두콩은 제주도가 장려하는 특용작물이다.

1934년 재배면적 37정보(町步 3,000평) 5반, 反(약 300평)당 수확 1,300근, 총 474,643근, 단가 15전 합계 1,708,655전, 현재 수익은 배에 달하여 각 가정내 부업으로 중요한 보물이다. 다케나카 신타로는 제주도의 은인이다.

동행한 다케나카(竹中) 씨에게 부인들이 웃으면서 같이 가는 것을 보고 그가 성공한 비결을 알 수 있었다. 이렇게 해서 공동 수매된 완두콩은 한림으로 운반되어 다케나카 공장에서 통조림으로 가공된다.

12시 동경하던 다케나카 공장에 도착. 사장 다케나카의 소개로 공장 지배인 오무라(大村隆行) 현 전남도의회 관선의원은 다케나카 조부 시대부터 3대째 고용되어 헌신하고 있다. 오늘날까지의 은인이라고 한다. 지명(知命)의 나이지만 건장하고 푸른 작업복을 입고 있어서 직공과 구별이 되지 않았다. 그의 일하는 모습에 우리 일동은 감동하였다. 공장 뒤편 천막에 즉석 식탁을 차려 놓고 오무라 부인과 직공 부인이 정성껏 일본식 양식 요리를 준비했다. 통조림 상자를 의자로 삼아 접대를 받았다. 신선한 어류와 채소로 만들어져서 맛없을 리가 없었다. 특히 도쿄 초밥집의 원료가 되는 전갱이구이와 물오징어는 우가키(宇垣) 총독이 절찬했다는데 그대로였다. 일행은 사양하지 않고 만복이 되도록 먹었다. 진수성찬의 대접에 사천군 군수가 건배의 말을 하고 만세삼창, 식사 후 잠시 쉬고 사장과 오무라 공장장의 안내로 완두콩공장을 견학했다. 공동 판매소에서 수매된 콩은 기계로 콩깍지를 벗기고 튀어나온 콩알은 6척 크기의 철망에 넣고 흔들어서 만석통을 통과하여 알차고 큰 콩알만 맑은 물로 씻고 푸른색을 유지하도록 약품처리를 했다. 그 다음 증기로 쪄내서 냉각시킨 다음 컨베이어벨트 위에 돌고 있는 통조림 캔에 넣는다. 여공들이 손놀림이 민첩하다. 저울에 무게를 단 다음 뚜껑을 닫는다. 그 통조림이 옆으로 떨어지면 라벨을 붙인다. 일정량이 모이면 상자에 넣는다. 콩깍지를 벗겨서 통조림이 완성되는 시간은 물어보지 못했지만 40분 가량이다. 공장 내는 먼지하나 없는 청정 위생 상태에서 제조되기 때문에 걱정이 없다. 이 공장은 완두콩 외에 복숭아, 야채, 전복, 새우 해산물을 가공하는 설비를 갖추고 있다. 제주도 제일의 통조림공장이다. 생산액을 조회할 여유가 없었다.

한림항은 8년 전만해도 인가 70~80호의 한적한 시골에 불과했다. 현재는 700호 인구 2,000명. 제주도가 유망한 마을이 된 것은 다케나카공장의 은혜가 막대하다는 것을 통감하였다. 공장 정문에서 기념촬영을 했다. 오무라 공장장과 공장직원에게 감사를 표하고 1시 30분 모슬포로 출발했다.'

1939년 명월리 제충국 수확장면(사진출처 제주전통문화연구소: 2012)

일본인들에게 성공사례로 전국에 알려진 다케나카 신타로는 통조림 공장 이외에 한림 지역에 영향을 미친 사례는 여럿 있다. 완두콩 이외에 고구마, 토마토, 아스파라가스 등의 재배를 보급했다.

조선총독부의 권장을 받아들여 제충국(除蟲菊) 재배를 제주도에 널리 장려했다. 1931년부터는 군마(軍馬)의 제충을 목적으로 하는 조선 제충국주식회사를 설립했다. 군수용 제품이었기 때문에 계약 재배로 제주도 일대에서 제충국을 재배하게 되었다. 1933년 제주도농회(濟州島農會)에서 제충국 재배를 계획하자 재배면적 2,000 정보(町步)에 필요한 종자를 기부하고 비료자금을 융통하는 등 계약 재배 최저가격을 보증했다.

한림 지역사회 활동으로는 한림동심상소학교의 교사 개축금 기부, 한림항 축조 기성회 설립, 한림 전등조합 설립준비위원회, 한림어업 조합 설립 등에 관여했다.

(3) 1945년 이후

일본의 패전을 직감한 다케나카신타로
는 해방 직전 일본으로 귀국했다. 후손에
따르면 조선 내 공장 등 재산 전체를 포기
한 채 목숨을 건 탈출이었다고 했다.

현재 다케나카통조림 주식회사[27]는 1958
년 교토 미야즈(宮津)에서 재설립되어 고급
수산물 통조림을 전문으로 생산하고 있다.
이 통조림회사는 신타로의 동생 세지로(清次
郎)의 자손에 의한 것이다. 다케나카 통조림
공장의 자손들은 2013년 3월 옹포리를 방
문하여 통조림 공장의 흔적을 돌아보았다.

해방 후 다케나카통조림공장 광고
(제주신보 1947년 1월1일 광고)[28]

옹포에 남겨진 다케나카 통조림공장은 1946년 귀속재산으로 관리
되어 전국 동아식품공업사로 총괄되다가 제주공장이 분리되면서 공
장장이었던 고종석(高宗錫, 한림리)이 소유권을 이전 받았다. 1950년 한
국전쟁 때 모슬포 육군 제1훈련소 군인들이 이 공장 시설을 이용하
여 김치 등 군수품을 생산했다. 1952년 군수공장으로 지정되었었다.
1957년 4월 대동식품공업(大東食品工業) 주식회사로 재창립되었으나
1970년 폐업했다.[29]

이후 제주축협의 축산물공판장으로 사용되기도 했다. 1982년부터
이 자리에 대원(大原) 자동차 공업사가 들어섰다. 이때까지 높이 29m
의 통조림 공장 굴뚝과 공장사무실로 쓰던 비늘판자 건물이 남아있
었다. 대원자동차 공업사 폐업 이후 2020년에 공동주택과 육가공 공

---

27 https://takenaka-kanzume.co.jp

28 동아식품공업사는 후술의 동아물산주식회사와는 다른 곳이다.

29 대동식품주식회사, 제주도 북제주군 한림면 옹포리 295, 각종통조림식료품제조업, 대표 고종석
    (高宗錫),『全國主要企業體名鑑』(1956년판), 대한상공회의소.

대동식품공업사(사진출처 『한림읍지』(1963))

다케나카통조림터
(촬영연도 미상, 출처 『한림리』(2004))

다케나카통조림공장이 있던 곳(2021년 촬영)

다케나카통조림공장터 표지석(2021 촬영)

장이 들어섰다. 이 자리에 있었던 다케나카통조림공장터 표지석도
원래의 위치에서 서남쪽으로 자리를 옮기게 되었다.

2.2. 조선 최초의 전분공장

현재 폐공장 활용 복고풍(retro) 카페로 사용되고 있는 동아물산주
식회사의 기원은 제주도제일전분공장(濟州島第一澱粉工場)이다. 일본인
아다치(足立孝一)는 한림이 고구마의 산지인 것에 착안하여 1938년 동
명리 1711번지에 제주도제일전분공장을 설립했다. 조선 최초의 설
비를 갖춘 전분공장이었다.[30] 한림에 조선 최초로 전분공장이 설립될

---

30 『한림읍지』(1963: 134쪽), 서귀포 제일전분공장은 1939년에 설립되었다.

카페로 운영중인 동아물산주식회사(2021년 촬영)

수 있었던 것은, 대표자 아다치(足立孝一)가 제주도어업주식회사의 지배인 출신인 것으로 보아 이 공장의 자본 출처는 하야시카네어업(林兼漁業)일 가능성이 있다. 아다치는 다른 하야시카네어업 관련자들과 제주읍에 본사를 두는 제주도산업상사(濟州島産業商事) 주식회사[31]를 설립하기도 했다. 1930년대 고구마 생산량이 늘어남에 따라 전분을 생산하여 국내는 물론 일본까지 수출했다.

해방 이후 휴업했다가 1949년 한윤옥(韓潤玉)에 의해 제주제일전분공장(濟州第一澱粉工場)으로 영업을 재개했다.[32] 1952년 채문종(蔡文宗)이 귀속재산 처분으로 불하받아 동아물산주식회사로 이름을 바꾸어 영업을 재개했으나 1953년 화재로 전소되었다. 현재 카페로 이용되는 건물과 설비는 1954년 이후 재건된 것이다.

2.3. 우에무라제약소 감태공장

우에무라제약소는 스위스제약 회사 로슈(Roche)사의 일본지점 경성

---

31   제주도산업상사(濟州島産業商事) 주식회사는 1941년 농산물 유통을 목적으로 하는 회사로 운송업, 단추공장, 통조림공장을 운영하면서 한림, 서귀포, 모슬포에서 폭넓게 활약하던 다이도(大同源三郎)와 하야시카네어업 관계자 아리요시(有吉京吉), 아다치(足立孝一), 고지마(五島孝太)에 의래 설립된 회사다.

32   『經濟年鑑』(1949년판), 조선은행 조사부.

협신제약주식회사
광고(한성일보
1947년 1월 5일)

협신제약주식회사 제주지사 광고
(제주신보 1947년 2월 24일)

출장소 소장으로 왔던 우에무라유키치(植村雄吉)에 의해 설립된 제약
회사다. 1931년 만주사변이 발생하여 외국자본 투자가 끊기자 1932
년 로슈사의 경성출장소가 폐쇄되었다. 이에 우에무라는 서울 신당
동, 명동에 공장을 세워 주사약을 중심으로 하는 우에무라제약소를
창업했다. 뚝섬공장 부지는 2만 5,000평에 이르렀다. 1942년에는 도
쿄에 지점도 설치되었는데 경성에 본점을 두고 도쿄에 지점을 두는
제약회사였다. 우에무라제약소가 제조한 친세달이라는 주사약은 식
민지에서 제조되어 일본에 건너가 판매된 최초의 약품이다.

우에무라제약소는 태평양전쟁이 끝날 때까지 경성, 황해도, 제주도
각지에 대규모 공장을 세워 군수용으로 주사약제 포도당, 염소산칼
륨을 생산하여 만주, 조선, 북중국에 판매했다.

1942년 설립된 우에무라제약소(植村製藥所) 옹포(옹포리 386번지)의 감
태공장은 감태를 수매하여 군수용 염소산칼륨과 요오드를 제조 생산
하던 공장이었다. 우에무라제약소(植村製藥所) 감태공장은 한림뿐만 아
니라 제주시, 성산포, 서귀포에도 설립되었다. 옹포 감태공장의 부지

협신식품공업사 전갱이 통조림 라벨[33]

1960년대 협신식품공업사
(사진출처 『한림읍지』(1963)

협신식품공업사 공장터와 한림공고 발상지 표지석(2021년 촬영)

는 2,240평, 공장 건물 72평, 제1창고 24평, 제2창고 22평, 주택 36평
등의 규모였다.

　1945년 해방 후 우에무라제약소는 협신제약회사로 바뀜에 따라
협신제약 한림공장으로 등기가 변경되었다. 이후 귀속재산으로 각
공장은 분리 운영되었는데 1946년 강경옥[34]이 협신(協信)제약 주식회
사 사장으로 한림, 성산포, 서귀포 등지에 공장을 인수하여 운영하다
1951년 물러났다.

　『經濟年鑑』(1949년판)에 따르면 협신제약 한림공장은 화학공업으로
등록되어 요오드를 생산하는 것으로 되어 있다. 한림어업조합, 제주

33　http://liumeiuru.hacca.jp(/2019/03/204/)

34　강경옥은 서귀포시 법환 출신으로 일본 간사이(關西)대학을 나와 귀국 후 귀속재산 관리인으로
　　활약했다. 제2, 3대 국회의원, 제5대 참의원을 지냈다. 1999년 미국에서 사망.

어업조합, 모슬포어업조합에서 감태를 수매하여 염소산칼륨을 생산하다가 중단되어 제약사 공장으로서의 역할을 마감했다. 협신제약의 한림 공장장이던 한군종(韓君鐘)에 의해서 협신식품공업사로 이름을 바꾸고 수산물 통조림을 제조 생산했다. 이후 톳공장으로 오랫동안 사용되다가 방치되었다.

한림공고가 문교부로부터 1953년 4월 7일 정식인가를 받았지만 교실이 없어 이 공장의 일부를 사용했다. 1953년 4월 19일 이 공장에서 개교식을 가졌다. 3개월 정도 사용하고 신축 교사 현재의 한림공고로 이전해 갔다. 이 공장 입구에는 한림공고 발상지 표지석이 설치되어 있다.

2.4. 이시모토(石本) 통조림·단추공장

한림리
이시모토의 광고
(조선신문 1929
년 8월 8일)

이시모토 통조림공장은 한림농협 본점 앞(명랑로 1번지)에 있었던 통조림공장과 단추공장이다. 일본인 이시모토 하쓰에몬(石本初右衛門)이 운영한 것으로 되어 있지만 실질적으로는 옹포의 다케나카 통조림공장의 분공장이었다. 소라통조림을 만들고 남은 소라껍데기로 단추를 만들었다. 종업원 4~5명의 소규모공장이었다. 순두내의 웃정굴 물을 동력으로 사용하기 위해 한림다리 서쪽에 자리잡은 것으로 추정된다. 이시모토에 대해서는 알려진 것이 없지만 1929년 8월 조선신문 광고로 보아 일찍이 한림에서 공장을 운영한 것으로 보인다. 1941년에 설립된 제주도서부통조림 주식회사(대정면 하모리)의 이사로 올라 있다. 제주도서부통조림 주식회사는 대정면의 일본인 거류민들과 옹포의 다케나카 통조림공장과 이시모토 통조림공장의 출자로 설립된 회사

| 1960년대 이시모토 통조림공장 터와 한림다리 (한림리 김봉효 제공) | 이시모토 통조림공장 터(2021년 촬영) |

였다. 1945년 이후 오의철(吳義哲)이 경영하면서 정미소를 개설했다. 1955년 제유(製油) 시설을 갖추어 한림제유공장이라는 참기름집으로 운영되었다. 이후 목화, 조면 타면기계를 설치하여 면화공장으로 운영되다가 사라졌다.

3. 한림의 일본인 거류민

3.1. 비양도를 점령했던 아라카와 도메주로(荒川留重郎)

1878년부터 나가사키현, 오이타현 어민들은 제주 어장으로 몰려와 비양도를 임시 정박지로 이용하기 시작했다. 1894년 히로시마현 출신 아라카와(荒川留重郎)가 비양도에 상륙하여 정주하기 시작했다. 이래 한림은 일본인 어업자들에게는 익숙한 지역이 되었다.

아라카와는 히로시마현 후쿠야마시(福山市) 다지마(田島)라는 작은 섬 출신으로 일찍이 제주 어장에 주목하고 출어한 어민이다. 다지마(田島)는 지금은 쇠퇴한 어촌이지만 1890년대에는 범선으로 마닐라까지 진출할 정도로 어업이 성했던 마을이다. 일본어민들은 메이지(明

治)시대 어업법 시행으로 인근 현 어장으로의 출어가 제한되자 해외 바다로 눈을 돌리게 되었다.

아라카와는 일본 출어자의 제주도 막사의 효시가 된 사람으로 1894년부터 비양도에 상륙하여 정주하기 시작했다. 이후 아라카와는 30여년간 곽지, 한림, 협재 일대의 어업권을 장악했다. 이 사람은 제주도에서 일본 어민의 제주도 출어, 수산 가공업, 일본인 거류민의 정착 등에 실력을 발휘했던 중심적인 인물이었다. 뿐만 아니라 제주근대사의 여러 사건에 관여되었던 인물이기도 하다. 1902년에는 곽지리에 멸치 찌꺼기 비료공장을 설치했다.

1901년 이재수의 난 당시 제주도 상황에 대해 상세한 내용을 일본 외교부와 언론에 제공했다. 목포 일본영사관의 조사 보고서 '제주도민 봉기 동태 보고서'[35]는 아라카와에게 들은 말로 작성된 것이었다.

보고서의 내용 중 해안 경비에 대한 내용은 일본 출어어민들에게 대한 정보제공을 위한 것이다. '도민들은 사건이 일어남과 동시에 연안을 경계하여 통행을 차단하였고 일본 어선들이 비양도에 음료수를 구하려 간 적이 있지만 상륙시키지 않았다. 간신히 상륙한 경우는 삿대 등을 압수하여 출항하지 못하게 하여 겨우 일본으로 귀항하였다고 한다. 그리고 배 접안이 편리한 해안에는 모두 새끼줄을 치고 매우 엄중히 경계하고 있다'고 적혀 있다. 이 보고서로 인해 나가사키현 사세보(佐世保)항에 정박 중이었던 군함 사이엥함(濟遠艦)을 출동시키는 결과를 가져왔다.

이재수의 난으로 피해를 입은 일본인은 없었다. 제주 성안에 거류하는 일본인 거류민대표는 총을 소지하고 자위대를 결성하고 있었다. 일본 영사관은 아라카와에게 배편이 있을 때마다 일본인에게 가해하는 일이 있으면 국제문제로서 쉽게 해결할 수 없는 사건을 야기

---

35 『駐韓日本公使館記錄』16권 8-4, 濟州島民蜂起動態報告件.

하게 될 것이므로 차제에 충분한 보호를 위해 신고하도록 했다.

당시 비양도 사정은 어막 5채, 잠수기선 6척, 어선 13척, 모선 4척, 어민과 창고주를 합하여 150명 정도 정주했었다. 어로 행위를 할 수 없는 것 이외의 피해는 없었다.

이재수가 아라카와에게 협력을 구하는 문서가 남아있는 것으로 보아 이재수와 아라카와는 밀접한 협력관계에 있었던 것으로 보인다.[36]

아라카와는 1903년 제주목사 홍종우가 일본인 거류민과의 거래 중지를 명하였을 때 제주거류민 대표로 목포 영사관에 제주의 일본인 거류민을 보호해 달라는 상소문[37]을 올린 세 사람 중의 한사람이다.

1906년에는 제주군수가 군수 인장을 일본인에게 넘기고 근무지를 이탈한 사건이 있었는데 그 일본인이 아라카와였다.[38]

아라카와는 제주지방사에는 경제적 수탈을 일삼은 사람으로 서술되어 있지만 일본인 어업자들뿐만 아니라 일본인 거류민이 제주도에 정착하는 데에 중심적 역할을 했다. 일본인 거류민 학교인 제주소학교(제주심상소학교)를 건립하는 데에 기부금 70원을 낸 공적으로 조선총독부로부터 목배(木杯)를 수여받았다.[39] 이 때 제주소학교 건립하는 데에는 대부분 제주읍에서 상업에 종사하는 사람들이 십시일반 기부금을 모았는데 제주도 유일한 금융기관이었던 광주농공은행 제주지점 기부액이 10원인 것을 감안하면 개인의 70원은 큰 액수의 기부금이었다.

아라카와는 1924년 조선인을 앞세워 제3종 휘라망(揮羅網, 후릿그물) 어업권을 불하받았는데 협재리 바다 어업권을 공동으로 부여 받았을

---

36 아라카와 도메주로(荒川留重郞)는 이재수에게 일본도(일명 아라카와검(荒川劍))를 건넨 사람으로 알려져 있다.

37 메이지 외교문서 제66호(1903년 4월 15일 수신자 외무대신 小村壽太郎, 濟州島牧使ノ日本人ニ對スル措辨ニ關スル件(제주목사 일본인에 대한 조치에 관한 건).

38 제주목사 조종환이 법무대신에게 올린 보고서이다.(1906년 7월 29일, 보고서 47호)

39 조선총독부 관보 제786호(1915년 3월 19일).

때의 조선인은 홍완수(洪完秀), 장응열(張應烈), 장영식(張永植), 홍기정(洪起禎)이다.[40]

아라카와 이치타로(荒川市太郎)는 아라카와 도메주로(荒川留重郎)에게 곽지리 멸치 찌꺼기 비료공장을 이어 받은 사람이다. 곽지리에 지어진 비료공장은 일본인 가옥의 효시다.

3.2. 한림 우편국장 다나카 데료(田中貞亮)

지방의 읍면단위 우편국장은 일본인 거류민이 그 지방에서 사업을 시작하기 위한 발판이 되는 자리였다. 조선총독부의 퇴직관리, 러일전쟁 퇴역군인이 한 자리를 맡아 그 지방에서 사업을 펼치기 쉽게 했다. 우편 업무는 일본 본국으로의 연락이나 서울, 부산, 목포로의 우편이었기 때문에 이용하는 사람은 대부분 일본인 거류민이었다.

다나카(田中貞亮 1874년생)는 미에현 이세시(伊勢市) 출신이다. 미에현 심상사범학교를 졸업하여 1908년 조선으로 건너와 대정읍 하모리에 정착했다. 이 사람은 제주도에 가장 오랫동안 정주했던 일본인으로 볼 수 있다. 주로 대정읍 하모리에 거주하면서 해초를 이용하여 비료를 만들거나 조선총독부로부터 어업허가를 받아 어업에 종사했다. 1914년 월령리 바다 어업 면허를 받았고 도량형기 판매 위탁, 교과서용 도서 발매인 허가 등 조선총독부가 허가하는 각종 이권사업을 독점했다. 아라카와와 함께 협재리 모래밭에 창고를 지어 휘라망 어업권을 장악하고 있었다.[41]

---

40 조선총독부 관보 제3498호(1924년 4월 15일) 어업면허 허가.

41 조선총독부 관보 제681호(1914년 4월 9일) 월령리 바다 어업면허, 조선총독부 관보 제705호(1914년 12월 8일) 사계리바다 정어리, 고등어, 삼치 휘라망 어업면허, 조선총독부 관보 제835호(1915년 5월 18일), 대정읍 하모리 도량형기 위탁판매 허가, 조선총독부 관보 제1800호(1918년 8월 6일) 교과용 도서 발매인 허가, 조선총독부 관보 제3356호(1923년 10월 19일), 곽지리 어업권 아라카와로부터 계승.

1923년 한림 우편국 설치와 동시에 우편국장으로 임명되어 1945년 패전까지 우편국장 자리를 내놓지 않았다. 한림에 거주했던 일본인으로도 가장 오랫동안 거류했던 것으로 보인다. 이 공을 인정받아 조선총독부 서훈을 두차례 받았다.[42]

다나카가 오랫동안 한림에 정주할 수 있었던 것은 지역 주민들과 우호적인 관계를 유지했기 때문이다. 정월 명절에는 일본식 풍습에 따라 조선인 지역 원로들에게 일본식 설날 선물인 오세보(お歳暮)를 보냈다. 선물은 모치떡이었다.[43]

3.3. 상세국(常世國)을 꿈꾸었던 이시카와 겐지로(石川權次郎)

제주도 일본인 거류민 조사에서 제주도에 후손을 남기고 귀국한 유일한 경우는 옹포리에 거주했던 이시카와 겐지로이다. 일조결혼의 유일한 사례, 남겨진 가족이 일본인 거류민의 후손임을 드러낸 유일한 사례이기도 하다.

일본인 거류민 사회의 폐쇄성으로 인해 제주도에 살았던 일본인과 제주도민과의 혼인관계는 흔히 있는 일은 아니었다. 일본인과 조선인의 결혼은 1910년 합병 조기에는 강제병합의 명분, 동화정책의 하나로 이용되었다. 1919년 3.1운동 이후 문화통치기가 되면서 조선인들의 회유, 일본인과 '차별 없는 평등'의 일환으로 일조결혼을 장려하게 되었다. 그럼에도 불구하고 '통혼(通婚)', '잡혼(雜婚)', '일선결혼(日鮮結婚)', '내선혼인(內鮮婚姻)' 등의 용어가 사용된 것으로 보아 일본인의 인식을 알 수 있다. 1930년대 이후 내선일체가 강조된 시기부터는 내지인(일본인)과 반도인 조선인의 결합을 가리키는 "내선결혼', '내선

---

42 조선총독부 관보 제4470호(1942년 12월 23일), 서훈 6등, 조선총독부 관보 제4875호(1943년 5월 6일).
43 한림금융조합 지배인이였던 김종혁(金鐘奕)의 손자 김봉효(한림리 1937년생)의 기억.

혼인'이라는 용어를 사용했다.

이시카와의 조선인과의 결혼은 이런 총독부의 정책적인 흐름에 따른 것이 아니라 개인감정, 개인적인 사정에 따른 결혼이었다.

제4대 제주도 도사 마에다 젠지(前田善次)는 일본인들에게 제주도로의 이주와 투자를 권하면서 제주도로 건너와 상세국(常世國)[44]을 건설할 수 있다고 선전했다. 마에다 도사의 선전처럼 상세국과 같은 이상향을 지향한 사람이 있다면 조선총독부 전라남도 경찰이었던 이시카와 겐지로다. 이시카와가 살던 옹포리 저택은 상세국을 방불케 하는 규모의 저택이었다.

이시카와는 미야자키현 양조장의 아들로 태어났다. 1920년대 초반에 경찰 발령으로 제주도에 건너온 것으로 추정된다. 1927년 조선총독부 관보에 전라남도 도순사 정근태 표창으로 정근 증서를 수여받은 기록이 있다.[45] 1929년에는 제주도 경찰서 소속 직급 경부보의 수사 담당 형사였던 것으로 알려져 있다.

1925년부터 옹포리 9번지에 거주하면서 일본식 정원을 조성했다. 이시카와는 옹포리의 지형을 보고 주거지로 정하였다.[46] 당시 한림면 지역에서는 보지 못한 33평형 일본식 기와집을 지었다. 정원 규모는 3,000여 평에 이르렀는데 일본에서 유입한 수목과 한라산과 안덕계곡 등에서 채굴한 200여종의 수목으로 정원을 조성했다. 1,000여 그루의 울창한 숲으로 여름에는 녹음이 우거지고 겨울에도 상록수가 울창했다. 밖에서는 숲으로만 보일 뿐 집과 사람이 보이지 않았다. 이 집에는 일본식 돌탑과 신단, 도리이(鳥居)가 있었다. 신단은 개인적인 신앙을 위해 조성된 것이다. 연못이 있었고 우물 수도시설이 있었다.

---

44 상세국(常世の國)은 일본고대 문헌에 나오는 바다 건너편의 이상향의 나라다. 일본 신화에서 다른 세상을 나타내는 대표적인 개념으로 불로불사의 세계를 이른다. 제2장 43페이지 참조.

45 조선총독부 관보 162호(1927년 7월 14일 발행).

46 이시카와의 손자 양은영(오사카 거주)에 따름.

이시카와 저택과 일본인 거류민들(1942년 촬영)　　　이시카와 저택과 이시카와 가족
(1942년 촬영)[47]

이시카와는 일본인 본처가 있었지만 일본어를 할 줄 아는 현지인 가사 도우미 이순선(李順先)을 후처로 맞았다. 이순선은 일본의 누에 공장에서 일한 적이 있고 도립 자혜병원 간호원으로 근무한 적이 있어 이시카와 자택에서 통역 겸 가사 도우미로 일하고 있었다. 미식가였던 이시카와는 이순선에게 일본요리를 가르쳤다. 동네 사람들에게 음식을 베풀어서 덕망과 민심을 얻었다. 그의 직업이 경찰이었던 것을 고려하면 일반적인 '선의의 일본인'의 전형이었을 것이다. 일제강점기 일본 경찰이라는 신분은 지방 면단위 지역에서는 뭐든지 가능했던 신분이었다.

이순선은 1939년 세이치로(清一郎), 1944년 경자를 낳았다. 이시카와에게는 본처가 낳은 장성한 아들이 있었다. 위의 가족사진은 이시카와의 장남의 출정기념으로 찍은 것이다. 장남의 구일본군 대일본제국 해군 모자는 1942년에 교부된 것이다. 장남은 출정 후 중국에서 전사했다.

이시카와 저택은 1943년부터 일본군이 제주도에 들어오면서 패전까지 일본군 고위 장성의 숙소로 사용되었다. 1945년 패전, 마을 사

47　이시카와가족 사진(이시카와, 본처, 장남, 세이치로), 이시카와의 손자 양은영(오사카 거주) 제공.

이시카와 저택 표지석(1942년 촬영)　　　옹포별장 '한림청장' 표지석(2021년 촬영)

옹포별장 입구(2021년 촬영)　　　옹포별장(사진출처 『한림리』(2002, 반석))

람들은 일본이 전쟁에 졌으니 일본인이 남아 있으면 화를 입을 수 있다고 생각해서 이시카와가 일본으로 돌아갈 수 있도록 서둘러 마련해 주었다. 평소 옹포 사람들에게 인심을 베풀었기 때문이었다.

　이시카와는 본처의 요망에 따라 아들 세이치로를 데리고 일본으로 돌아갔다. 세이치로는 일본인으로 살아가게 되었다. 일본인 본처에 의해 성장한 세이치로는 자신이 제주도에서 조선인 어머니에 의해 태어난 것을 모르고 자랐다. 일본에서 자란 세이치로는 생모의 얼굴을 모른 채 살았고 제주도에 남은 딸 경자는 아버지의 얼굴을 모른 채 살았다. 세이치로는 성인이 된 후 자신의 출생에 대해 듣고 받아들이기 힘든 큰 충격이었다고 회고했다.

딸 경자는 제주도에 남아 한국인으로 살았지만 이시카와는 제주도에 있는 딸을 일본의 자기 호적에 올려놓았다. 한국 호적에는 이경자, 일본호적에는 이시카와 게이코였다. 2017년 이경자가 사망했을 때, 한번 살아본 적도 없는 일본국 행정당국에 사망 신고를 냈다. 이시카와 남매의 일생은 한국과 일본의 근대사로 설명되어야 할 부분이 많다.

이 세상의 상세국이었던 이시카와 저택은 1949년 이순선이 정식 불하받았다. 1950년 한국전쟁 중 육군특무대 육군훈련소의 군간부의 숙소로 사용되었을 때 육군이 이시카와가 세웠던 표지석에 시멘트를 바르고 '한림청장(翰林淸莊)'이라고 새겨 넣었다. 지금은 한림청장 이전에 어떤 표지석이었는지 알 수 없다.

나무로 뒤덮인 일본식 정원과 더불어 수도, 전기, 전화, 양변기 시설이 갖추어 있어 해방 이후 전국 세도가들의 휴양소로 사용되었다. 이후 옹포별장으로 불렸다. 이순선의 제공하는 정갈한 일본 요리가 한 몫을 했다. 이순선은 이 별장을 지키는 것을 삶의 전부로 여겼다.

숙박 의뢰가 들어오면 이순선은 딱새우 등 요리 재료를 구하러 제주도 전체를 돌아다녔다. 명월나락(명월 논밭에서 재배된 벼) 쌀로 밥을 짓는 등 엄격한 기준으로 요리를 제공했다. 해마다 여름 휴가철에는 옹포별장의 자연과 이순선의 요리를 맛보려는 고위층이 예약이 들어왔다. 해방 직후에는 집안에서 따뜻한 물로 목욕을 할 수 있는 시설이 있는 집이 제주도내에서는 이곳밖에 없었다. 이승만, 박정희, 전두환, 박근혜 대통령의 숙박처로 사용되기도 했다.

이순선은 해방 전에 하던 일본풍습을 버리지 못해 일본식 연중행사를 세웠다. 정월에는 가가미모치(鏡餅)를 만들어 신에게 올리고 절분(節分)에는 일본식으로 '귀신은 나가고 복은 들어오라(鬼は、福は內)'를

외치며 팥을 뿌렸다.[48] 이순선과 이경자의 사망으로 저택은 방치되어 이시카와가 건설했던 상세국은 사라지게 되었다.

---

48   이시카와의 손자 양은영(오사카 거주)의 기억.

제9장

기억의 기록

1. 제주심상소학교 졸업생 스미 야에코(角八重子)

스미 야에코(角八重子, 1923-2006)는 1923년 제주도에서 태어났다. 일본 야마구치현 이와쿠니시에서 발급된 야에코의 호적등본에는 '조선 전라남도 제주도 제주면 일도리 1405번지에서 출생, 부(父) 스미 겐스케(角健輔)가 신고'와 같이 출생신고가 기재되어 있다. 통보자는 제주면장 홍종시(洪種時)로 되어 있다. 아버지 스미 겐스케(角健輔)는 한일합방 이전부터 제주도에 와서 잡화상 반지점(伴支店)을 운영했다.[1]

제주심상소학교 고등과 졸업기념 가족사진(1935년 3월)

1935년 제주심상소학교 고등과를 졸업하고 목포고등여자학교에 진학했다. 목포고등여자학교를 졸업하고 돌아온 후 1941년 제주도를 떠나 가족은 아버지의 고향 이와쿠니(岩國)로 돌아갔다.

여기에 소개되는 자료는 스미 야에코의 딸 도쿠모토 마리코(德本眞理子, 치바현 거주)가 제공한 것이다.

---

1   제5장 제주성내의 일본인 거류민(7. 제주엽서를 발행한 스미 겐스케) 항목 참조.

제주심상소학교 동창회(1939년 8월, 앞줄 가운데 스미 야에코)

1930년대 일본인 거류민들의 외도리 여름 야유회[2]

2 일본인 거류민들은 대부분 외도동에 여름 야유회를 간 기억을 가지고 있다. 외도 야유회는 일본
   인 거류민의 연례 행사였을 가능성이 있다.

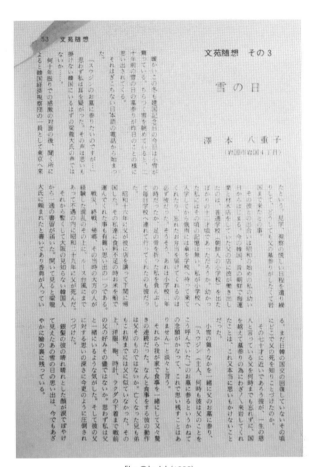

「눈 오는 날」(1999)

스미 야에코의 수필 '雪の日(눈 오는 날)'은 1999년 『敎育實踐』(교육실천, 야마구치현 교육청 발행) 2월호에 실렸던 글이다. 일본인 거류민이 귀국 후 제주도민과의 관계를 알 수 있는 소중한 자료로 보아 전문을 게재한다.

이 수필에 나오는 양용대(梁龍大)는 스미 야에코의 아버지의 목재사 스미 겐스케상점(角健輔商店, 통명 각건보상점, 제주시 일도일동 1299-8)의 종업원으로 일하다가 이를 이어받아 대영상회로 경영한 사람이다. 이 상

대영상회 광고 대표 양용대
(제주신보 1947년 2월 24일)

회는 후에 동화목재상사로 상호를 변경하고 오랫동안 운영되다가 폐업했다.[3] 양용대가 일본 야마구치현 이와쿠니에 가서 야에코를 만난 것은 1963년의 일이다.

눈 오는 날

이번 겨울도 따뜻하다. 건국기념일인 오늘은 눈발이 흩날리고 있다. 흩날리는 눈을 바라보고 있으려니 30년 전 눈 내리던 날 성묘를 갔던 일이 어제 일처럼 떠오른다. 그것은 어색한 일본어 전화로부터 시작되었다.

'주인님 산소에 가고 싶은데요.'

나도 모르게 귀를 의심했다. 그 목소리는 뜻하지 않은 한국에 있어야 할 양용대 씨의 목소리가 아닌가. 몇 십 년만의 감격스러운 만남이었다. 한국 경제시찰단의 일원으로 도쿄에 왔다고 했다. 견학과 시찰의 분주한 일정을 소화하면서도 꼭 아버지의 산소를 보고 가겠다고 이와쿠니(岩國)까지 왔다.

그와의 만남은 1920년대 나의 어린 시절부터 시작된다. 지금의 한국, 옛날 조선에서 해운업과 목재점을 하던 아버지의 가게에서 그가 일하기 시작한 것은 보통학교(조선인 소학교)를 막 나온 12살 무렵이었을 것이다. 어린 나에게는 그 무렵의 기억은 없다. 내가 초등학교에 입학한 뒤부터 비가 오면 우산을 학교에 가져다주거나 잊어버린 도시락을 전해 주는 것은 꼭 그였다. 초등학교 2학년 때 쯤 다리가 부러진 나를 업고 매일 학교에 데려다 준 사람도 그였다.

1941년 아버지는 그에게 가게를 물려주고 시모노세키를 경유하여 귀국했다. 그런 우리에게 식량이 부족할 때 쌀을 배로 실어다 준 것도 고마운 추억이다. 아버지는 전쟁, 종전, 귀향, 그 당시 대부분의 사람들이 경험한 혼란에다 1951년 루스(Ruth) 태풍[4] 등 큰 피해를 입는 불운 속에 1953년에 돌아가셨다.

---

3 스미 겐스케의 사업을 이어받은 양용대는 목재사와 해운업을 운영했던 상공인이다.

4 1951년 10월 14일 규슈(九州)에 상륙한 15호 태풍이다. 규슈지방, 야마구치현에 큰 피해를 남겼

아버지 사망 얼마 후 오사카(大阪)의 모르는 한국인에게서 등기 우편 한 통이 도착했다. 열어보니 제주의 양용대 씨가 부탁했다고 적혀 있고 부의금이 들어 있었다. 아직 한일 국교가 회복되지 않은 그 무렵에 어떻게 아버지의 죽음을 알게 되었는지.

일흔에 가까운 그가 평생의 은인이라는 아버지를 잊지 않고 국경을 넘어 일부러 성묘 하러 이와쿠니까지 와 주었다. 생각지도 못한 일이었다. 눈이 흩날리는 가운데 함께 아버지 산소에 성묘하며, '주인님(항상 그는 아버지를 이렇게 불렀다)의 산소에 와보는 오랜 소원이 이루어져 여한이 없습니다'라고 담담하게 말했다.

그리고 우리 집에서 식사를 함께했는데 계속해서 놀라움의 연속이었다. 식사를 하는 그의 동작 하나하나가 아버지 모습 그 자체가 아닌가. 오빠도 남동생도 이 정도로 아버지를 닮지 않았다. 게다가 양복, 가방, 시계, 내복 바지(猿股)까지 식민지 시대의 아버지 취향 그대로였다. 나도 모르게 아버지와 함께 있는 것 같았다. 그리고 새삼스럽게 아버지에 대한 그리움으로 그에게 압도당했다. 은발의 그의 해맑은 얼굴이 눈물로 뿌옇게 보이던 그날의 추억은 지금도 생생하게 눈꺼풀에 남아 있다.

2. 제주심상소학교 교장 아들 야마베 싱고(山辺愼吾)

야마베 싱고(山辺愼吾, 1925-2001)는 제주심상소학교 교장 야마베 다다시(山辺貞)의 아들로 1925년 히로시마현에서 태어나 아버지를 따라 조선으로 건너왔다. 아버지의 제주도 재임기간 1933년부터 1938년까지 제주도에 거주하며 제주심상소학교 5학년까지 다녔다. 이후 아버지의 부임지를 따라 소록도, 강원도, 서울로 옮겨 다녔다. 일본군으로 입대, 패전 후 몽골에서 포로로 억류되었다가 1947년에 일본으로 귀환했다.

다. 이 태풍으로 스미 야에코의 집은 완전침수를 겪었다.

『제주도 풍영환 조난사건』
(야마베 싱고, 1999)

호에이마루(豊榮丸) 조난사건을 추적 조사하여 기록한 책『제주도풍영환조난사건(濟州島豊榮丸遭難事件)』(彩流社, 1999)[5]을 출간해 묻힐 뻔한 호에이마루 조난사건을 역사에 남긴 사람이다. 풍영환은 1945년 7월 3일 제주도에서 목포로 향하던 소개(疏開) 군용선이다.

여기에 기술하는 제주도에 대한 회고 내용은 직접 구술한 것이 아니라『제주도풍영환조난사건』중 제주도에서의 추억 부분과 그의 여동생 야마베 히로코(山辺ひろ子, 도쿄 거주), 야마베 케이코(山辺圭子, 히로시마 거주)[6]와의 면담 내용을 바탕으로 재구성한 것이다.

『제주도풍영환조난사건』에는 제주도와 인연이 있는 사람이 수기를 포함하고 있는데 제주북국민학교 교사 후쿠다 후사코(福田房子)의 글이 실려 있다. 1945년 일본인 거류민들의 제주도에서의 마지막 모습과 전후 일본인과 한국인의 교류를 엿볼 수 있다.

2.1. 호에이마루(豊榮丸) 조난사건

야마베는 1997년 일본의 제주심상소학교의 동창 모임 '제주도회'에 갔다가 1945년 7월 3일 제주도민을 태운 소개선이 목포로 가는 도중 조난되어 500명이 사망했다는 말을 처음 들었다. 그 배에는 제주남국민학교(제주심상소학교)의 교사와 학생 12명이 승선하고 있었는데 2명이 구조되고 전부 사망했다는 것이었다. 처음 듣는 말이었다.

---

5 이 책은『제주도풍영환조난사건』(2002, 홍성목 번역), 우당도서관에서 번역 발행되었다.
6 야마베(山辺) 자매의 면담, 2020년 2월.

동창생들로부터 역사에도 없는 사건을 듣고 외면할 수 없었다. 역사학자도 작가도 아니었지만 제주도에 대한 망향(望鄕)의 그리움을 저버리기 어려웠다. 그는 호에이마루 조난사건을 검증해서 역사의 기록으로 남겼다.

야마베는 감수성이 풍부한 소년시절에 5년간 제주도에 살았다. 그리운 추억도 많지만 제주도를 마음의 고향으로 여기는 이유는 제주도가 아니고서는 느끼지 못했을 경험이 많기 때문이다.

제주도에서 처음으로 군인 모습을 본 것은 1937년 나가사키(長崎)의 오무라(大村) 해군 항공대가 제주읍 모슬포에 비행장을 만들었을 때였다. 아이들은 학교에서 비행장 견학을 가서 처음으로 비행기를 두 눈 가까이에서 봤다.

1938년 7월 7일, 중일전쟁이 발발하자 도양폭격이라는 새로운 말이 신문에 실렸다. 제주도 비행장에서 폭격기가 중국본토로 날아가 폭격해서 돌아왔다는 보도는 소년들에게는 강한 일본군의 인상을 심어줬다. 아이들은 해안가에서 당당하게 파도를 헤치는 항공모함을 보았다. 항공모함을 보는 것도 처음이었다. 이즈음부터 제주도의 군사화는 시작되고 있었던 것일까. 그 해 8월, 아버지의 전근 발령으로 야마베 가족은 5년간의 제주도 생활에 이별을 고했다.

그로부터 8년 사이 제주도는 어떻게 군사기지가 된 것일까. 1945년의 제주도 실정에 대해 전혀 알지 못했다.

1945년에 조선군 잔무 정리부는 제주도의 방위를 강화하고 결7호 작전에 의해 제96사단을 제주도로 파견하고 제58군 사령부를 신설했다. 제주도의 병력은 급속히 증강되어 급양 병력은 수만에 달하고 섬의 주민 약 23만과 합칠 때는 엄청난 인구에 달하기 때문에 한번 전장화되면 주민처리는 작전상 중대한 문제가 된다. 일본군은 5만의 도민을 한반도 본토에 피난시키기로 했다.

제주도 수비군은 우선 1945년 5월 7일 월요일 운명의 아침을 맞이했다. 고와마루(晃和丸)는 제주도와 목포를 왕래하는 연락선이었는데 일본군의 소개령에 따라 소개선으로 출항하게 되었다. 정원은 350명이었지만 그 갑절이 넘는 750여 명을 태웠다. 한 사람이라도 더 싣고 가는 것이 목숨을 더 구하는 것이라고 생각했을 텐데 미국의 공습으로 침몰되고 말았다. 생존자 150~180명, 사망자 520~600명이었다. 이 사건으로 도민의 육지 소개 수송은 중지되었다.

1945년 6월 25일, 오키나와(沖繩)가 미군에 점령당하자 다음의 미·일 결전장은 제주도라고 판단한 일본군은 대본영[7]의 지시로 서둘러 병력을 증강했다. 제주도 주둔 일본군은 약 7,5000명에 이르렀다. 조선인, 도민 70세 노인까지 강제 징용하여 섬 전체에 각종 요새진지를 구축했다.

일찍이 조선팔경의 제1경으로 꼽혔던 수봉(秀峯) 한라산을 받드는 저 아름다운 제주도가 미·일의 결전장이 되리란 것은 생각할 수도 없는 일이었다. 태평양전쟁 중 한반도에서 가장 많은 전쟁의 피해를 입은 것이 제주도란 것을 알게 되었다.

호에이마루 조난사건은 1945년 7월 3일 밤 10시 55분 군인, 군속, 제주도민, 일본인을 싣고 목포로 행하던 군용선 호에이마루(豊榮丸 784톤)이 부유 기뢰에 부딪쳐 침몰된 사건이다.[8] 80여 명을 제외하고 전원 익사한 대형 조난사건이었음에도 불구하고 어느 역사서에도 기록 한 줄 없는 상태였다. 이를 안타깝게 여긴 야마베가 집념의 조사로 밝혀내어 그 전모가 드러났다. 이 사건이 역사에 남지 않은 이유

7　전시 또는 사변에 즈음하여 천황 직속으로 설치된 최고통수기관, 2차대전 후 폐지.

8　호에이마루는 스페인의 마닐라 화물선 Compania de Filipinas를 1942년 나포하여 호에이마루(豊榮丸)로 개명했다. 공식적으로는 1945년 7월 3일 피난민 450명을 태우고 목포로 가는 도중 진도 앞바다에서 촉뢰 침몰로 선원 8명, 승선인 280명이 사망한 것으로 되어 있다. 미군 자료 제2차 세계대전 해군일지(The Official Chronology of the U.S. Navy in World War II-1945)에는 미군의 항공기 공습으로 침몰한 것으로 되어 있다. 고와마루와 착각했을 수도 있다.

는 침몰한 배가 군용선이라는 점과 일본 패전 직전의 사건으로 일본 군이 모든 자료를 소각하고 떠나는 바람에 정식적으로 역사적 기술에 포함되지 않았기 때문이었다.

소개선 호에이마루는 1945년 7월 3일 심야에 목포항에 입항하기 직전, 기뢰(機雷)에 접촉하여 침몰됐다. 일본인과 한국인을 합쳐 500여 명이 조난당했다. 12명의 아동을 인솔했던 제주남국민학교 교사 히라가와 세츠(平川セツ)도 행방불명이 되었다. 이 조난 사건으로 희생된 교사 히라가와 세츠와 어린이 12명의 혼백은 야마베 싱고의 노력으로 1979년 10월 30일 오사카시 오사카성(大阪城)공원 안의 교육탑(敎育塔)에 새겨지게 되었다. 교육탑은 교육계에서 희생된 교사와 학생을 위로하기 위해 세운 위령탑이다. 일본교직원조합 주최로 해마다 교육제(敎育祭)가 치러진다. 이로써 호에이마루 조난사고로 희생된 교사와 어린이들의 넋을 달랠 수 있게 되었다.

호에이마루에는 제주상사(濟州商事) 주식회사[9]의 감사 고가 가메타로(古賀龜太郎) 부부와 차남 고가 시게오(古賀繁雄)가 타고 있었다. 차남 시게오(繁雄)만 생존했다. 시게오는 1941년부터 제주측후소 기사로 근무하고 있었다.

고가 가메타로(古賀龜太郎)는 1878년 가고시마현 이즈미시(出水市) 고메노쓰(米之津)의 해안마을에서 태어나 1908년에 제주도로 건너왔다. 고메노쓰항에서 제주도까지 직선거리는 370km이다. 건입리 야마다상점(山田商店)을 구입하고 식료품과 소주를 양조하

고가 가메타로(古賀龜太郎, 『전라남도 사정지(하)』(1930)

---

9 제주상사는 1935년에 설립된 주식회사로 사장 스미 겐스케(角健輔), 이사 박종실, 고창현이었다. 설탕, 밀가루, 잡곡, 주류, 비료, 석탄, 석유, 잡화, 직물의 판매, 부동산, 보험업무 등 취급했다.

여 판매하기 시작했다. 나중에 모토마치(元町)[10]로 이전하여 잡화상 고가상점을 열었다. 1930년 제주항축항기성회 진성서 지역유지 대표로 활약했다.

1945년 제주도를 떠날 때까지 버섯 재배 제조, 해운업 등 상업 활동을 활발히 했던 기업가였다. 떠날 때까지도 제주도 생활필수품소매상업조합의 이사를 맡고 있었다. 잠시 목포에 사는 아들네 집에 소개갔다가 돌아오려고 했던 것이 마지막이 되고 말았다.

그의 장남 고가 이치지(古賀一二)는 제주심상소학교를 졸업하고 체신 사무관이 되었다. 셋째아들 역시 제주심상소학교, 목포상업학교를 졸업하고 조선총독부 체신국 해사과 목포분국에 근무하고 있었다. 부모가 승선했던 호에이마루 조난사고 타전을 처음 접수한 사람이었다.

2.2. 제주도의 기억

1932년 여름 아버지의 근무지를 따라 제주도에 왔다. 아버지가 교장으로 근무하는 제주심상소학교에 1학년으로 들어갔다. 나중에 여동생 히로코(ひろ子)와 케이코(圭子)도 차례로 입학했다.

교장 관사에서 살았다. 동쪽은 올레문과 현관이 있었다. 제주도는 삼무(三無)라고 해서 대문, 거지, 도둑이 없는 것으로 유명하다. 문을 들어서면 오른쪽에 직경 3m 정도의 큰 팽나무가 있었다. 높이는 10m를 넘었다. 나무 밑동에 구멍이 뚫려 있어 거기에서 버섯이 돋아나곤 했다. 왼쪽에는 소나무가 있었고 석류나무, 무화과, 수유나무, 앵두나무가 있어 열매를 맺었다. 석류를 따려다가 떨어져서 이마가 깨져 피를 흘린 적이 있다. 그 상처의 흉터는 지금도 제주도의 기억

---

10 모토마치는 현재 관덕로이다. 고가상점은 우리은행 옆자리로 중앙로타리에 편입되었다.

1930년대 삼성혈 사진엽서[11]

으로 남아 있다.

　남쪽은 마당과 돌담을 건너 전남 도립병원 제주의원이 있었다. 서쪽에는 목욕탕 입구가 있었다. 삼성혈은 성내 남쪽 소나무 숲에 있었다. 쇠사슬이 둘려 있지만 자유롭게 드나들 수 있었다. 구멍은 잔디에 덮여 있었다. 그 구멍 안에 손을 넣으려고 하자 누가 '벌 받는다' 외치는 바람에 엉겁결에 손을 움츠리고 말았다. 삼성혈에서 돌아오는 비탈길에는 석상(石像)이 있었다. 둥근 모자에 넓은 테두리가 있었다. 눈이 튀어나오고 코도 입도 컸다. 굵은 손가락의 두 손은 긴 몸통 앞에 붙어 있었다. 그 석상이 바로 돌하르방이다.

　초등학교 3학년 때, 태풍 때문에 건천(乾川)에 갑자기 넘치기 시작한 탁류를 부모와 어린 누이동생 셋이서 필사적으로 건넜던 일이 있다. 평소에는 물이 흐르지 않는 하천이었는데 소용돌이치는 탁류를

11　촬영연대 미상. 발행처 도쿄 OYOSHI-CHAYA(およし茶屋, 제주기록문화연구소 소장.

무사히 건널 수 있었던 것은 한라산에 산다고 하는 신선(神仙)이 우리 일가를 가련히 여겨 구해주신 것일까 생각했다.

소학교 5학년 여름, 한라산을 등반할 기회가 있었다. 아버지의 친구들 10여 명과 동행했다. 관음사에서 1박하고 다음날 아침 정상으로 향했다. 산꼭대기엔 구름 한 점 없었다. 분화구를 돌면서 멀리 태평양을 향해 계속 탄성을 질렀다.

아버지는 그 분화구가 '백록담'이고 도민들이 신성시한다는 사실을 알려 주었다. 옛날에는 하얀 사슴이 살았었다고 했다. 정상에 1시간쯤 있었는데 구름이 피어오르기 시작했다. 갑자기 안개가 덮였다. 삽시에 구름에 갇혀 10m 앞도 볼 수 없게 되었다. 아버지 손에 이끌려 서로 소리로 확인하면서 미끄러지듯 조릿대 경사지를 내려갔다.

제주도의 옛날 책에 산꼭대기에는 큰 못이 있는데 사람 소리가 시끄러워지면 갑자기 운무에 싸인다고 적혀 있다고 하는데 바로 그 장면이었다. 구름 한 점 없이 정상에 올랐는데 어른들은 등정의 기쁨과 아름다운 광경에 환호성을 올렸고 그 소리는 백록담 위에 메아리쳤다. 그러자 돌연 운무에 싸였던 것이다. 한라산의 신비스러움에 감명받았다.

제주도에는 일본인 표고재배업자가 많았다. 이 분야에서 실적을 올리고 있는 가바시마(樺島) 농장에 아버지를 따라 몇 번 찾아갔었다. 한라산 산중에 여러 군데 재배장을 가지고 있었다. 그 재배장은 등산하는 사람들이 자주 들리는 곳이었다.

어느 해인가 신년식 때 아버지는 교육칙어를 잘못 읽었다. 교장이 교육칙어를 잘못 읽다니, 매일 밤마다 사직해야 할 것인가, 자살해야 하는 것이 아닌가 하고 걱정했었는데 반달쯤 지난 아침 무사히 해결됐다는 말을 들었다.

제주도에서 보낸 정월 명절은 화려했다. 정월 선물이 두 평 남짓한

방에 가득했다. 교장집에 새해 선물을 들고 오는 사람이 많았다. 매일 같이 커다란 닭새우가 들어왔다. 정월 초하룻날엔 손님이 끊이지 않았다. 동급생인 마스다 도미코(桝田富美子)와 그 조부가 경영하는 청복루(淸福樓)의 나이든 기생 츠보미가 검은 옷에 진짜 창(槍)을 들고 와서 구로다부시(黑田節)[12] 춤을 추기도 했다.

이렇게 화려하게 명절을 지내는 것에 대해 아버지에게 따진 일이 있었다. 아버지는 식민지라는 말을 섞어 대답했는데 그 대답은 기억나지 않는다. 이때 처음 식민지라는 말을 배웠다.

돌담에 둘러싸인 초가에서 다듬이소리가 들려왔다. 아주머니가 돌판 위에서 세탁물을 두들기는데 소리가 좋았다. 바다에는 해녀들이 해면 위에 떠올라 태왁을 붙들고 휘-휘- 내뿜는 숨비소리가 들렸다.

제주도에서 태어난 막내 여동생 야마베 치요(山辺千代)는 자신을 제주 태생, 제주 출신이라고 말한다. 제주도와의 인연을 끊고 싶지 않았던 것이다. 한라산은 아름답다. 제주도는 평화스럽다. 태평양전쟁으로 제주도가 미·일 결전장이 되지 않았다는 것이 가장 큰 기쁨이다.

2.3. 제주북국민학교 교사 후쿠다 후사코(福田房子)의 기억[13]

공주여자사범학교 심상과를 졸업한 후 제주북공립 국민학교에 재직 중 종전을 맞았다. 조선인 소학교이다. 이 때 학교에서는 아동들의 일본어 사용이 금지되었지만 아이들의 반일 언동은 전혀 없었다. 야미부네(闇舟-)로 귀국하는 날 5~6학년 30명 정도가 떡을 산더미만큼 가지고 항구에서 기다리고 있었다.

작은 통통배가 움직이기 시작하자 '아이고 아이고' 울면서 언제까

---

12 黑田節(くろだぶし)는 후쿠오카(福岡)의 민요로 연회 때 부르는 단골 노래.
13 후쿠다 후사코가 야마베 싱고에게 보내온 편지를 『濟州島豊榮丸遭難事件』(1999)에 전재한 것이다.

지나 손을 흔들어 주었다. 패전이라는 현실이 어깨 위에 무겁게 덮쳐 20년간의 추억을 안고 제주도를 떠나려 하는 슬픈 생각 속에 아이들은 인간의 따뜻함을 가르쳐 주었다. 앞으로는 다시 제주도에 올 일도 아이들을 만날 일도 없으리라 생각하니 눈물이 끊이질 않았다. 배는 섬에서 떨어졌다. 한라산은 검은 구름에 덮여 있었다.

전날 제주도청에서 발급받은 교원자격증을 품에 안고 배에 몸을 맡겼다. 뒷날 태풍이 불어 배가 마구 흔들려 살아 있는 것 같지가 않았다. 겨우 도착한 줄 알았더니 그곳은 성산포였다. 거기서 날씨를 보며 정박하다가 일주일 만에 목적지인 사가현(佐賀縣) 가라쓰(唐津)에 도착했다. 아이들이 준 떡으로 배에 탔던 사람 전체가 요기할 수 있었다.

수년 후 제주북국민학교 동료였던 조선인 교사가 찾아왔다. 어디로 가느냐고 묻기에 나가사키현이라고만 했는데……. 고마운 일이다. 그 때 배웅해준 아이들은 나중에 일본인을 배웅했다고 비난받았다고 했다. 1980년 공주여자사범대학 동창회에 참가했다가 35년 만에 제주도에 갔더니 36명의 제자가 모여 환영회를 열어주었다.

3. 해짓골 김순원의 기억 속의 근대 제주

김순원의 개인 연보는 한국 근대사와 지방 근대사를 그대로 반영한다. 일제강점기에 태어나 일본인 교사에게 제국의 교육을 받았고 일본군 군속으로 입대하여 제국의 군무원으로 근무하던 중 1945년 해방을 맞았다. 일본군 포로로 억류되었다가 제주도로 돌아왔다. 다시 대한민국 육군으로 입대하여 제대했다. 이후 탈곡기 개발, 절간기(빼떼기 기계) 제작 보급으로 농촌 기계화, 농촌 근대화를 이끌었다. 김순원은 근대사를 그대로 살아온 장본인이다.

김순원(金淳元, 1920-2001)

'되돌아본 세월' 한라일보
(1993년 8월 25일)

　　1920년 제주시 일도1동 해짓골[14] 출생, 1928년 제주공립보통학교 입학(9세), 1934년 제주공립보통학교 24회 졸업(15세), 1935년 일본인 운영 에나츠약점(江夏藥店) 급사. 1936년 제주남심상소학교 급사, 1938년 제주도산소주판매회사 급사(18세), 1941년 일본군속 싱가포르 포로 감시원 입대, 1945년 연합군의 포로 억류, 1946년 8월 귀환, 1948년 4.3민보단 경비단장, 1950년 육군 입대, 1953년 동화산업 취업, 1957년 38세 해륙기계공업사 설립, 1958년 반자동탈곡기 개발, 1960년 수동식 고구마 절간기 제작 보급, 1962년 10월 6마력 디젤발동기 개발, 1964년 전자동 도맥 탈곡기 개발, 1972년 탈곡기 대전공장 설립, 1977년 철탑산업훈장을 수훈했다.

　　다음 내용은 본인의 구술이 아니라 한라일보(1993년 8월 25일~12월 8일 9회 연재 '되돌아본 歲月')[15]을 바탕으로 조사한 내용을 추가하여 재구성한 것이다.

14　제주시 원도심, 현재 일도1동 중앙로에서 산지천 방향. 제주시의 명동으로 불리던 곳이다.
15　가족들에 의해 유고집『되돌아본 세월』(2002, 비매품)이 발간되었다.

3.1. 1927년 대홍수

濟州島에 暴風雨

死亡十名, 浸水千戶

◇갑작이 큰 비가 나려 불의에 참사

通信杜絶로 詳細不明

제주도 대홍수 기사
(동아일보 1927년 9월 13일)

김순원은 1920년 9월 제주시 일도1동 해짓골에서 나주 김씨 김문준(金汶準)의 3남으로 태어났다. 1900년에 태어난 큰형 김순오(金淳吾)는 한문을 수학하고 있었다. 1907년 신식 보통학교(제주북초등학교 전신)가 설립되어 학생을 모집했다. 우수한 아이들을 입학시키기 위하여 동네마다 돌아다니며 입학을 권유했다. 당시 순사나 공무원이 나타나면 '공달이(공무원을 이르는 은어)가 온다'라고 표현했다. 일본식 교육을 반대하여 학교에 다니는 것을 싫어하는 사람은 뒤주나 항아리 속에 숨기도 했다. 형 김순오는 이런 식으로 몇 번 피하다가 어느 날 새벽 알봉(사라봉 밑) 자락에 말 먹이러 갔다가 거기에서 공달이에게 붙잡혀 학교에 가게 되었다. 할아버지는 손자가 학교 가는 것을 못 마땅히 여겼다.

형은 22세에 일본 오사카(大阪)에 건너가 공익사라는 출판사를 경영하다가 일본경찰 단속에 걸려 제주도로 강제 송환되었다. 산지교 앞에서 일본인을 상대로 식료품과 잡화를 취급하는 잡화점을 개업하였다. 1927년 홍수로 쓸려가 버렸다. 현재 마쓰카와 여관(松川旅館) 표지석이 있는 자리다.

1927년 8월 큰 비에 이어 9월 10일에도 갑자기 큰 비가 내려 10명이 사망하고 1,000호가 침수, 가옥 116채가 유실되었다. 떠내려간 가축의 수는 알 수 없다. 길가에 방황하는 사람이 다수 발생, 교통두절, 전기불통 등 자세한 것을 알 수 없다. 제주 유사 이래 처음 있는 참사로 구제책을 강구하는 중이지만 계속 비가 내리고 있다는 제주지국의 전보에 의한 동아일보 기사가 있다. 1927년 대홍수로 북수구의 홍문이 유실되었다.

형은 이 홍수로 수몰될 뻔한 근처에 사는 일본인 부부를 구조하였다. 그러나 형은 감기로 알아 눕게 되었다. 끝내 일어나지 못하고 악화되어 25세로 요절하였다.

3.2. 제주공립보통학교

8세에 한문서당에 다니면서 천자문을 배우다가 1928년 4월 제주공립보통학교(제주북초등학교 전신) 1학년으로 입학하였다. 입학 연령은 호적상 8~9세였으나 당시는 어린이 사망률이 높아서 4~5세까지 살아남아야 출생신고를 했다. 본 나이로 신고하면 출생신고 기간위반으로 과태료 1원을 물어야 했기 때문에 출생일을 신고하는 날로 호적에 올렸다. 따라서 원래 나이와 4~5세가량이 차이가 났다. 그래서 실제로는 8세부터 13세 정도까지 입학이 허용되는 셈이었다. 입학조건은 제주읍내에 거주하고 보호자가 연간 세금 2원 이상 납세해야 지원할 자격이 있었다. 소정의 입학시험이 있었다.

인원은 한 학급 60명씩 두 학급 120명이었다. 여자 학급은 따로 30명이었다. 여자반 수업은 현재 제주은행 본점 남쪽(구 갑자의숙 자리) 교사에서 별도로 진행했다. 매월 첫째 월요일 조회와 학교 행사 때만 본교에 와서 참석했다. 여학생들은 서로 모여 있다가 행사가 끝나면 바로 돌아가 버렸다. 운동회 날에는 종일 같이 있었다.

일본인 교사 '아야베(綾部)'라는 선생님 이름을 가지고 놀렸다. 친구와 배를 잡고 뒹굴며 '아야 배야, 아야 배야'하며 놀려대다가 퇴학 직전까지 갔다. 담임과 형이 사정해서 퇴학을 면하게 되었다. 아야베 기

요시(綾部潔)는 1928년부터 1936년까지 제주공립보통학교에 근무한 교사다. 1928년 입학할 때는 오타니 이스케(大谷猪助) 교장을 비롯하여 고토 모토사부로(後藤元三郎), 아야베 기요시(綾部潔), 오카무라 후사(岡村フサ), 다나카 유이토(田中コイト), 오이카와 히데오(及川英雄) 교사가 있었다.

이 시기 제주보통학교는 조선인 교육을 위한 학교였다. 전체 교사 16명 중에 일본인 교사는 교장을 포함하여 4~5명 정도이고 나머지 교사는 조선인이었다. 일본인 학교인 제주심상소학교는 일본인 교사가 대부분이었다. 제주심상소학교에 다니는 일본인 아이들은 제주공립보통학교를 '아사히마치(朝日町)소학교'라고 했다. 아사히마치(朝日町)는 제주북초등학교 앞 관덕로 7길 주변을 일본인 거류민들이 붙인 동네 이름이었다.

1930년대 제주공립보통학교는 낡은 기와집이었다. 실내는 나무판자를 이어 만든 쪽마루였다. 마루는 너무 낡아서 잘 떨어지곤 했다. 떨어진 조각을 고쳐놓는 일은 김순원의 몫이었다. 그래서 어린 마음에 커서 훌륭한 목수가 되어 신식교실을 짓겠다고 마음을 먹었다. 학교에서 실시하는 공예품 만들기 대회에서 늘 상을 받았다.

학생 복장은 지정된 교복은 없었다. 남자는 검정바지, 저고리에 겨울에는 두루마기를 입었다. 가난한 집 아이는 두루마기도 없고 저고리 옷고름은 단추로 대신했다. 여자는 흰 저고리에 검정치마를 입었다. 양복은 5학년 때는 약 10% 정도, 6학년 때는 20% 정도 입고 다녔다. 운동화는 10% 정도가 신고 나머지는 검은 고무신을 신었는데 간혹 일본신 '게타(下駄)'를 신는 아이도 있었다. 비올 때 시골 아이들은 도롱이를 쓰고 읍내 아이들 5% 정도는 우산을 쓰고 나머지는 마대 또는 갈중이(갈옷)를 뒤집어쓰고 다녔다. 장화는 구경도 못했다.

4학년까지는 체조시간에 저고리를 벗어서 알몸인 채로 했고 겨울에는 솜을 넣은 저고리를 입은 채로 했다. 운동회 때는 광목으로 만든 짧은 소매 셔츠와 운동팬티 차림이었다. 5학년부터는 한문과목이 있었고 여름에는 잠업(누에치기) 실습이 있었다.

농업실습에서 생산된 배추, 무, 파 등은 각자 맡아서 팔아 와야 했다. 여유가 있는 집 아이들은 집에 가져다주고 대금을 가져왔다. 그렇지 못하면 종일 손에 들고 팔러 다니다 팔지 못하여 시들어버린 채소를 학교에 가지고 오기도 하였다.

6학년 늦가을 120명의 학생 중 약 80명이 개교 이래 처음으로 수학여행을 가게 되었다. 목적지는 한림 명월이었다. 인솔 교사 3명이 동행했다. 당시 교통편은 16인승 버스가 제주시에서 모슬포까지 하루 2회, 한림까지 1회 있었다. 수학여행은 걸어서 왕복해야 했다. 오전 10시에 출발하여 명월학교(한림보통학교)에 도착하니 오후 5시가 넘었다.

수학여행은 한림 아이들이 수학여행 간 학생 1명 또는 2명씩 데려가 재워주고 식사까지 책임지는 방식이었다. 지금의 홈스테이와 비슷한 방식이었다. 다음날 아침 9시에 명월학교에 집합하여 다시 제주시로 돌아왔다.

1933년 제주공립보통학교에 근무했던 일본인 교사는 교장 이케다 도시오(池田俊雄)를 비롯하여 아야베 기요시(綾部潔), 아야베 후사(綾部フサ), 노자키(野崎照二)가 있었다.

3.3. 에나쓰약점(江夏藥店) 급사

보통학교를 졸업하면 진학을 희망하는 경우는 농업학교에 입학했다. 조선인이라도 보통학교 고등과를 가려면 일본인 학교인 제주심상소학교 고등과에 진학하는 경우가 있었다. 졸업생은 대부분 진학하지 않고 취업했다.

1931년 촬영 에나쓰약점 딸 다미코
(사진 맨 왼쪽, 奧田誠 제공)

김순원은 일본인이 운영하는 에나쓰약점(江夏藥店)에 급사로 들어갔다. 에나쓰약점은 면협의회 의원을 겸했던 에나쓰유지로(江夏友次郞)가 운영하는 양약방이었다. 형 김순구(金淳九)가 이미 취업했었다. 김순구는 에나쓰약점에서 급사로 일하면서 견문을

넓혀 나중에 체신양성소를 나와 체신부 직원이 되었다. 에나쓰약점의 첫 월급은 4원 50전이었다. 양말 2컬레를 살 돈 30전을 빼고 어머니께 드렸다.

에나쓰약점에는 사다코(貞子), 쓰네코(ツネ子), 다미코(タミ子) 세 딸이 있었다. 제주심상소학교의 고등과에 다니고 있었다. 이중 쓰네코는 1960년대 한일정상화 이후 자신들이 살았던 흔적을 찾아보려고 제주도를 찾은 적이 있다. 눈물의 재회를 하고 회포를 풀었다.

3.4. 제주심상소학교 급사

에나쓰약점에서 일하면서 일본인들의 신뢰감을 쌓은 후 제주심상소학교 급사로 취직했다. 이 학교에서 잡일을 했다. 정식 명칭은 용무원(用務員)이었다. 새로 온 교장이 3년간 급사로 일하면서 공부하면 고등과 졸업장을 주겠다고 했다.

김순원을 채용한 야마베 다다시(山辺貞) 교장은 진정한 학자였다. '조선인이든 일본인이든 인간이면 누구든지 교육을 받아야 한다'고 했다. 야마베 교장은 1930년 조선으로 와서 목포공립심상소학교에서 근무하다가 제주도로 왔다. 어린이의 수학교육에 관심이 많은 교육

야마베 다다시(山辺貞) 교장 부부[16]　　　　제주심상소학교 씨름 대회[17]

자였다.[18]

　　야마베 교장은 남학생들에게 일본 씨름 스모 시합을 하게 했다. 직접 '씨름의 노래(相撲の歌)'를 작사 작곡해서 아이들에게 가르쳤다. 각자 자기 고향과 별명에서 유래하는 시코나(しこな, 스모선수 등록명)를 만들어서 수치마(化粧まわし, 씨름선수가 등장할 때 입는 치마)에 적게 했다. 교장 아들 야마베 싱고는 히로시마 출신이라서 에노가와(江の川)라고 지었다.

씨름의 노래

　　1. 제주학교 이 곳에서 모두 모여 씨름하자. 하케 요이 노콧다[19]

　　2. 동과 서로 나뉘어서 씨름 선수는 빠짐없이 모였다. 힘도 세고 기술도 민첩하다.

　　3. 어느 쪽도 지지 않고 씩씩하게! 졌다고 울지 말고 용기를 내라. 모두 사

16　제주특별자치도·제주전통문화연구소(2012: 117쪽).

17　제주특별자치도·제주전통문화연구소(2012: 91쪽).

18　조선 근무 기간에 『조선의 교육 연구』 1931년 6월호에 「수관념의 양성과 환경시설」, 1940년 2월호에 「신주산교육의 측면관」이라는 논문을 투고하였다.

19　하케 요이 노콧다(はっけよい 殘った)는 씨름 심판이 '붙어라'라고 지르는 소리.

이좋게.

4. 아무리 공부를 잘해도 아무리 훌륭해도 튼튼한 신체가 있어야 한다.

소학교 학예회를 할 때 소도구를 일본인 교사들보다 앞서 제작하였다. 제주심상소학교 학예회의 소품들은 김순원의 손을 거쳐 간 것이다.

1년 반 정도 근무하였을 때 교장이 바뀌었다. 1938년 새로 부임한 이토 다카후미(伊藤敏文) 교장은 조선인에게 졸업장을 줄 수 없다며 공부는 하지 말고 급사로만 일하라고 했다. 졸업장을 받지 못할 바에야 학교에서 일할 필요가 없었다.

이번에는 조선인이 운영하는 제주도산소주판매회사(현재 럭키가방 자리)에 급사로 취업하였다. 여기에서 일하면 자동차 운전을 배울 수 있게 해 준다고 했지만 4년 근무해도 운전을 배우지 못했다.

제주고등심상소학교에는 조선인 학생도 있었지만 차별받는 신세였다. 1945년에 고등과를 졸업한 김순여(1929년생)은 손재주가 있는 조선인 여학생에게 봉제 실습으로 교장 부인의 블라우스를 만들라고 했다. 일본인 교사는 일본인 학생들에게는 친절하게 대하고 조선인 급사를 부를 때는 사나운 말투로 이름이 아닌 '야, 급사!'라고 불렀다고 기억했다.[20]

야마베 교장의 차녀 야마베 케이코(山辺圭子 1930년생, 히로시마 거주)는 김순원과 가족처럼 지냈다고 기억했다. 학교의 용무원이었지만 교장 관사의 물이 떨어지면 금산 물을 길어다 채워 준 것을 잊지 않고 있었다.

야마베 교장은 소록도소학교, 춘천사범학교 소학교를 거쳐 경성 남대문소학교에 근무하고 있을 때 김순원은 물어물어 경성 야마베

---

20 제주기록문화연구소와 제주의소리 공동기획: 고영자 「1920~30년대 제주성내 이앗골: 소각된 제국의 흔적 따라」 기사 중 김순여 선생과 인터뷰 대목(제주의 소리 2019년 8월 8일 기사).

1930년대 제주심상소학교 학예회 장면[21]

교장댁을 찾아갔다. 후임 교장이 졸업장을 주지 않았다고 눈물을 흘렸다. 졸업장을 받지 못한 설움보다 야마베 가족을 만난 기쁨에 흘린 눈물이었다. 야마베 교장은 그의 아픈 마음을 헤아리고 제주도로 돌아가 있으면 방편을 생각해 보겠다고 했다.

교장의 딸 야마베 게이코가 1990년대말 제주도회 회원들과 제주도를 방문했다. 김순원은 야마베 교장에 대한 고마움으로 눈물을 흘렸다. 교장 아들 야마베 싱고와도 재회했다.

3.5. 산지항 축조

제주항은 옛날에는 건포, 건들개라고 불렀다. 나중에 건입포라고 하다가 산지포가 되고 지금은 산지항, 제주항으로 바뀌었다. 1926년 일곱 살 무렵에 산지 축항이 시작되었다. 해짓골(해저골) 중간 부분에

---

21 제주특별자치도·제주전통문화연구소(2012: 87쪽).

제주에서는 처음으로 세워진 공장인 시멘트 공장이 있었다. 축항 공사를 위해 현재 일도1동사무소 뒷길에 있는 제주성을 허물었다. 성벽을 허물어 동쪽 신작로를 매립하였다. 서쪽으로 코리아극장, 제주북초등학교 뒤로 무근성을 거쳐 서부교회 앞을 지나 도립의료원 뒤로부터 시민회관 부근의 돌을 가져가 매립하는데 사용되었다. 성벽 중 현재 남은 곳은 오현단 남수각 서벽과 기상관측소만 남았다. 1차로 공사로 선착장(제주수협건물 앞길)을 축조하고 제주항 축항공사가 시작되었다.

도록코(궤도)를 가설하여 성담 돌을 날라다 바다를 매립했다. 제줏 사람들은 농사일 외에는 노동을 해본 적이 없어서 육지에서 노동자들을 구해왔다. 육지에서 들어온 노동자들은 도록코를 밀고 발파 구멍을 팠다. 목도꾼들이 2인조, 4인조, 8인조로 조를 짜서 1톤 정도의 돌도 운반했다. 운반할 때 발을 맞추기 위하여 "이 영창, 지 영창" 소리가 울렸다. 큰 돌덩어리 같은 물건을 옮길 때 먼저 물건을 밧줄로

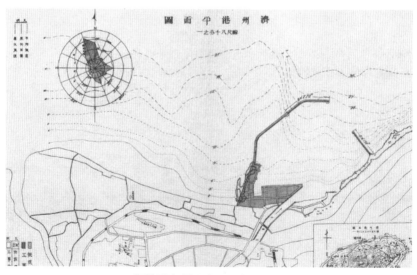

제주항 평면도(『朝鮮港灣要覽』(1931: 15쪽)

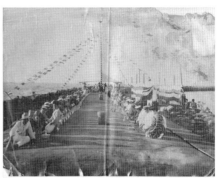

1927년 산지항 공사(『사진으로 보는 제주역사』(2009))　　　　1929년 산지항 완공 축하연 추정 사진[22]

얽어맨 다음 밧줄과 물건 틈으로 굵고 긴 막대기를 꽂아 넣고 두 사람이 막대기 양 끝을 각각 어깨 위에 걸치고 나르는 것이 바로 목도다. 막대기가 두 개일 때는 네 사람이 필요하다. 이런 일을 하는 사람을 '목도꾼'이라고 한다.

반대로 해상(海上) 일은 제줏사람이 전담하였다. 해상 측량에 동원된 선박 돌배는 돌을 실어다 바다에 버리는 배였다. 큰 목선 위를 든든한 판자로 반반히 덮은 위에 큰 돌을 목도꾼들이 메어다 싣고 목적지까지 노를 저어가서 지정한 곳에 투하하는 일을 했다. 목적 지점에 가면 우현에 돌을 적당히 굴려 떨어뜨리고 큰 돌 두 개만 남겨 둔 후 좌현으로 옮겨 20° 정도까지 기울게 한 다음 우현의 큰 돌을 지렛대로 굴려 떨어뜨리면 순식간에 배는 45° 이상으로 기울어져 배에 실은 돌이 몽땅 바다로 굴러 쏟아졌다. 이 작업은 동작이 빠르지 않으면 물에 빠지기 일쑤였다.

제주수협 서남쪽 일대를 매립하여 선착장, 물양장(소형어선 부두)을 축조했다. 그곳에 축항사무소와 경찰관 출장소도 지었다.

이때까지 육지부에서 들어오는 물건은 주로 옹기류, 항아리, 소금

22　오쿠다 마고토(奥田誠) 제공 사진.

등이었다. 풍선(돛단배)에 싣고 와서 앞돈지(선착장이 되기 전 명칭)에 내리면 움막을 쳐서 거래하였다. 소금을 내리면 손수레가 없어서 등짐으로 판매점까지 운반하였다.

이전에는 풍선(돛단배)에 의존하였다. 목포에서 제주도까지 순풍을 만나면 30~40시간이면 가는데 바람이 없으면 3~4일 걸렸고, 강풍을 만나 추자도에나 정박하면 일주일이나 걸렸었다. 나중에 목포와 제주 간에 정기 연락선이 취항하였다. 배는 풍선이 아닌 발동선으로 속력도 빨라 10시간 정도로 단축되었다.

일본 왕래가 빈번하였고 목포 화객선이 취항하면서 건축용 목재를 비롯하여 기와, 시멘트, 일용 잡화까지 물동량이 불어나자 부두에서 시내 상점까지 손수레를 들여와 운반하였다. 원거리는 말을 이용한 마차도 생겼는데 이를 '말구루마'(말+車くるま)라고 했다.

이때부터가 제주 발전이 시작되는 일대 전환기였다. 이렇게 인구가 불어나자 불미스러운 일도 자주 발생하였다. 조용하고 평온한 이 고장에도 도둑이 생기고 강도, 강간 사건도 발생하고 지금까지 없었던 살인사건도 일어나 거지 없고 도둑 없는 제주에 큰 충격을 주었다. 촌로들은 살인사건이 생기면 3년 흉년이 든다고도 했다.

3.6. 해상교통

1922년부터 제주와 일본 오사카(大阪)를 왕복하는 연락선 군대환(君代丸)이 취항하여 산지항 앞 바다 멀찍이 정박했다. 종선(從船)으로 노를 저어 손님과 화물을 운반했다. 파도가 세면 노 4개에 두 명씩 8명이 죽을 힘을 다해 저어도 족히 30분 이상 걸렸다.

1926년에 취항한 제2군대환[23]은 러일 전쟁 때 사용하던 군함을 개

---

23 아마가사키기선(尼崎汽船)이 소련 해군으로부터 이 배를 구입했을 때 선령은 44년이었다. 이후

조한 화력선이었다. 석탄을 때어 움직이는 증기기관을 사용했다. 정박중에도 전기를 켜기 위하여 석탄을 때었다. 노인들은 '화륜선'이라고 불렀다. 이 배가 돈벌이가 잘 되자 얼마 안 되어 경성환(京成丸), 복목환(伏木丸)도 취항하였다. 각 배가 월 3회씩 취항, 월 9회 일본으로 가는 배편이 생기자 제주도 사람들이 일본에 가는 것이 수월해졌다. 당시 제주도민은 육지를 왕래하는 사람보다 일본 오사카를 왕래하는 사람이 더 많았다. 육지에서 제주로 와서 일본으로 가는 사람도 많아지자 도항증명 제도가 생겨 경찰서에서 발급하게 되었다.

일본으로 가는 사람이 많아져서 일본에 도착해도 얼른 취직을 못하여 부랑자가 되는 경우도 많았다. 제주도에서 승선할 할 때 도항증명과 함께 호적초본을 첨부하고 비상금 20원을 봉투에 넣어 경찰 확인 후 봉인했다. 일본 상륙 시에도 이를 확인했다. 당시 20원은 집 한 채나 소, 말을 여러 마리 팔아야 마련할 수 있는 상당히 큰돈이었다. 20원을 구하지 못하여 못 가는 사람도 많았다. 그러자 승객이 줄어 복목환과 경성환이 경영이 힘들어졌다. 결국 군대환 한 척만 남았다.

3.7. 육상교통의 발달

옛날에는 일주도로가 없고 도로가 협소했다. 서쪽으로는 제주향교, 북쪽으로는 선반질-관덕정-칠성로-광제교-전 덕용병원(현재 중앙병원), 동쪽으로는 측후소 동쪽 끝 동문 쪽으로 길이 있었다. 이 길로 목사들도 말을 타고 와라차차 외치며 지나다녔다. 1920년경부터 일본인들이 해안선 평지를 따라 일주도로를 확장 개설했다. 샛길을 신작로라 칭하고 성내 요소마다 길을 포장했다. 남문로, 동문로, 북신로, 산지로라 칭하고 산지로, 칠성로, 관덕로로 이어지는 지경을 1급지라

20년 더 항해하고 1945년 4월 미군 공습에 의해 침몰했다.

하여 지가가 가장 높았다. 동문교와 서문교에 콘크리트 다리가 가설되었다.

　제주도에 처음으로 자동차가 상륙한 날의 모습을 기억하고 있다. 연락선에 싣고 온 자동차를 바퀴마다 든든한 망으로 싸서 버팀목으로 찌그러지지 않게 받치고 원치(winch)로 들어 종선으로 옮기고 종선이 선착장에 닿으면 종선에서는 자키(리프트)로 올린 다음 목재로 몇 번 떠받쳐 지면과 높이를 맞추면 긴 판자를 발판으로 하여 인력으로 끌어올리는 일대 큰 작업이었다. 제주도에서는 이런 큰 물건을 취급한 적이 없어 구경꾼이 운집했다.

　처음에는 소형 승용차였으나 다음에는 소형버스까지 들어오고 동쪽은 김녕, 서쪽은 한림까지 정기 운행하는 16인승 버스가 등장했다. 당시 버스는 엔진부가 앞으로 돌출하고 바큇살도 나무였다. 경적은 운전석 밖에 부착하고 나팔에 고무공 같은 스포이트를 누르면 뽕소리가 난다. 누를 때 마다 뽕뽕 소리가 났다. 엔진 소리나 경적 소리만 나면 아이들이 몰려와 달리는 차 뒤를 좇아 지칠 때까지 따라갔다. 자동차를 한 번 타보는 것이 어린이뿐만 아니라 어른들도 꿈이었다. 한 농부는 함덕에서 조천장에 장작을 팔러 왔다가 장작을 판 돈으로 지게를 버리고 버스를 타고 함덕까지 갔다가 되돌아와 지게를 지고 갔던 일도 있었다. 얼마 되지 않아 화물 자동차도 들어왔다.

3.8. 궤도 철로

　1928년 제주에 철로 교통이 있었다. 자동차가 들어오기 직전에 코리아극장(중앙로 14길 18, 현 메가박스 영화관) 바로 앞 동쪽에 제주순환궤도 주식회사가 설립되었다. 이곳을 기점으로 북신로를 거쳐 북교 앞에서 꺾어 관덕로에서 동서로 갈렸는데 동쪽으로는 동문을 거쳐 김녕까지 가고 서쪽으로는 서문교를 거쳐 한림까지 철로가 부설되었다.

객차와 화물차가 있었는데 화물차는 농수산물을 수송했다. 차형은 광산 차와 동일한 차형(광석 운반용)이었다. 객차는 화물차보다 약 50cm 길고 지붕을 덮고 앞과 옆에 유리창을 만들었다. 후부에 출입구가 있고 양측에 3명씩 탈 수 있는 6인승이었다. 장정 2명이 밀고 다녔다. 단선철로라 마주치면 한쪽 손님이 내리고 노선에서 탈선시켜 한쪽을 넘겨주고 다시 차를 궤도에 올려놓았다. 동문통에서 사라봉 앞까지는 오르막이라 남자손님은 내려 걸어가거나 밀고 올라가고 내리막길에서는 모두 타서 기분 좋게 달렸다. 철길에는 풀이 잘 자라 무성하였다. 농가에서는 아이들에게 말을 먹이고 오라면 아이들은 말뚝 박기 싫어 철길에 매어 두었다.

철로에 말을 많이 매어 두는 바람에 차 소리에 놀란 말이 마구 뛰고, 브레이크를 거는 착낭(쳇낭)을 힘껏 당겨도 탈선하는 일이 잦았다. 또 아이들이 철로 위에 돌멩이를 늘어놓는 것도 골칫거리였다. 악동들은 그 상황을 숨어서 구경하다 들키면 혼쭐났다. 매어놓은 말은 매어두는 밧줄과 녹대까지 벗겨 쫓아버렸기 때문에 농가 피해도 생겼다.

결국 개통하여 1년도 못돼 회사는 망했지만 잘 운영되었으면 지금쯤에는 도 일주하는 소형열차가 생겼을지도 모를 일이다.

3.9. 제주측후소

제주에 처음으로 세워진 양식건물은 붉은 벽돌로 된 측후소였다. 1923년에 준공되었다. 이때 쓰인 붉은 벽돌은 소록도(나환자수용소)에서 만들어진 것이다. 벽돌을 실은 풍선이 포구에 닿으면 형무소(현재

동초등학교와 부근 상가 일대에 형무소가 있었음) 죄수들이 등짐으로 홍예교를 건너 현장까지 운반했다. 죄수 복장은 갈옷 웃옷, 짧은 바지에 죽제(竹製) 삿갓을 썼고 발목에는 쇠사슬을 끌고 다녔다.

기상탑은 나무기둥으로 된 목탑이었다. 밑에는 두 기둥을 세우고 위에는 하나씩 삼단을 연결하여 4단 높이에 벌이줄을 매었다. 여기에 기를 매달아 매일 12시에 기상예보를 하였다. 사각기로 날씨를 알렸다. 흰색은 맑음, 적색은 흐림, 청색은 비, 초록은 눈을 표시하였다. 삼각형 깃발은 풍향표시, 바람 강도는 둥근 공, 긴 초롱 등으로 표시하여 내일 날씨를 예보했다. 측후소를 천기(天氣)당이라고 했는데 날씨를 일본어로 덴키(天氣, 한국어 발음 천기)라고 하는 데서 합성된 표현이다.

4. 서귀포 일본인학교 조선인 윤세민 이야기

윤세민(尹世敏 1930~)

1930년 서귀포시 강정동에서 태어나 중문공립보통학교를 나왔다. 서귀남국민학교 고등과 2학년 때 해방을 맞았다. 서귀중학교 제1회 졸업생이다. 제주교원양성소를 나와 40여 년간 초등교육에 몸담았다. 1950년 한국전쟁 때 육군으로 자진 입대하여 1954년에 만기 제대하였다. 1992년 제주교육연구원장을 역임하고 1997년에 서귀중앙초등학교 교장을 끝으로 정년퇴임 하였다. 이후 가족의 소장품, 향토 자료, 교육 자료를 모아 작은 박물관 숭모관(崇慕館)을 강정동에 개설하였다. 1996년 『문예사조』 8월호에 「얼룩진 족보」로 수필가 등단 후 『교정의 메아리』, 『조상의 숨결과 함께』 등 집필 활동을 하고 있다.

여기에 싣는 내용은 윤세민이 「서귀포신문」에 기고한 '일제 강점기 서귀포에 살던 일본인들의 비화'(2015.9.16~), 『선인들의 삶의 향취』(2019, 비매품)를 바탕으로 2019년, 2020년, 여러 차례의 면담 내용을 더하여 재구성한 것이다.

4.1. 중문공립보통학교

윤세민은 강정 유일의 개량서당인 광제의숙을 다니다가 중문공립보통학교(중문공립국민학교) 3학년으로 편입했다. 광제의숙에서는 일본어와 산수를 배웠다. 아버지는 광제의숙의 교사였지만 앞으로는 신식 교육을 받아야 한다고 생각하고 아들 윤세민을 중문보통학교로 보냈다. 강정에서 중문까지 다시 중문에서 강정으로 어린아이 걸음으로 1시간 20분이 걸리던 길을 매일 오갔다. 윤세민은 강정마을에서 국민학교를 다니던 유일한 아이였다.

4학년쯤에 일본글을 해독하게 되었다. 아버지는 아들의 일본어 독해력을 키워주려고 서귀포까지 걸어가서 『少年俱樂部(소년구락부)』란 월간 잡지를 사들고 왔다. 학교에서 이런 잡지를 읽은 학생은 윤세민 혼자였기 때문에 말하기(話し方) 수업에서는 잡지에서 읽은 화제를 말해 우쭐할 수 있었다. 『소년구락부』는 1914년에 창간한 소년잡지였다. 태평양전쟁이 개시된 1941년부터는 20페이지 정도의 책자로 소국민(小國民), 군국 소년 양성을 위한 것이었다. 패전 때까지 전쟁과 군대에 관한 기사로 채워졌다. 소년을 대상으로 지적 계몽 활동과 체제, 권력의 의도를 대변하는 선전 매체 역할을 했다.

『소년구락부』(1944년 12월호)[24]

아버지는 식민지 시골에 살고 있었지만 와세다 대학(早稻田大學)의 통신교육을 받고 있었다. 교재와 학습내용을 우편으로 받아 중학 과정을 이수하는 방식이었다.

6월에는 중문보통학교에 성내(城內) 제주도사(島司) 산하에 있는 일본인 시학관(視學官)이 학사업무 출장 지도가 예정되어 있었다. 요즘의 연례 장학사 시찰과 같은 것이었다. 시학관(일본어로 시가쿠상, 視學さん)이 온다는 전갈이 오면 서둘러 유리창 닦기, 변소 청소, 낙서 지우기를 했다. 이것도 나라를 잃은 민족의 수난이라고 생각했다.

아버지의 일기에는 시학관 시찰에 대한 긴장된 대목이 적혀 있었다. 시학관이 학사업무 지도라는 명분으로 각 학교를 내방하는 것은 연례행사였지만 특이한 접대 관습이 있었다. 강정천에 자리를 만들어서 큰 내에서만 잡을 수 있는 은어구이와 은어 사시미(회)를 접대했다. 냇물 바닥이 맑은 물에 은어 무리가 반짝이며 노는 모습을 지켜보며 한 잔을 하는 풍류를 즐겼다. 이런 접대는 학교 후원회장이 맡아 마을 유지들을 동원하여 자리를 메꾸도록 했다.

1938년 창씨개명으로 파평 윤씨 윤세민(尹世敏)은 히라누마 사토시(平沼敏)가 되었다. 학교에서 조선어교육도 금지되었다. 조선어를 가르치던 조선인 선생님의 마지막 수업에서의 표정을 잊을 수 없다. 선생님은 내일부터 이 수업은 하지 않는다고 담담하게 말했지만 얼굴은 울고 있었다.

---

24 https://www.kosho.or.jp/products/detail.php?product_id=289837930

아버지 윤공열의 와세다대학 통신교육 수업증과 교재(1929)

소화 6년(1930년) 출생 '히라누마 사토시'(윤세민) 졸업장과 상장(1944)

중문공립국민학교 수기 연습장면(1941)(윤세민 제공)

4.2. 서귀포남국민학교

중문공립국민학교를 졸업하고 서귀포남국민학교(서귀포남심상소학교) 고등과에 입학했다. 서귀포남심상소학교는 일본인 거류민의 학령기 아동을 위한 거류민 전용 학교였지만 고등과 진학을 위해서는 그 학교에 가는 수밖에 없었다. 서귀포 주변 면지역 국민학교에서 1명씩 선발하는 형식으로 고등과에 조선인 10명을 받아들였다.

서귀남국민학교는 1917년 4월 학교조합에 의해 설립되었다. 1930년 학교조합 조합원인 일본인 거류민 39호 185명, 조합 관리자는 가와사키 마스조(川崎增藏), 조합의원은 나카무라(中村鶴松), 가타오카(片岡角治), 마쓰이(松井八五郎), 사이고(西鄕武十), 고(鄕末雄), 노토미(納富卯八)였다.[25]

조선인 아이들은 서귀북국민학교(현 서귀포초등학교), 일본인 아이들은 서귀포남심상소학교에 다녔다. 심상과(1~6학년)는 대부분 일본인이고 고등과(2년제)에는 조선인 학생만 20여명이 재학하고 있었다. 일본인 아이들은 심상과 6년을 마치면 본국의 부모 연고지 중학교에 진학시켰다. 자연히 고등과에는 한국인 학생만 남았다.

고등과 입학시험에는 학과시험, 체력측정, 구두면접이 있었다. 구두면접은 근엄한 일본인 교장이 일본어로 질문했다. 예상 질문으로 칙어와 역대 천황인 신무(神武) 천황부터 당시 소화(昭和) 천황까지 124대를 외워 두었다. 이것은 구두면접의 필수 사항이었다. 그런데 첫 질문은 예상외의 질문이었다.

"지금 전쟁에서 가장 필요로 하는 군용물자는 무엇인가?"

"하이!, 히코키데스. (옛! 비행기입니다.)"

"비행기를 헌납하려면 그 돈을 어떻게 마련할 것인가. 그 방법을 제시해 보라"

---

25 『전라남도 사정지(하)』(1930).

"방과 후 노력봉사로 얻은 돈 전액을 국방헌금으로 내겠습니다."

일본인 교장이 흐뭇한 미소를 지었다. 면접을 마치고 교문으로 나와 보니 아버지가 초조함을 감추지 못한 채 기다리고 있었다. 1원 지폐 한 장을 주며 저녁에 솔동산(서귀포시 송산동) 하숙집에서 하룻밤 자고 내일 체력검사 마치고 오라며 아버지는 집으로 돌아갔다. 체력은 던지기, 턱걸이였다. 태평양전쟁 말기에 학생도 언제든지 일본군의 구성원이 되어야 했기 때문에 체력이 중요했다. 체력시험을 잘 치르지 못했지만 합격했다.

교실이 모자라서 2개 교실에서 복식수업을 했다. 일본인 교사는 교장 사와무라 징이찌(澤村人一), 고 요시코(鄕芳子)[26]였다. 요시코 선생님은 나가타여관의 딸이었다.

입학하고 나니 매월 국방헌금이란 과제가 부여됐다. 교실 벽면에 개인별 헌금 상황 막대표를 게시해 경쟁의식을 유발시켰다. 궁하면 통한다고 누구의 착상인지 헌금 만드는 방법은 단 한 가지였다. 솔밭에 가서 솔방울을 주워 가마니에 넣어 지고 와서 일본인 가정에 파는 것이었다. 여기에도 단골이 정해져 있었다. 윤세민은 우에다의원(植田醫院)을 자주 찾아 갔다. 언제 찾아가도 문전박대 하지 않고 친절하게 맞아주고 어린 애국심에 탄복하여 50전을 주었다.

당시 국방헌금은 서당 아이들에게까지 내게 했다. 아버지의 일기에는 국방헌금, 출정황군(皇軍) 위문대 모집에 학생당 2전씩 모은 어설픈 대목이 있다.

한국인 학생 동태 파악인지 아니면 좋게 생각해서 교외 생활 지도인지 토요일에 집에 다녀오면 일요일 저녁 귀성 신고하는 것이 교칙

---

26 조선총독부 기록에는 고우라코(鄕浦子)로 나와 있다.(1939년부터 1941년까지 서귀포북국민학교, 1941년부터 서귀포남국민학교 근무)

서귀남국민학교(서귀남심상소학교)[27]

서귀포학교조합 설립 허가 고시
(조선총독부 관보 제1371호,
1917년 3월 2일)

으로 정해져 있었다. 귀찮은 일 중의 하나였다. 평소에 해보지 않던 일본 예법에 따라 꿇어앉아서 말하기 때문에 발목이 아팠다. 부모님 동정까지 꼬치꼬치 묻는 것은 조선인 동태를 살피는 것으로 생각했다.

학교에는 '국체명징'(國體明徵, 국가의 존엄을 명확히 나타냄), '내선일체'(內鮮一体, 일본과 조선은 한 몸), '인고단련'(忍苦鍛鍊, 괴로움을 참고 심신을 단련함)이란 표어가 붙어 있었다. 교무실에 선반을 만들어 그 위에 메이지 천황의 교육칙어가 들어 있는 함을 모셨다. 입학식이나 행사 전에는 흰 장갑을 낀 수석 교사가 교육칙어 함을 두 손으로 높이 받들고 들어와서 교탁 위, 조회대 위에 놓았다. 교장이 엄숙한 목소리로 교육칙어를 낭독했다. 아이들은 동방요배를 했다. 큰 소리로 황국신민의 선서를 외쳤다.

"우리는 대일본제국의 신민입니다. 마음을 합쳐 천황폐하에 충성을 다하겠습니다. 우리는 인고단련(忍苦鍛鍊)하여 훌륭하고 강한 국민이 되겠습니다."

전쟁이 승승장구해 가던 1943년경에는 싱가포르 함락 축하행사가

27 「서귀동 솔동산마을」(2019)에서 재인용, 촬영연도 미상.

학교단위로 열렸다. 가장행렬에는 키 큰 학생을 골라 미국 대통령 루즈벨트, 영국 수상 처칠 역으로 삼아 포승줄로 묶어 앞 세워 북 치며 초롱등을 들고 행진했다. 적개심을 심어 후방 국민들의 전의(戰意)를 고취시키자는 악랄한 수법이었다. 지금 생각하면 어린 학생의 인권을 저버린 처사였다.

일본인 가정에 노력봉사 요청이 있으면 조선인 아이들은 서로 가보지 않는 집을 우선 선택해 가봤다. 일등국민이라고 자처하는 일본인의 가정문화를 눈요기하기 위해서였다. 조선인 아이들은 노력봉사를 싫어하지 않았다.

설탕 배급소에 가는 것과 석유 판매소에 가는 것은 천양지간이었지만 그래도 주인의 온정과 배려로 얻는 것도 많았다. 설탕을 한 줌 받아온 아이는 먹어 보라고 자랑하는가하면 석유병 한 병을 받아 온 아이는 야간에 공부할 수 있다고 좋아했다. 노력봉사에서는 일하는 차례와 순서, 요령을 배울 수 있었다. 일본인이 알려준 것도 우리 조상이 알려준 가르침과 다를 것이 없었다. 일본인이 우리를 부려먹었다고 생각하지 않았다. 체험 중심의 교육과정이라고 생각했다.

지금의 서귀여중 근처에 배나무 과수원이 있었다. 우리는 종이봉지 씌우기 노력봉사를 했다. 배 과수는 지역풍토에 맞지 않아서 그런지 모양새가 좋지 않을 뿐더러 당도도 낮아 시중에 유통되지 않았다. 그래도 배는 그림의 떡이었다

중문공립국민학교에서 군사훈련으로 수기(手旗)를 배웠다. 하루는 강정 바다에서 놀고 있는데 멀리 일본군함이 보였다. 배를 향하여 '뭐 하러 옵니까?' 수기로 물었더니 '물을 구하러 왔다'고 군인이 수기로 대답했다. 강정마을은 맑은 물이 자랑이기 때문에 '이 마을에 물이 있다' 신호를 보냈더니 배가 강정포구에 닿았다. 나중에 배에서 내린 육군 소령이 윤세민의 수기를 높이 칭찬하며 어디에서 배웠냐

고 물었다. 학교에서 배웠다고 했더니 훌륭하다고 흡족해 했다.

4.3. 서귀포 신명신사(神明神祠)

서귀포 일본인 거류민은 관공서 관리를 비롯해 특권을 누리는 인허가 사업, 심지어 소소한 주류 판매업, 식량배급소, 대서소, 오사카(大阪) 등지로 왕래하는 화물 여객선 군대환(君代丸) 매표업무 까지도 모두 독점하고 있었다.

일본인이 경영하는 일본식 목조건물 2층으로 된 고지마여관(小島旅館), 나가타여관(長田旅館) 두 곳이 있었지만 투숙객을 맞는 데는 차별하지 않았다. 솔동산(서귀포시 송산동)에 있는 순흥여관은 군대환에서 내린 한국인이 하루 밤 묵고 가던 여관이었다.

일본 사람들은 양력 정월 초하루 아침에는 현관문 위에 굵게 엮은 짚 끈(しめなわ: 시매나와)에 밀감 세 개를 나란히 매달아 축원하는 풍습이 이색적이었다. 얄궂은 애들은 눈여겨 봐 두었다가 야밤에 그 밀감을 먹어 버려 일본인들에게 원성을 사기도 했다. 이를 미연에 방지하기 위해 심성이 너그러운 일본인은 별도로 밀감을 봉지에 담아 매달아 두기도 했다.

제주읍에 있는 제주신사를 제외하고 제주도에 건립된 신명신사[28]는 1938년 6월에 전라남도가 계획한 '황기(皇紀) 2600년제 기념사업'으로 1면(面) 1신사(神祠) 계획에 근거하여 각 면장의 출원(出願)해 허가받아 건립되었다. 대정면만 모슬포 우편국장이었던 일본인이 청원했다.

중문에 있던 신명신사(神明神祠)는 1939년 조선총독부 신사건립 허가에 의해 중문면 중문리 현재 중문동 1498번지에 세워졌다. 천장절

---

28 신사(神祠)는 신사(神社)가 아니다. 공중(公衆)에게 참배를 시키기 위해 아마테라스 오미카미(天照大神)를 봉사(奉祀)하는 곳을 말한다.(조선총독부령 제21호, 1917년 3월 22일) 신사(神祠)는 신전, 배전 등의 건물의 구비요건이 없는 소규모 신사이다. 실질적으로 메이지천황의 사당이다.

(天長節: 천황탄생일) 기원절(紀元節: 건국기념일) 등 기념일에만 참배했다. 학생은 학교에 갈 때 참배하지 않으면 교실에 들어가지 못했다. 이 신사는 이후 4.3사건 때 서북청년단에 의해 파괴되었다. 공터는 4.3사건 때 처형장으로 사용되기도 했다. 1955년 천주교 공소에서 1988년 천주교중문교회가 되었다.

서귀면 신명신사도 면장과 주민 24명의 출원으로 서귀동 538번지에 건립되었다. 일본인 교사가 학생들을 참배시켰다. 제주읍에 있는 제주읍 신명신사는 일본인 거류민에 의해 세워진 것이지만 서귀포의 신명신사는 조선총독부의 내선일체 차원에서 세워진 것이라 조선인을 강제로 참배시켰다.

일본인이 숭상하는 아마데라스 오미가미(天照大神) 위패를 봉안한 곳을 신사라고 한다. 신사는 성역이기 때문에 신사자리를 아무데나 잡지 않았다. 서귀포 신명신사는 서귀포의 맥상(脈上)에 터를 잡았다. 우리의 민족정기를 말살하려는 의도가 숨어있었는지 모른다. 그러나 옛말에 맥상에 산(墓) 쓰는 놈 되지 않는다는 말이 있었다. 일본인들은 그것을 몰랐다.

해방 이후 신사를 파괴하여 전망대를 세웠다. 한국전쟁 때는 피난민이 거처가 되었다. 1961년에 그곳에 관측소를 세웠다. 지금도 서귀포 기상대 자리를 신사동산이라고 한다. 아직도 돌계단 참배길이 남아 있다.

신사 경내는 삼단으로 되어 있었다. 상단에는 위패 봉안 건물, 한 단 내려오면 참배객들이 모이는 집회장소, 세 번째 단은 경사가 진진입 통로였다, 가운데 직선 통로에는 작은 자갈을 깔아 제관이나 고관이 걸어가면 부서지는 듯한 자갈소리가 들렸다.

참배가 있는 날은 관공서 기관장을 비롯해 일본인들은 지체 없이 전원 단정한 몸차림으로 나왔다. 의식이 시작되면 그 많은 참배객들

'서귀포근대역사문화 아카이브' 사업 행사 포스터(2019)

의 숨소리마저 멈추었는지 신사동산은 일시에 정막감이 돌았다.

일본 궁성을 향해 드리는 아침 요배도 심층에서 솟는 정기를 모아 올리는 엄숙한 배례의식이었다. 그러나 천조대신(天祖大神) 핏줄을 이어받지 못한 우리는 남모르게 고향 요배를 했다. 이것이 탄로 나면 퇴학처분은 물론 부모님이 요시찰 대상이 되기 때문에 입 밖에 내지 못했다. 일본인은 절하는 모습이 진지한데 조선인은 어딘가 건성기가 보인다며 학교에서 호된 질책을 받은 때도 있었다. 조선인의 본성을 모르고 태도와 행동거지만을 보고 수신(修身) 교과 점수를 부여한 것은 도무지 이해가 되지 않았다. 이 또한 나라 잃은 슬픔이었다.

신사로 들어가는 입구에 세워 놓은 도리이(鳥居)는 우리나라 왕릉 묘역 입구에 세운 홍살문을 변형한 것 같은 천(天)자 모양의 목조물이다. 일본산 회양목으로 정갈하게 만들어 대로변에 세웠다. 이 앞을 지날 때는 바라보지 말고 고개 숙여 지나가는 것이 국민의 몸가짐이라고 계도했으나 성과는 별로 없었다. 유언비어만 난무해서 순진한 서귀포 사람들은 꺼림칙해서 외딴 골목길로 돌아다니기도 했다.

2019년 송산동마을회에서는 서귀포의 근대를 기록하기 위한 자문을 요청해 왔다. 윤세민의 기억으로 서귀포의 근대 지도를 작성할 수 있었다. 송산동 근대문화 골목 탐방 가이드로 참여했다.

4.4. 공출(供出)의 시대

태평양전쟁이 막다른 1943년부터 일본이 패망할 때까지 마른 나무 가지에서 물을 짜듯이 백성을 들볶아 댔다. 이 시기는 공출(供出)의 시대였다. 공출이란 국가의 수요에 따라 곡식이나 기물을 의무적으로 정부에 매도하는 것이었다. 물건을 내는 것뿐 아니라 탄광 징용을 탄광 공출, 비행장 건설에 나가는 부역도 비행장 공출이라 했다. 이런 인권을 경시하는 일본 제국주의 만행은 지금도 한이 풀리지 않는다.

보리 공출 분량을 묶고 나면 어머니는 고팡을 보면서 보릿고개를 넘을 일을 걱정하며 울먹였다. 총알이 많아야 전쟁에 승리한다면서 놋쇠기물 할당량이 나오면 이장은 종갓집을 찾아다니며 애걸복걸했다. 그 인정에 못 이겨 내주다보면 조상대대로 전해오던 젯그릇도 몇 개 남지 않았다. 목표량에 달하지 못하면 황국신민 되어버린 조선인 관리가 나와 헌납을 강요했다. 동네의 집 숟가락 숫자까지 다 알고 있는 마을 이장이나 동네 유지를 앞세워 집집마다 방문하는 바람에 뜬 눈을 속일 수 없었다. 가택수색까지 해서라도 놋쇠기물은 다 강탈할 것이라는 소문이 돌아 젯그릇을 대나무 밭에 파묻기도 했다.

윤세민 집에는 조상대대로 물려 내려오는 청동화로가 있었다. 그 화로는 조부가 일본과 청진을 왕래하는 화객선원으로 일하면서 박봉을 털어 유기점(鍮器店)에서 매입해 아버지(즉 증조부) 환갑 기념으로 보내온 것이었다. 그 화로의 존재는 동네에 소문이 나 있었기 때문에 숨길 묘책이 없었다. 친일 조선인 관리가 와서 헌납하라고 불호령이었다. 아버지는 화가 나서 '그래 내주마. 어서 갖고 가서 총알을 만들어 미국 병정을 쏘아라' 하고 화로를 둘러메고 올레길 먹돌 차면담에 내려쳤다. 받침대가 떨어져 나가고 망가져 볼품없이 찌그러졌다. 그래도 그것을 들고 나가는 악랄한 친일배를 지켜보았다.

공출은 이것뿐이 아니었다. 군용 통조림을 만든다고 돼지 공출이 있었다. 당시에는 집마다 통시가 있어 돼지를 기르고 있었다. 큰일을 치르기 위해서는 돼지고기가 반드시 필요했다. 잔치 돼지, 대소상 돼지, 노부모를 위한 돼지 등 집마다 각각의 목적이 있었다. 윤세민 집은 할머니 소기(小忌) 제찬(祭粲)감으로 키우고 있었다. 불시에 공출 담당 서기가 들이닥칠까 봐 조마조마했다. 면사무소에 근무하고 있던 친구가 공출 관리가 나가는 것을 사전에 알려주면 돼지를 대피시켜서 위기를 모면한 때가 한두 번이 아니었다. 벼가 무성하게 자란 논밭에 숨겼다. 물통과 진흙에서 마음대로 뒹굴 수 있어서 꿀꿀대지 않았다.

공출 담당 서기는 집에 들어서면 우선 통시를 봤다. 돗 도구리(돼지 밥그릇)가 마르지 않았거나 돼지 똥이 있으면 돼지를 내어 놓으라고 압박했다. '이것은 오늘 싼 똥이다' 증거물을 들이대며 압박했다. 외방 큰일 집에 팔려갔다, 추렴 돼지로 방금 팔아버렸다 등 이래저래 변명을 둘러댔었다. 언쟁하다 물러서는 담당자는 일본 물이 덜 든 면서기였다.

소상 날짜는 다가오는데 한시도 안심할 수 없어 우영 밭 구석 눌틈에 피신시켜 숨겨둔 돼지는 꿀꿀 소리를 내는 바람에 발각되고 말았다. 관리는 내놓으라고 하고 아버지는 못 내어놓겠다고 언쟁이 벌어졌다. 충성심이 강한 조선인 관리였다. 일본사람이 다 되어 버린 면서기는 앙심을 품고 배일(排日)사상이 짙은 요시찰 인물이라고 내뱉었다. 아버지는 와락 화가 나서 '너는 조상도 없느냐? 너는 어느 나라

백성이냐?' 설전을 벌였다. 울분이 채 가라앉기 전에 광복을 맞았다. 한치 앞을 모른다는 말이 바로 이것이다.

얼마나 공출이 심했으면 한두 사람만 모여 앉아도 화제는 으레 징용과 공출이었다. 동네 사람들은 꿩말물(서귀포시 강정동 용천물) 찬물에 들어가도 노역과 공출의 시름은 사라지지 않았다고들 했다.

4.5. 서귀포 제국재향군인회

서귀포에 사는 일본인 조직 중에는 재향군인회가 있었다. 제국재향군인회(帝國在鄕軍人會)는 1910년에 발족, 1945년에 해산된 예비역 조직이었다. 일본 전국, 식민지 각 지역에 조직이 있었다. 서귀포는 재향군인이라 해도 겨우 10여 명이었다. 서귀포제국재향군인회 회장은 러일전쟁에 참전했던 노인 사이고 다케토(西鄕武十)였다.

서귀포의 재향군인회는 학교 운동장에 미국인 표적을 세워 놓고 마치 백병전(白兵戰)을 치르듯이 죽창검술에 여념이 없었다. 제주도에 미군이 상륙하면 최후의 일인까지 죽창으로 찔러 죽이겠다며 백병(白兵)전 준비에 돌입했다. 그때가 1944년 봄 무렵이었다.

태평양전쟁 말기에 미군이 파죽지세로 침공해 오면서 전세는 긴박하게 돌아갔다. 제주 섬에 상륙할 것이라는 풍문이 나돌면서 재향군인들은 총칼 대신 죽창검술 연마로 실전을 방불케 했다. 토평마을 대왓에서 왕대 쪽 굵은 대나무를 베어다 불에 달구어 죽창을 만들고 통나무 기둥 둘레에 여러 겹 짚을 엮어 '미영결멸(米英決滅)'이란 표적을 세워놓고는 얏! 고함지르며 돌진, 죽창으로 표적을 무찌르는 검술 훈련을 학교 공터에서 했다.

'귀축미영(鬼畜米英)!', '미영격멸(米英擊滅)!'을 부르짖으며 적개심을 격앙시키고 '대동아공영권 건설(大東亞共榮圈建設)!'을 외치면서 동양인으로서의 자부심을 북돋우기도 했다.

나이 든 어른들이 진땀을 흘리며 연마하는 모습을 봤다. 이를 보던 심상과(보통과) 일본 아이들은 자기 아버지 계급을 자랑했다. 대일본 만세 환성이 울려 퍼졌다. 전쟁은 원자폭탄으로 끝났는데 죽창으로 검술이라니.

4.6. 서귀포 주둔 일본군

일본이 내건 대동아 공영권 건설 운운하던 전쟁은 패색이 점점 짙어갔다. 밤에는 등화관제로 길거리는 암흑으로 변했다. 공습경보 사이렌이 울리면 학교를 사수한다며 학교로 달려가 구린내 나는 방공호 신세가 되었다. 토, 일요일은 전폐되어 일주일은 월, 월, 화, 수, 목, 금, 금요일 체제로 대체했다.

일요일에는 호국봉사 깃발을 들고 삼매봉 포대구축에 동원돼 진땀을 흘렸다. 그러다 멀리 보이는 고향 마을을 보는 순간 누구를 위해 이 포대를 구축하고 있는지 회의감이 들었다. 그때 일본군 노병(재소집되어 온 사병)이 보리 건빵을 나누어 주었다. 수통 물까지 나누어 주는 온정에 조선인 아이들은 감복했다. 그 노병은 담배를 한 대 빨고 연기를 내뿜더니 일본군가를 불렀다. '온시노 타바코 이타다키테(恩賜のたばこいただきて~)' (천황이 하사한 담배를 물고~)' 우리도 학교에서 배운 노래라 같이 불렀다. '온시노 타바코(恩賜のたばこ)'는 천황이 하사한 담배라는 뜻으로 육군과 해군의 지급품이었다. 제목은 「空の勇士(하늘의 용사)」라는 노래다.

恩賜の煙草をいただきて	천황 하사품 담배를 받고
あすは死ぬぞと 決めた夜は	내일은 죽는다고 마음먹은 밤은

廣野の風も腥く	광야의 바람도 피비린내 난다.
ぐっと睨んだ敵空に	힘껏 노려본 적의 하늘에
星が瞬く 二つ三つ	깜박이는 별이 두세 개

일본군은 서귀포 삼매봉 황우지 해안가에 진지 동굴을 구축하기 시작했다. 제주도는 남양제도가 점령되면서 파죽지세로 침공해 오는 미군을 저지하기 위한 최후의 보루였다. 제주도를 최후의 방어진지로 구축하기 위해 주로 산남 해안가 삼매봉 황우지, 대정 송악산, 성산포 일출봉에 진지동굴을 팠다. 지금의 남성마을과 삼매봉 근처는 군사기지로 통제구역이었다. 고등과 조선인 학생 20여 명에게는 군 당국에서 근로보국대 깃발이 발부돼 통행이 허용되어 진지 동굴작업 광경을 멀리서나마 지켜봤다.

이 굴을 파는 데에 동원된 인력은 육지에서 징용당한 조선인이었다. 제주도 사람들은 모슬포 군용 비행장 건설, 제주시 정뜨르 비행장 건설, 중산간 지대 진지구축, 탄약운반을 하기 위해 징용 당했다. 이 시대에 흔히 하던 말이 징용을 '공출'이라고 했다. 우리 민족이 일제의 학정 아래 핍박과 수난을 단적으로 말해주는 예다. 사람을 물자마냥 취급한 것이다.

1945년 서귀포시 남성마을 근처에 해안가 진지동굴을 파기 위해 강제 징용된 사람들의 숙소인 함바[29]가 즐비하게 지어졌다. 삼매봉에 근로봉사 가는 길목이라 그 함바집 생활상을 볼 수 있었다. 수용시설은 초가 움막과 다름없고 내부에는 가마니를 깔아서 잘 정도였으니 너무 열악한 환경이었다. 작업복이 지급되지 않아 입고 온 바지저고리의 조선옷 차림이었다. 급식은 강냉이밥을 먹는다고 들었는데 소량이라 배고파 도망치다 서귀포 내항에 버린 복어 알을 먹고 죽었다

---

29 飯場(일제강점기에 토목 공사장이나 광산 등지에서 노동자들이 숙식을 하도록 임시로 지은 건물).

는 등의 소문이 나돌았다. '복어 알을 먹으면 죽는다'는 졸렬한 경고 판을 내걸었다.

아이들은 근처 언덕위에서 작업광경을 내려다 봤다. 곡괭이와 삽 으로 파내고 가끔 폭약을 터뜨리는 폭음도 들렸다. 굴착기가 없으니 손으로 파는 거나 마찬가지였다. 단지 레일을 이용할 뿐이었다.

평상시에는 어뢰정(魚雷艇)을 굴 안에 숨겨 두었다가 적함이 출몰하 면 폭탄을 적재하여 돌진하는 육탄전 진지였다. 고속 어뢰정은 서귀 포 내항에 일반 선박의 소형보트처럼 위장해서 새섬에 정박시켜두고 있었다. 한번 써보지 못하고 패망하였다. 만약 진지동굴이 기능을 발 휘할 수 있는 전시 상황이었다면 미군 함정에서 쏘아대는 포화로 제 주도는 초토화되었을 것이다. 진지동굴을 이용할 특전 부대가 서귀 포에 주둔하고 있었다.

통신 매체가 전무해 전세(戰勢)가 어떻게 돌아가는지 도무지 알 수 없었다. 발행일보다 아주 늦게 우편으로 배송되는 『소년신문』만이 우리에게는 유일한 소식지이었다. 오키나와 결전에서 6월 25일 일본 군의 필살 공격에도 불구하고 전세가 불리하여 전원 옥쇄했다는 비 보를 들었다. 미국이 곧 항복 할 것이라는 일본인들이 하는 말과 딴 판이었다. 한 때 싱가포르 함락을 외쳐대던 일본군도 이제는 열세라 옥쇄(玉碎)를 결의하는구나.

서귀남국민학교 사와무라 징이지(澤村人一) 교장은 일본군 상등병 출신이라 황우지 해안가 진지 구축에 관한 시사문제를 자세하게 설 명했다. 전세가 이렇게 긴박해 졌으니 군 지휘본부에 1개 교실 사용 을 허용했다는 딱한 경위를 설명하며 학생들의 이해를 구했다.

그날부터 운동장에 들어서면 일본 특유의 된장국(미소 시루) 냄새가 코를 찔렀다. 수업은 학교 모퉁이 팽나무 아래서 했다. 공습경보가 발 령되면 방공호에 들어가곤 했다. 오후 일과는 태반이 삼매봉 근처 기관총 포대구축작업에 보국근로 작업을 하는 것이었다.

서귀포 내항 새섬에는 해군 소형 초고속정 10여척이 노출되지 않도록 어선처럼 꾸며서 정박해 두곤 했다. 고속정은 해상으로 침공해 오는 미군 함정에 육탄전으로 돌진하는 가미가제(神風) 특공대와 다름없었다. 훈련 시에는 교실 창문 커튼을 내리라고 했다. 그래도 호기심으로 창틈으로 보면 내항에서 수평선까지 질주하는데 선체는 보이지 않고 하얀 물살만 보였다.

서귀포에는 육군 헌병대가 주둔하고 있었다. 그러나 헌병대를 거리에서 마주치는 일은 없었다. 부녀자들은 무서워 골목길로 피해 다녔다. 장도(長刀)를 차고 기세부리던 헌병도 상황을 알아차려 현장에 나타나지 않았다.

가끔 일본 요리집에서 술에 만취돼 대낮에 솔동산을 활보했다. '나나스노 보당와 사쿠라니 이카리 (七つのボタンは櫻に錨, 일곱개 단추는 벚꽃과 닻)'[30]으로 시작되는 군가를 부르며 휘청거리는 군인은 특공대원들이었다. 벚꽃과 닻 모양이 있는 일곱 개 단추는 해군 제복을 상징하는 것이었다. 일곱 개 단추의 제복은 한번 입고 싶을 정도로 멋있게 보였다. 18세 또래의 젊은 군인들은 오로지 천황폐하를 위해 목숨을 바쳐 야스쿠니 신사에 가는 것이 최대 영광이었다. 그러나 그 기백을 한 번 발휘하지도 못하고 전쟁은 끝나버렸다.

정의 논케(서귀포시 강정동 바다 방향)는 2차 세계대전 당시 일본군이 미군 수륙양정 전차 상륙을 저지하기 위해 동굴을 구축했던 곳이다. 누가 봐도 그곳은 해면과 평면으로 닿아 있어 상륙하는데 암벽이나 왕석(바위)같은 장애물이 없다.

어머니가 퐁낭 아래에서 공출하다 남은 보리 불림질을 하던 날 돌연 비행기 굉음과 기총소사 소리가 들렸다. 어머니와 둘이 가보니 동

---

30 노래 제목은 「若鷲の歌(젊은 독수리의 노래)」.

네 사람들은 겁도 없이 전장 판을 구경한다며 새별포(서귀포시 강정 바다 앞 포구)와 정의 논케(강정동 정의논)에 모여 있었다. 현장을 보고 돌아와서 하는 말이 동쪽으로 정찰기 한 대가 저공비행으로 오더니 일본군을 향해 무차별 기총 소사했다는 것이었다. 기총소사를 하게 된 동기는 일본군이 선수 친 것이었다. 기체를 향해 낡은 3.8식 소총을 폭발적으로 난사하니 미국이 응사했다. 난사하는 일본군을 폭살할 수 있었지만 패잔병과 다름없는 일본군에 대해 엄호사격(掩護射擊)으로만 끝냈다. 총 맞은 사람은 없었다.

동네 사람들은 정의 논케를 누비며 탄피를 주어 전리품인양 자랑하고 있었다. 그 탄피를 보는 순간 일본 관리가 약탈해 간 놋그릇 공출 생각이 났다. 탄피를 주워 모은 사람 중에 통대주물 장인에게 부탁해 담배 곰방대를 만든다며 으쓱대는 사람이 있었다. 망할 놈 있으면 흥할 놈이 있다는 말이 이를 빗대어 나온 말이구나 생각했다. 고래싸움에 새우등 터진다더니 죄 없는 목선에 총격을 가하니 밑장에 구멍이 나 이를 수리하는 어부들이 바로 그 모습이었다.

전쟁 막판에 이르니 남양 근해에서 미군이 폭침한 전함에서 전사한 수병들의 사체가 밀려왔다. 이를 화장하느라 마을이장과 동수(洞首)들은 집집을 찾아다니며 장작을 수집했다. 그 유골은 경찰관 주재소에 봉헌해 두었다. 일본군 유골이지만 죽음 앞에서 사람들은 묵묵히 애도했다.

9월 9일 조선총독이 항복문서에 서명했다. 일본군은 전의는 상실했지만 무장 해제되지 않아 건재했다. 불미스러운 일은 하나도 없었다. 도망가는 자에게는 퇴로를 내어주는 것인지 너무나도 평온했다. 일본군 철수도 순식간에 이뤄졌다. 웅대했던 숙영지는 삽시에 삭막한 들판으로 변했다. 패자는 말이 없다. 전의가 상실되면 군인이 아니었다. 어떤 일본군은 묻기도 전에 무사히 본국으로 돌아가 가족들을 만나게 되어 기쁘다며 희색을 띠기도 했다.

4.7. 1945년 패전, 초라한 귀국

라디오 특별방송 청취 후 전교생 54명을 한 교실에 모여 앉히고 사와무라(澤村) 교장은 전례 없이 침통한 표정으로 격분을 참아가며 말했다.

"오늘로 전쟁은 끝났다. 이기지 못한 것이 한이다. 우리 일본인들은 본국으로 돌아간다. 조선은 곧 독립될 것이다. 그러면 자라나는 너희는 사이좋게 지내며 살아가야 한다."

짤막한 고별사였다. 듣고 보니 어처구니가 없었다. 어제까지만 해도 '정의는 승리한다, 너희는 장차 동남아 여러 나라에 나가 대일본의 국위를 선양할 꿈나무'라며 추켜세우더니 그 패기는 온데간데 없었다. 원자폭탄 한 방에 그 야마토 다마시(大和魂, 일본 정신)도 혼비백산 손들고 만 것이었다.

교장의 마지막 말이 끝나자 한국인 학생들의 안면에는 누구나 할 것 없이 살며시 희색이 떠오르는 기색이 보였다. 매일 지겨운 근로보국, 노력봉사, 툭하면 조센징, 그동안 쌓인 나라 잃은 의분이 드러나는 듯했다. 당시 일본사람들은 우리를 센징(鮮人) 또는 조센징이라 불렀다. 틀린 말은 아니지만 툭하면 조센징, 조센징 쿠세(조선인 버릇)라는 말을 들을 때마다 기분이 상했다. 그러나 또 다른 한편에서 그동안 스승과 제자 사이에 쌓아온 정(情)도 순식간에 무너지고 말았다.

솔동산 거리를 의기양양하게 활보하던 그 군인들은 다 어디로 갔는지 보이지 않았다. 일본인 점포와 대문이 닫히자 서귀포 거리는 정막했다.

일본인들은 한때 특권을 누렸지만 전시 태세에 대응하느라 조선인과 마찬가지로 그들도 동원되었다. 일본인 거류민은 포악하게 굴거나 원성을 살 일은 하지 않았다. 일본사람들이 그간의 행적이 야박했다면 보복할 법도 한데 서귀포는 평온했다.

서귀포에 사는 아이들은 교장과 일본인 교사의 귀국 짐을 챙기는 걸 도왔다. 석별의 아쉬움은 남았다. 서귀포에서 이뤄 놓은 소중한 자산을 남겨두고 가려니 얼마나 통절했을까. 친했던 한국인에게는 다다미방이랑 집을 보존해두면 언젠가는 오겠다고 했다.

당시 서귀포에 살던 일본인들은 출신지가 달랐기 때문에 비슷한 지역별로 동력선을 대절하여 소문도 없이 조용히 떠났다. 정 많은 이웃이었던 서귀포 사람들은 아쉬워했다.

그러나 조선총독부 마지막 총독 아베 노부유키(阿部信行)[31]는 조선을 떠나면서 섬뜩한 말을 했다. 일본은 마지막 순간까지 자신들의 과오를 반성하고 단죄하기 보다는 스스로 역사를 기만하고 은폐하려고 했다.

"우리는 패했지만 조선은 승리한 것이 아니다. 조선사람이 제정신을 차리고 찬란하고 위대했던 옛 조선의 영광을 되찾으려면 100년이라는 세월이 더 걸릴 것이다. 우리 일본은 조선 사람에게 총과 대포보다 무서운 식민교육을 심어 놓았다. 서로 이간질하며 노예적 삶을 살 것이다. 나는 다시 돌아온다."

4.8. 일본군이 남긴 것들

태평양전쟁 항복 선언 후 산간에 주둔하고 있던 일본군은 귀환 일정이 정해질 때까지 숙영(宿營)할 곳을 찾아 나섰다. 숙영지 요건은 식수원이 있고 군막을 칠 수 있는 불모지, 대도로변이 아니면서도 차량 통행이 용이한 곳, 민가마을과 떨어져 있는 곳이었다. 이런 요건이 다 갖춘 곳으로 고른 곳은 도순초등학교 동쪽 하천변 속칭 소낭머리 지경이었다. 일본군은 여러 군데를 답사해 자기들이 정한 곳이었다.

---

31 아베 노부유키(阿部信行, 1875-1953) 일본육군 군인, 정치가, 조선총독부 총독, 일본수상 역임.

8월 15일 이후 삽시간에 하천 변에는 군막이 즐비하게 늘어서고 일본 육군부대가 모여 들었다. 녹하지오름(서귀포시 중문동)에 주둔했던 부대였다. 소나무에 매어둔 열 마리나 되는 군마(호달매)는 패전을 모르고 꼬리를 흔들며 파리 떼를 쫓았다. 이 군마는 며칠 전까지도 마을 사람들이 공출로 낸 군마용 고급 목초인 자굴(차풀)을 먹었다. 사람들은 공출하느라 촐왓을 누볐다. 이제는 가시 넝쿨도 없어 초근목피를 뜯고 있었다. 천인공노할 침략자의 죄과(罪科)를 짐승까지도 톡톡히 받는다고 생각했다.

일본군 수의사는 동네사람들과 아이들이 보는 가운데 군마 목 갈비에 주사기를 꽂았다. 육중한 체구가 순식간에 쓰러졌다. 동네 젊은이가 말고삐를 휘어잡고 짐승이 불쌍하니 나에게 팔아 달라며 말고삐를 잡았다. 주사기를 잡고 있던 일본 군인은 젊은이에게 인도해줬다. 돈이 탐난 것이 아니라 생명의 소중함 때문일 것이다. 젊은이들은 앞 다투어 말을 몰고 마을로 돌아왔다. 그런데 말을 데리고 왔지만 바로 골칫거리가 되었다. 체구가 커서 쇠막(외양간)에 들어갈 수가 없고 식성이 고급이라서 맞는 먹이를 구할 수 없었다. 쌀겨를 먹이며 기르다가 동네 연자방아에 시험 삼아 메어봤다. 회전만 거듭하다보니 기절해 쓰러졌다. 무용지물이라 이젠 어쩔 수 없이 도살해 말고기로 동네 아이들을 먹였다. 그 해는 고뿔 감기를 모르고 지냈다는 동네 소문이 있었다. 그러나 일본군이 철수한 후, 군마를 메어 두었던 소나무 자리에서 밤에는 말 울음소리가 들렸다. 말귀신이 나타난다는 괴소문이 나돌았다. 사람들은 말의 안락사 장면을 섬뜩하게 생각하고 있었던 것이었다.

일본군은 장기전을 대비해 군량미를 비롯해 부식거리까지 비축해 두었기 때문에 취사 때만 되면 어김없이 일본 특유의 미소시루(된장국) 냄새가 바람을 타고 멀리 풍겨댔다.

생필품이 귀한 시절이라 비누 한 장, 반합(飯盒) 한 개라도 얻어 보려고 사람들은 근처를 배회했다. 주민들이 몰려들어 오일장을 방불케 했다. 어른들이 온갖 수모와 핍박 받아온 지난 일들을 애들은 까맣게 잊고 그곳을 찾아갔으니 지금 회상해보면 민망하고 부끄러운 행동거지였다. 민족의 자긍심을 일깨워주는 어른들이 없었다.

일본군이 쓰던 15인용 대형 모기장 1개를 얻어 와서 상방 마루에 치고 한 여름 온 식구가 잤다. 통풍되지 않는 야전용 모기장이었지만 귀하게 여기고 썼다.

숙영지에서는 매일 연기가 솟아올랐다. 소각 처분한 물량이 많았다. 종이도 어려운 때라 육군이라고 찍힌 양면지를 무더기로 소각하려는 것을 지켜보던 애들이 달려드는 통에 자식을 두고 온 노병도 학구열에 감동하여 포대 째 주었다. 오랫동안 우리 또래는 공책으로 엮어 쓰기도 했다.

일본군이 철수한 숙영지에 또 갔다. 빈 깡통이라도 하나 주워 보려는 속셈이었다. 어른들은 내창에 버린 큰 가마솥을 찾아내어 끌어 올리는데 여념이 없었다. 부녀자들도 흙 파인 곳을 맨손으로 팠다. 손톱이 닳도록 파다보니 마른 미역 포대를 발견했다. 공짜로 얻은 미역이라고 생각했는데 어머니는 이것을 공짜라 생각하지 않았다. 녹하지오름에서 노역 당한 소에게 보상으로 하늘에서 내려준 것이라고 했다. 우리 소는 녹하지오름 진지 군수물자를 운반하느라 얼먹어 바싹 말랐다. 미역은 보리죽에 넣어 먹었다.

일본군이 주둔했던 녹하지오름 근처에 남기고 간 군용마차는 면사무소에서 일괄 인수받아 마을에 배정돼 공용으로 농사에 이용했다. 군용마차는 전략물자를 운반하는 데 일본군이 사용했었다. 그 때 각 마을에서는 순번에 따라 소를 끌고 가 녹하지 군부대에서 일주일정도 부역했다. 진지 구축에 부역을 나갔던 어른들의 말에 따르면 포대

(砲臺)도 제주의 돌담묘소처럼 위장했고 담을 다운 묘소에 총구를 사방에 냈다고 했다. 기묘한 전술이었다. 기존 분묘(墳墓)와 식별하기 어려워 후일에 묘주들이 혼동할 것이라는 걱정이 들었다.

일본군 가운데는 가족이 그리워 귀국일자를 고대하기도 했다. 패전소식을 들은 고급장교는 진중에서 할복 자결했다는 풍문이 나돌았다. 일본의 무사도(武士道)로 보아 있을 수 있는 일로 놀라지 않았다.

귀국 직전에 아버지를 만나러 장교들이 찾아왔다. 마을사람들이 우영팟(채마밭)에서 가꾸어 온 채소류, 어부회에서 구매해 간 자리돔 한 말 값 등 대금을 갚으러 왔다. 그 와중에 현지 조달해 준 물품대금을 정산하려고 경리담당 사병을 대동해 왔다. 장교는 대좌와 위관 급이었다. 사소한 토종 물외 한 개, 호박 한 덩어리 값도 완불했다. 일본군의 철저함과 한 푼의 착오 없이 끝마무리하는 모습을 보고 주민들은 감복했다. 일본군이 떠난 후에도 어른들은 가끔 모여 앉아 돈거래는 일본인처럼 깨끗하게 마무리해야 한다는 말을 했다.

5. 제주인쇄사 사진으로 보는 일본인 거류민

5.1. 요쓰모토(四元)의 패밀리 스토리

일제강점기 제주읍 혼마치(本町 3丁目현 칠성로) 일도동 1378번지에서 제주인쇄사를 운영했던 요쓰모토 가쓰미(四元勝美)[32]의 후손이 소장하고 있는 사진은 제주도의 근대의 모습과 일본인 거류민의 생활상과 역사를 알 수 있는 자료이다. 가족사진 한 장이 개인의 기록을 넘어 시대의 기록이 될 수 있다. 소장 사진 중에는 본인 가족사진뿐만 아

---

32 제5장 제주성내의 일본인 거류민, 3. 면의원 활동을 한 일본인 거류민 항목 참고.

1926년 제주도에서 촬영된 에토(衛藤) 일가

니라 다른 일본인 거류민의 가족사진과 일본군인 사진을 다수 포함하고 있다. 요쓰모토 가쓰미의 제주도 재류기간은 1921년부터 1945년까지다.

여기에 게재하는 사진은 요쓰모토 가쓰미의 딸 요쓰모토 미쓰코(四元美津子, 1924년 제주출생)의 아들 오쿠다 마코토(奧田誠, 도쿄 거주)와 요쓰모토 가쓰미의 아들 요쓰모토 유즈루(四元讓, 1926년 제주출생)의 딸 요쓰모토 이쿠코(四元郁子, 치바현 거주)가 제공한 것이다.

제주도에 일본인이 거류하기 시작한 초기에 상업활동으로 중추적 역할을 한 사람은 에토이사부로(衛藤伊三郎)이었다. 미곡상 에토상점(衛藤商店)을 운영하면서 면협의원을 지낸 에토는 오이타현 우스키시(臼杵市) 출신으로 제주읍에서 상업 터전을 잡고 2남 5녀를 낳았다.

아들은 제주공립심상소학교를 졸업하고 본적지 오이타현 우스키시(臼杵市)에서 중학교를 마치고 다시 제주도로 돌아와 살았다. 차녀

에토 키미(衛藤キミ)는 오이타현 이와타(岩田)고등여자전문학교를 졸업하고 다시 제주도로 돌아왔다. 여동생들은 규슈고등여자학교, 목포고등여자학교, 부산고등여자학교를 나왔다.

에토 가족은 목포, 부산, 일본 연고지에서 고등교육을 마치고 제주도로 돌아와 제주도에서 거류민과 혼인했다. 그들 자녀도 제주심상소학교를 다녔다. 각각의 가족은 성내에서 상점을 열어 상업활동을 하면서 일본인 거류민 사회에서 중심이 되는 대가족을 형성했다. 제주남심상소학교의 연례 동창회, 체육대회는 에토 형제들을 중심으로 개최되었다. 1929년 제주남심상소학교 동창회 간사 4명은 전원 에토(衛藤) 형제들이었다.

요쓰모토 가쓰미(四元勝美)는 1897년 도쿄 촌장의 10남으로 태어났다. 조선식산은행 직원으로 조선에 건너와 1921년 조선식산은행 제주지점에 부임하면서 제주도에 들어왔다. 조선식산은행 제주지점 명함으로 제작한 연하장으로 비춰보아 1922년에는 이미 제주도에 등사판 인쇄가 가

제주오름 배경 사진(인물 요쓰모토 가쓰미, 1930년대 촬영 추정)

조선식산은행 제주지점
요쓰모토 가쓰미 연하장
(1922년 제작)

능한 인쇄소가 있었다고 추정할 수 있다.

조선식산은행 제주지점 근무중 1923년
에토 이사부로의 차녀 에토 기미와 결혼하
고 제주도에 정착하게 되었다. 이후 일도동
1378번지에서 요쓰모토상점(四元商店)과 제주
인쇄사를 운영하면서 여러 일본과 조선에서
발행되는 일본어 신문의 제주지국장을 담당
했다. 요쓰모토 가쓰미가 취급했던 신문은 부
산일보, 광주일보, 목포신보, 아사히신문(朝日
新聞), 마이니치신문(每日新聞)이었다. 1928년
부산일보(1928년 7월 7일) 기사에 특파원의 제주출장 시, 제주지국 요쓰
모토(四元)가 동행했다는 기록이 있다. 1930년, 1932년 면협의원 선거에
당선되어 제주면의 의정활동을 했다. 제주도 정착과 상점 개설, 인쇄사
운영, 면협의원 활동은 에토 이자부로의 영향이 컸던 것으로 보인다.

1924년 요쓰모토의 장녀 미쓰코(美津子)가 태어나고 1926년 아들
유즈루(讓)가 태어났다. 요쓰모토상점(四元商店)은 종업원이 10명 이상
이었다. 문방구를 중심으로 설탕, 간장, 된장 등 잡화를 팔았다. 한라
산의 버섯재배장을 친척에게 임대하여 많은 수입을 올렸다. 조선인
들이 집으로 소풍을 올 만큼 복숭아나무가 있는 넓은 마당이 있는 집
이었다. 집 근처에 궤도가 있었다.

딸 요쓰모토 미쓰코(四元美津子)는 1936년 제주남심상소학교 고등과
를 졸업하고 부산여자고등학교에 진학했다. 요쓰모토 유즈루(四元讓)
는 1938년 제주남심상소학교를 졸업하고 목포중학교에 진학했다. 목
포중학교 3학년 때 경성의전(京城醫專) 입학시험을 치렀으나 일본의
패전으로 진학하지 못했다.

요쓰모토(四元) 가족은 1945년 9월 17일 가족 전체가 일반 어선을

제주인쇄사 앞(일도동 1378번지, 1920년대 후반 추정)[33]

타고 일본으로 돌아갔다. 어선을 임대하는 데에 전 재산을 썼다. 제주
도를 떠날 때 요쓰모토는 아사히신문(朝日新聞)이 새겨진 업무용 핫피
(法被)[34], 아들 유즈루는 축음기를 품에 안고 배에 올랐다.

본국으로 돌아가 야마구치현 이와쿠니에 정착했다. 아들 요쓰모토
유즈루(四元讓)는 이와쿠니(岩國)에서 교편을 잡았다. 1965년 요쓰모토
가쓰미(四元勝美) 사망, 1970년 그의 아내 기미(キミ)가 사망했다.

1997년 요쓰모토 미쓰코(四元美津子) 가족은 제주도를 방문하여 자
신들의 살았던 곳을 찾아왔으나 흔적도 남아 있지 않은 것을 보고 돌
아갔다. 2001년 요쓰모토 미쓰코(四元美津子)가 사망하고 2016년 요쓰
모토 유즈루(四元讓)가 사망했다.

---

33 인물은 요쓰모토 가쓰미와 에토 이자부로 제5장 3.면의원 활동을 한 일본인 거류민 항목 참고.
34 장사꾼들이 입는 겉옷, 가게 이름이 새겨져 있는 유니폼과 같은 옷이다.

5.2. 제주인쇄사 징용

제주인쇄사 요스모토 가쓰미
상점 광고 (「도세요람」, 1937)

요쓰모토상점의 제주인쇄사는 요쓰모토 인쇄사(四元印刷社)라 불렸다. 일본어신문인 광주일본, 목포신보, 부산일보, 아사히신문, 마이니치신문의 지국을 겸하고 있었다. 제주도 내의 인쇄물을 맡아 운영했다. 『제주도편람』(1930)에 따르면 제주 성내 인쇄소는 제주인쇄사를 포함하여 2곳 있었다.

요쓰모토 가쓰미는 상점에서 문방구를 취급하고 인쇄사를 운영했기 때문에 학교의 인쇄물을 담당한 것으로 보인다. 학생들과 촬영된 사진이 많다.

제주인쇄사는 1945년 태평양전쟁 말기에 중요한 역할을 하게 된다. 미군의 공습으로 긴박한 전황과 주민들의 동요가 심한 가운데 전세를 알리는 각종 신문 수송이 중단되어 군 내부뿐만 아니라 사회전체가 새로운 뉴스에 갈증을 느끼게 되었다. 해상교통의 두절되어 신문을 접할 수 없게 되자 일본군은 자체적으로 신문을 만들지 않을 수 없었다. 일본군 제58군 사령부의 주도 아래 1945년 7월 진중(陣中)신

인쇄물 완성 기념 촬영(인쇄물 내용 및 연대 미상,
안경 쓴 사람이 요쓰모토 가쓰미)

1940년대 조선인 학생과 요쓰모토

문 제주신보(濟州新報)가 창간되었다.[35] 신문제작과 인쇄를 담당한 곳이 요쓰모토상점(四元商店)이 겸하는 제주인쇄사였다. 일본인이 경영하는 인쇄사를 쓸 수밖에 없는 상황이었다. 일종의 징용이었다. 제주신보는 일본군의 지령을 받고 파견된 당시 경성일보(京城日報) 사회부장 미시마(三島) 등의 일본인 기자, 제주 현지에서 채용된 제주인 김용수, 박대전 기자 등 수습기자들에 의해 제작됐다.[36]

1930년대 조선인 학생과 요쓰모토

요쓰모토 가쓰미(四元勝美)는 진중신문 제주신보 발행에는 관여하지 않은 것으로 보인다. 고영철(2019)[37]은 제주신보가 일본군 제58군 사령부의 주도 혹은 지시로 창간되었다는 것을 입증할 수 있는 공식적인 자료가 확인되지 않았고 제주도민들에게 전시 상황을 선전하며 전쟁참여를 독려하기 위해 조선총독부의 지시로 제주에 특파된 일본신문의 기자들을 중심으로 일본군의 협조 하에 임시로 발간되었던 선무 공작용(宣撫工作用) 신문이었을 것으로 추정했다. 그러나 조선총독부의 지시가 있었던 것 자체가 징용의 형태를 갖는 것으로 볼 수 있다. 부족한 활자와 인쇄시설은 목포신문으로부터 보강했다. 일본어 5호 활자로 활판 인쇄되어 군부대와 관공서에 무료로 배포되었다. 일본어를 아는 사람만 읽을 수 있었다. 군(軍)의 사기를 높이는 전황(戰況) 보고와 전국민의 응전결의에 관한 보도

---

35 『제주도지』 2권(1993).

36 제주일보 2002년 10월 1일 기사.

37 「일어신문 제주신보 관련 몇 가지 의문점에 대한 소고」『제주도연구』 51, 123~179쪽.

1945년 8월 15일 제주신보 호외[38]　　　　한국어 제주신보 1947년 1월 10일

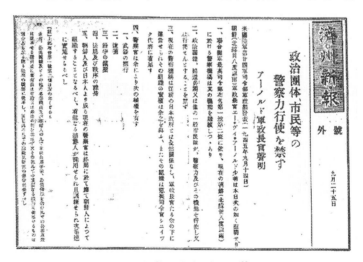

1945년 9월 25일 제주신보 호외[39]

38　사진출처 http://www.jejunews.com/news/articleView.html?idxno=7724(2021) 경기도 일산시 김
　　계연씨 소장.

39　사진출처 http://www.ohmynews.com/NWS_Web/View/img_pg.aspx?CNTN_CD=IE 002181337(2021)

가 대부분이었다. 일본의 하이쿠(俳句)를 읊는 '백록가단(白鹿歌壇)', '한라배단(漢挐俳壇)'이라는 독자 투고란이 있었다.

제주신보는 1945년 8월 15일 제주신보 호외 1호를 발행하고 전쟁이 종결되었음을 알렸다.

'천황께서 전쟁종결의 결단을 내리셨다, 황국호지야말로 국민이 나아갈 길'[40]이라는 제목 아래 스즈키(鈴木貫太郎) 수상이 내각유고 선언, 항복 선언을 들은 아나미(阿南 惟幾) 육군대신의 할복자살 내용을 실었다. 이와 함께 '도민에게 고함(島民に告ぐ)'이라는 제목으로 제주도 치안 책임자인 도사, 경찰서장 헌병 분대장의 담화문을 실었다.

8월 15일 호외를 낸 후에도 계속 발행되다가 미군이 제주도에 상륙, 제주도 주둔 일본군의 항복을 받아 그 관리권이 미군정으로 넘어갔다. 1945년 9월 25일 '정치단체, 시민 등의 경찰력 행사를 금한다'는 아놀드 군정장관의 성명 기사가 마지막 호외판이다.

해방 이후 1945년 10월 1일 제주신보는 이전의 시설을 이용하여 전국 최초의 한국어 지방신문으로 재창간되었다. 제주신보의 제주 현지 기자였던 김용수, 고광택 기자 등이 제주역사상 처음 한국어로 신문을 발행했다.[41] 제주신보는 1962년 제주신문(濟州新聞)으로 제호를 변경했지만 제주신보 지령을 이어받았다. 1996년 제주신문의 지령을 계승하여 오늘에 이른다.

---

40 황통호지작전(皇統護持作戰)을 말한다. 태평양전쟁 패전으로 일본 쇼와천황은 포츠담선언을 수락하기는 했지만 천황의 처우가 명확하지 않았기 때문에 만약의 경우를 대비해서 황통이 끊어지지 않도록 왕족을 숨겨주고 황통을 지키는 것을 목적으로 한 작전이다. 이 작전은 연합군 사령부의 천황제 존속 결정으로 종결되었다.

41 제주일보 2002년 10월 1일 기사.

5.3. 사진으로 보는 제주 일본인 거류민 생활상

1929년 설날 요쓰모토 가족사진

1936년 설날 요쓰모토 가족사진

1920년대 후반에 촬영된 설날과 추석 촬영

　제주인쇄사 소장 사진 중에 대부분을 차지하고 있는 것은 거류민들의 가족사진이다. 아이들이 있는 가정에서 빠지지 않는 사진 촬영은 설날 가족사진이다. 입학과 졸업을 기념하여 찍은 사진도 다수 있다. 사진관에 가서 촬영하는 경우도 있고 사진사가 출장을 나가는 경우도 있었다.

1929년 추정 입학 기념 촬영 이면에 제주
성내 후카자와 사진관(深澤寫眞館) 인장

　일본에서 가족사진 촬영은 관혼상제 이외, 설날, 추석, 연중행사에 민속적 관행으로 전개되어 왔다. 연중행사는 신사참배(お宮參り), 삼진날(桃の節句), 단오, 시치고산(七五三) 등 아이들의 성장과 관련된 것에 집중되어 있다. 학교의 입학, 졸업과 더불어 가족사진은 아이들의 성장의 기록으로서 의미를 두었다. 전시에는 징병검사와 출정기념이 더해진다.

　일본인 거류민들의 본국 나들이는 상업상의 출입 이외는 출신지 고향 방문보다 관광지 중심의 체험형 귀국이 많았다. 사진은 제주영림서 서장 오토모(大伴得雄) 1930년대 일본인 거류민이 히로시마현 미야지마(宮島)에 갔다온 관광 사진이다.

제주도 일본인 거류민 미야지마관광

요쓰모토 미쓰코의 부산고등여학교
일본 수학여행(1937)

요쓰모토 미쓰코의 부산고등여학교
조선 수학여행(1936)

일본인 거류민 학교는 수학여행을 본국으로 가는 경우가 많았다. 제주심상소학교를 졸업하고 부산고등여학교에 진학한 요쓰모토 미쓰코의 수학여행 사진은 경성 남대문에서 찍은 것도 있지만 일본 유수의 관광지에서 찍은 사진이 다수 있다.

대부분의 일본인 거류민들이 조선에 살면서도 조선의 생활풍습에서 격리된 채 일본의 생활양식을 유지하면서 그들만의 조직과 그들만의 교류로 조선인들과는 거리를 두고 있었다. 지역의 사람들은 식민자의 생활양식을 배척의 대상으로 여기는 것이 아니라 새로운 문물로 받아들여 따라하는 경우도 있었다. 아래의 사진은 일본인 거류민 여성의 다도와 재봉틀 장면이다. 상복(喪服)을 입은 사진은 거류민

일본인 거류민의 다도, 재봉틀 장면

일본인 거류민의 장례 장면

의 장례 장면 중 묘지에서 촬영된 사진이다. 거류민의 사망 시에는
거류민회 전체가 참여하는 상조가 있었던 것으로 보인다.

　제주신사(건입동 1123번지)와 동본원사(東本願寺, 삼도이동 970-2)[42]사진은
1930년대 촬영된 사진이다. 이곳은 일제강점기 제주의 일본인 거류
민의 정신적 구심점이 되는 장소였다. 조선총독부 기록으로는 1928

동본원사에 모인 일본인 거류민(1930년대)

42　동본원사는 진종대곡파(眞宗大谷派)의 포교당, 1917년에 세워졌다. 종교적 침략의 대표적인 예
　　이다. 현재 제주시 향사당.

제주신사에 모인 일본인 거류민(1931년 촬영)

년 설립 신청, 1931년 설립 허가된 것으로 되어 있지만 제주신사는
1929년 이전에 건립되었던 것으로 추정된다. 제주신사 사진은 1931
년에 촬영된 것으로 보인다. 제주신사를 제외한 면단위 지역의 신사는
'1면1사운동(1面1社運動)'에 따라 1938년 이후에 세워진 것이다.

5.4. 일본인 거류민의 교류

제주도 일본인 거류민들의 교류는 다른 지방의 거류민들과 달리
제주도 부임 관리들 중심이었다. 신년 하례회 등은 제주도립병원 원
장 자택이나 제주심상소학교 교장 자택 등에서 상공업에 종사하는
거류민 유지들이 모였다. 교류회에서는 일본식 무용과 연극 등 일본

1930년대 추정 일본인 거류민들

마에다젠지 도사(가운데 연미복)와 일본인 거류민들(1928년 촬영)

1930년대 시찰단 환영회

식 유흥을 즐겼다.

제주도에 부임한 관리가 제주도를 떠날 때는 거류민들이 송별회를 개최하는 관습이 있었다. 또 제주도 거류민들의 역할은 조선총독부 관리의 제주 출장이나 타지방 거류민 시찰단, 거류민 상공인 시찰단이 제주도 방문시, 포구에 마중을 나가거나 도일주에 동행하는 등 각종 행사에 동원되었다. 상공회 교류 차원에서 자발적으로 참여하는 경우가 많았다. 이때부터 제주도에는 육지에서 오는 방문단에 대한 접대문화가 조성되었다.

5.5. 조선인과의 교류

조선옷을 입은 일본여성[43]

조선에 살던 일본인 거류민들이 현지인들과의 교류는 조선인의 지역 유지와 일본인 상공인 교류가 중심이었다. 제주의 조선인 유력 상공인들은 일본인 거류민 조직에 포함되어 있었다.

제주인쇄사 소장 사진으로 보면 조선인이 촬영된 사진은 대부분 체육행사 사진이었다. 일본인 거류민회에서 개최한 행사에 참여했거나 구경꾼이다. 반대로 조선인이 개최하는 행사에 일본인 거류민이 참여하는 경우는 없었던 것으로 보인다. 조선옷 차림을 한 일본인 여성 사진은 이 여성이 조선옷 차림으로 생활한 것이 아니라 기념촬영으로 조선옷을 입었을 것이다.

---

43 이와테현 출신 제주농업학교 교장 다카하시 겐지로의 조카, 1937년 촬영(사진출처 제주전통문화연구소: 2012).

1930년대 일본인과 조선인의 신년 기념 촬영 　　일본인 조선인 공동 연회(1929년 촬영 추정)

조선인 지역 유지와 일본인 거류민 　　　　　정구대회 사진
(1930년대 촬영 추정)

일본인 거류민회 주최 스모대회
(1930년대 촬영 추정)

전석진사진관 광고
(매일신보,1924년
12월 22일)

꿩사냥 후 촬영 사진과 이면의 전석진사진관 인장

일본인 거류민 사이에는 엽사회(獵師)가 조직되어 있을 정도로 사냥을 즐겼다. 꿩사냥 사진을 자세히 보면 수확물에 꿩 이외 오소리와 같은 동물도 있다. 이 사진의 뒷면에는 전석진사진관(全錫珍寫眞館) 인장이 찍혀 있다. 이 사진관은 1924년 매일신보(1924년 12월) 광고를 내고 있는 것으로 보아 오래된 사진관임을 알 수 있다.

정구대회 사진은 제주농업학교 학생들이 찍혔다. 일본인 거류민들 사이에는 야구가 인기였고 제주도민 사이에는 정구가 인기였다.

5.6. 제주도 명소 나들이

일본인 거류민들은 계절마다 제주도의 명소로 야유회를 나갔다. 삼성혈에서 찍은 사진이 제일 많다. 바다에서 찍은 사진은 한두기바다, 용두암, 외도에서 물놀이를 하는 사진들이다.

한두기, 용두암 바다 (요쓰모토 가족, 1930년대 촬영)

방선문 계곡(1929년 촬영)

외도리 바다 거류민 정례 야유회 사진　　　　　천지연폭포(1930년 촬영)
(1930년대 촬영)

한라산 등반(1930년대 촬영)[44]

44　한라산1270m '金剛尾根'(한라산개미등)이라는 표지가 있다.

해녀

조밭의 허수아비

제주읍의 오름

　그 외의 나들이 사진은 방선문, 천지연폭포, 한라산 등반 사진들이다.
　일본인 거류민들의 소장 사진에 빠지지 않는 것은 한라산 사진, 해녀 사진이다. 요쓰모토 소장 사진에도 해녀사진과 조밭의 허수아비 사진, 오름 사진 등 제주도 풍속사진이 있다. 촬영 연대와 장소를 알수 없다.

5.7. 일본군인 사진

　태평양전쟁 막바지에 이르러 일본인, 조선인 가릴 것 없이 젊은 남성은 징집되었다. 제주 일본인 거류민 남성들도 징용되어 나갔다. 제

알뜨르비행장에 예술품으로 재현된 영식함상(零式
艦上) 전투기 (일명 제로센, 대정읍 상모리)

중국대륙 폭격에 사용된
영식함상 전투기 11형(1941년 촬영)[45]

주도 주둔 군대의 군속으로 일하는 경우도 있었다.

각 가정에서는 출정 기념사진을 찍었다.

1936년 모슬포에 제주도항공기지를 건설할 때부터 일본인 거류민과 일본군인은 밀접한 교류가 있었다. 오무라(大村)해군항공대 비행연습장이 이전된 이후 일본인학교 제주심상소학교, 서귀심상소학교, 성산심상소학교 어린이들은 모슬포 알뜨르비행장의 일본군 시설을 견학시켜 일본군이 위대함을 고취시켰다. 제주도에서 어린 시절을 보낸 일본인 거류민은 제주도불시착장(제주도연습비행장)에서 연습용 전투기 잠자리비행기[46]에 대한 기억을 갖고 있다.

제58군 사령부가 제주도에 들어오면서 1000명 안팎의 일본인이 살던 제주도에 7만 5,000명이 넘는 일본군이 들어왔다. 군인들은 제주 일본인 거류민들과 접하면서 고향을 느낄 수 있었다. 제주도 일본인 거류민들의 또 다른 역할은 제주도에 집결된 일본군인들에게 마음의 고향이 되는 것이었다. 제58군 사령부는 제주농업학교에 설치되었기 때문에 일본인 거류민은 가까운 거리에서 일본군을 접하게 되었다. 제주도 일본인 거류민들만의 경험으로 볼 수 있다. 그러나 관동군과 만주 거류민들과 같이 생사를 같이하는 관계는 아니었다.

---

45 사진출처 https://www.jiji.com/jc/d4?p=zft812-7585967496498573&d=d4_mili(2021).

46 일명 아카돔보(赤とんぼ), 93식 중간 연습기, 두 겹 날개, 목조 프로펠라로 당시에는 해군 연습기의 걸작으로 불렸다.

나가사키현 오무라해군항공대 제10분대 수병복 차림의 해군

　제주도에 배치되었던 일본군은 미군의 침공에 대비했지만 교전해
보지도 못하고 종전을 맞았다. 미군이 제주도에 상륙했더라면 제주도
는 제2의 오키나와가 될 뻔했다. 비양도 앞바다에서의 일본군함 침몰
이 있었지만 제주도가 제2의 오키나와가 되지 않은 것은 제주도민은
물론 일본인 거류민, 일본군에도 다행한 일이었다.

　재조선 일본인 거류민들은 공습에 대한 기억이 없다. 미군이 제주
도에 있는 일본군 시설에 대한 공습을 했기 때문에 유일하게 제주도

일본인 거류민들은 본토 일본
인들과 같은 공습에 대한 기억
과 공습 피난에 대한 피해를
경험했다.[47] 거류민 남자들은
일상복으로도 군복(국민복)을
입었다.

　일제강점기 학생과 군인 사
이에서 친구들끼리 서로의 사
진을 교환하여 서로를 기억하
는 풍습이 있었다. 제주인쇄사

1945년 이전의 일본군사진 육군 경리부 하사관

47　1945년 고와마루(黃和丸)침뢰, 호에마루(豊榮丸)침뢰로 일본군, 일본인 거류민, 조선인 사망.

일본군인 사진과 각 사진의 이면

1945년 이전 제주도에서 촬영된 일본군(인물 미상)

요쓰모토가 보관하고 있는 사진 중에는 일본군 사진이 대부분을 차지한다. 나가사키현 오무라(大村)해군 항공대 연습비행장이 설치되면서 1938년 이후부터 1945년까지의 일본군 개인사진들이다. 사진 뒷면에 군인의 이름, 출신지, 나이가 적혀 있다. 반면 일본군 시설에 대한 사진은 한 장도 없었다.

1945년 이전 결호작전 이전에 촬영된 군인이 포함되어 있어 일본 군과 일본인 거류민의 교류가 있었음을 알 수 있다. 대부분의 사진은 1945년 4월 이전에 촬영된 것이기 때문에 제58군사령부가 입도하기 이전의 주둔 부대의 군인들이다. 오무라(大村)해군 항공대 제주도분대 는 1945년 5월 부산항공대분대에 편입되었다.

▌참고문헌

한국어 문서(가나다순)

강동식, 강영훈, 황경수(2009) 『일제강점기 제주지방 행정사』 제주발전연구원.

고광명(2008) 「일제하 제주도 기업가의 사회적 배경」 『경영사학』 23호, 2~32쪽.

고정종(1930) 『濟州島便覽』 영주서관.

고영자·김은희(2018) 「근대제주사진엽서연구」 제주학연구센터.

권숙인(2006) 「도한의 권유-1900년대 초두 한국이민론 속의 한국과 일본-」 『사회와 역사』 69호, 185~205쪽.

김대해(2009) 「이주와 지배」 『경제연구』 27-1, 한국경제통상학회, 141~169쪽.

김선주 역(2016) 『濟州嶋旅行日誌』 하버드 옌칭도서관 학술총서, 민속원 발행.

김옥민(1963) 『翰林邑誌』 博文出版社(제주).

김용덕 외 편저(2007) 『근대교류사와 상호인식 2』 아연출판부.

김은희(2012) 『일본이 조사한 제주도』 제주연구원.

김찬흡(2000) 『20세기 제주인명사전』 제주문화원.

_____(2002) 『제주사인명사전』 제주문화원.

_____(2014) 『제주향토문화사전』 금성문화사.

다카사키 소지 (2006) 『식민지 조선의 일본인들』(이규수 역), 역사비평사.

박성모(2018) 「근대를 보는 눈, 근대의 실체」 『한국전통문화연구』 제13호, 237~267쪽.

박양신(2004) 「통감정치와 재한 일본인」 『역사교육』 90권, 역사교육연구회, 155~179쪽.

박정석(2017) 『식민이주어촌의 흔적과 기억』 서강대출판부.

박찬식(2008) 「개항이후(1876-1910년) 일본어업의 제주도 진출」 『역사와경계』 68호, 부산경남사학회, 147~176쪽.

이동훈(2018) 「한국병합 전후 재조일본인 교육 사업의 전개-거류민 단체에서 학교조합으로-」 『한림일본학』 32권, 한림대학교 일본학연구소, 117~149쪽.

이우영(1969) 「한말일본인거류지 설정과 그 역할」 『경대논문집 인문사회』 13호, 155~173쪽.

이원순(1967) 「한말제주도통어문제일고」 『역사교육』 10권, 역사교육학회, 142~171쪽.

제주도(1996) 『제주항일운동사』.

제주도동굴연구소(2005) 『남제주군 서부지역 일본군 진지동굴 전쟁유적 조사 보고서』.

제주도지편찬위원회(2006)『제주도지』제1권, 제2권, 제주특별자치도.

제주사정립사업추진협의회(2005)『제주사연표(Ⅰ)』제주도.

제주특별차지도(2009)『사진으로 보는 제주역사(1)』.

제주특별자치도(2003)『제주도 근대문화유산 조사 및 목록화 보고서』탐라대 산업기술
연구소.

제주특별자치도·제주전통문화연구소(2012)『일제시대 제주도 사진자료집 발간에 따른
자료수집 보고서』.

진관훈(2004)『제주근대의 경제변동』각 출판.

_____(2019)『오달진 근대제주』학고방.

천지명(2015)「일제의 '거류민단법' 제정과 그 성격」『한국독립운동사연구』제50집,
279~334쪽.

홍성목 역(2003)『아득한 제주』제주우당도서관.

일본어 문서(발행연대순)

佐藤政次郎(1904)『韓半島の新日本』(https://dl.ndl.go.jp/info:ndljp/pid/766855).

天野誠齋(1904)『朝鮮渡航案内』新橋堂書店.

青柳綱太郎(1905)『朝鮮の宝庫 濟州島案内』(홍성목 역(1998)『조선의 보고: 제주도안내』제주시우
당도서관 발행).

山本庫太郎(1904)『朝鮮移住案内』民友社.

佐村八郎(1909)『渡韓のすすめ』樂世社.

朝鮮日々新聞社 編(1910)『渡韓成功法: 百円の小資本』実業之日本社(https://dl.ndl.go.jp/info:ndljp/
pid/801535).

大野仁夫(1912)『南鮮寶窟 濟州島』, 홍성목 역(1997)(『남선보굴 제주도』제주시우당도서관 발행).

朝鮮総督府(1912)『最近朝鮮事情要覧』.

山本幸太郎(1913)『濟州島の槪況及全南農況』木浦商業会議所.

片岡議 (1913)『寶庫の全南』片岡商店 (濟州島篇 濟州郡) .

朝鮮総督府(1923)『朝鮮に於ける内地人』(https://dl.ndl.go.jp/info:ndljp/pid/983966).

濟州島廳(1924)『未開の宝庫 濟州島』(홍성목 역(1997)『미개의 보고 제주도』제주시우당도서관 발행).

朝鮮総督府(1929)『生活狀態調査其二: 濟州島』(홍성목 역(2002)『생활상태조사 濟州島』제주시우
당도서관 발행).

朝鮮総督府(1930)『昭和五年朝鮮国勢調査報告』全鮮編, 第一巻.

染川覚太郎(1930)『全羅南道事情誌(下)』全羅南道廳.

岡田寅喜 編(1930)『朝鮮実業信用大覧』.

上田耕一郎(1930)『済州島とその経済』釜山商業會議所 (홍성목 역(1999)『제주도의 경제』제주시
　　　　우당도서관 발행).

有馬純吉 編(1931)『朝鮮紳士錄』朝鮮紳士錄刊行會.

藤村德一編(1931)『全鮮府邑會議員名鑑』朝鮮経済新聞社発行.

貴田忠衛 編(1935)『朝鮮人事興信錄』朝鮮人事興信錄編纂部.

阿部薫 編(1935)『朝鮮功勞者名鑑』民衆時報社.

崔季淳(1936)「済州邑」『朝鮮』254, 朝鮮總督府, 朝鮮雑誌社.

濟州島聽(1937, 1939)『濟州島勢要覽』(生活狀態調査) (2000, 『제주도세요람』제주시 우당도서관 발행).

日本占領関係資料(1946)「第三節 済州島に對する作戦準備」『日本軍戦史』本土作戦記録
　　　　第五巻: 第十七方面軍資料.

吉田敬市(1954)『朝鮮水産開発史』朝水社 (2019, 민속원 발행).

梶村秀樹(1974)「植民地と日本人」『日本生活文化史 8』河出書房新社.

　　　　(1978)「植民地朝鮮での日本人」『地方デモクラシーと戦争』文一総合出版.

木村健二(1989)『在朝日本人の社会史』未来社.

山辺慎吾(1999)『濟州島豊榮丸遭難事件』彩流社 (홍성목 역(2002)『제주도풍영환조난사건』제주시
　　　　우당도서관).

河原典史(2001)「植民地期の済州島における日本人漁民の活動」『青丘学術論叢』19号,
　　　　韓国文化研究振興財団, pp. 110〜128.

　　　　(2006)「植民地期の済州島における水産加工業と日本人の移動」『済州島』済州島
　　　　研究会(東京) 10, pp. 25〜33.

　　　　(2007)「植民地期朝鮮済州城山浦における日本人の活動」『離島研究』Ⅲ, (平岡昭
　　　　利編) 海青社, pp. 36〜42.

　　　　(2018)「済州島の近代水産業と日本」『済州島を知るための55章』明石書店 pp.
　　　　185〜189.

金柄徹(2003)『家船の民族誌−現代日本に生きる海の民』東京大学出版.

朴重信(2005)「日本植民期における韓国の日本人移住漁村の形成とその変容に関する
　　　　研究」京都大学博士学位請求論文.

磯本宏紀(2008)「潜水器漁業の導入と朝鮮海出漁- 伊島漁民の植民地漁業経営と技術伝播
　　　　をめぐって−」『徳島県立博物館研究報告』No.18, pp. 35-55.

原田環, 藤井賢二(2012)「朝鮮の水産業開発に関する文献リスト(1887-2014)」『県立広島大

学人間文化学部紀要』No.7, pp. 113〜180.

崔吉城(2012)「植民地朝鮮における日本人の無住地への移住」『白山人類学』15号, pp. 95〜110, 東洋大学.

伊地知紀子(2018)「済州島で生まれ育った日本人親睦会「済州島会」を訪ねて」『済州島を知るための55章』明石書店 pp. 259〜261.

塚崎昌之(2018)「済州島に残る旧日本軍遺跡」『済州島を知るための55章』pp. 190−193.

근대 제주 일본인 거류민 연구

초판 인쇄 | 2022년 4월 22일

초판 발행 | 2022년 5월 03일

지 은 이 김은희
발 행 인 한정희
발 행 처 경인문화사
편   집 이다빈 김지선 유지혜 박지현 한주연 김윤진
마 케 팅 전병관 하재일 유인순
출 판 번 호 406-1973-000003호
주   소 파주시 회동길 445-1 경인빌딩 B동 4층
전   화 031-955-9300 팩 스 031-955-9310
홈 페 이 지 www.kyunginp.co.kr
이 메 일 kyungin@kyunginp.co.kr

ISBN 978-89-499-6630-4 93910
값 23,000원